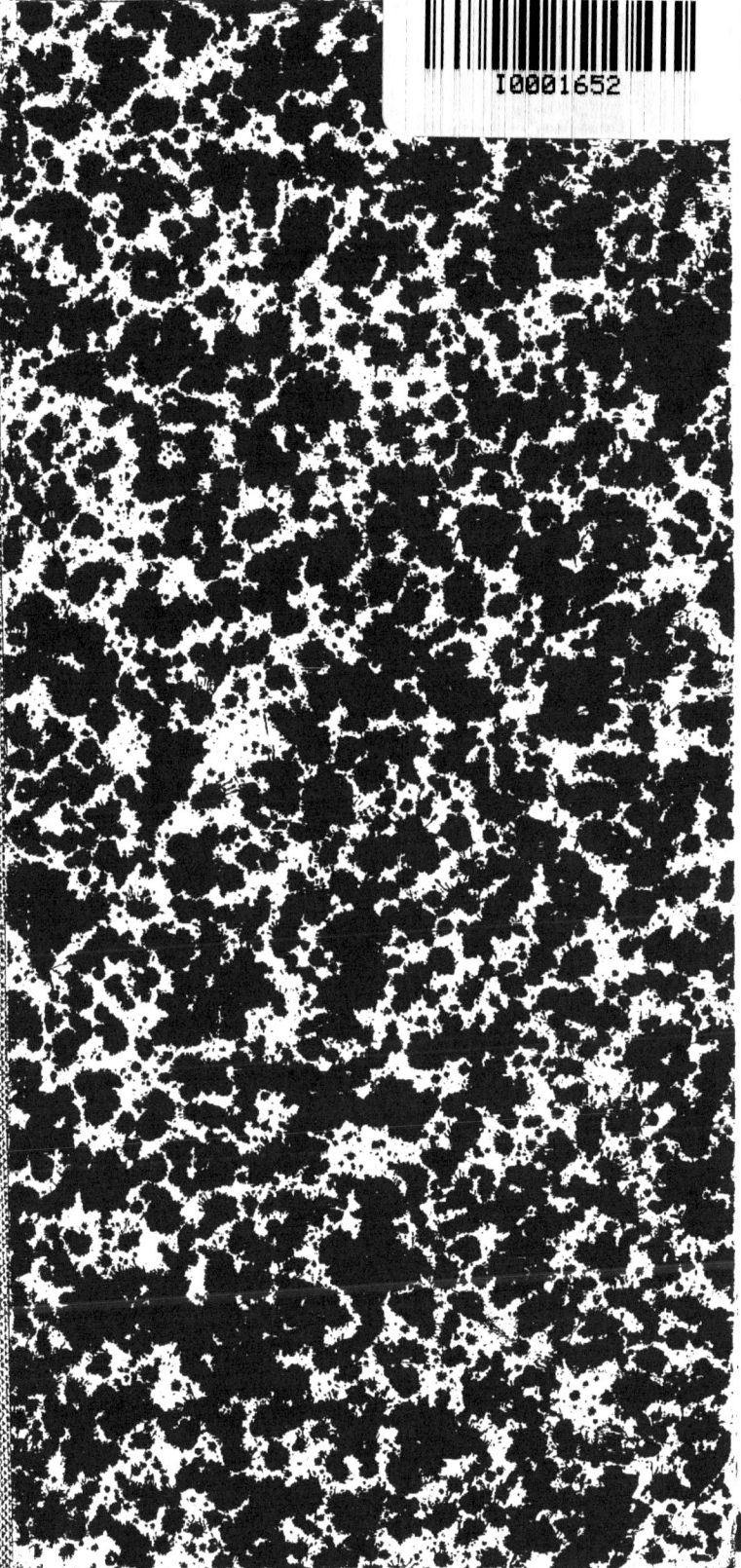

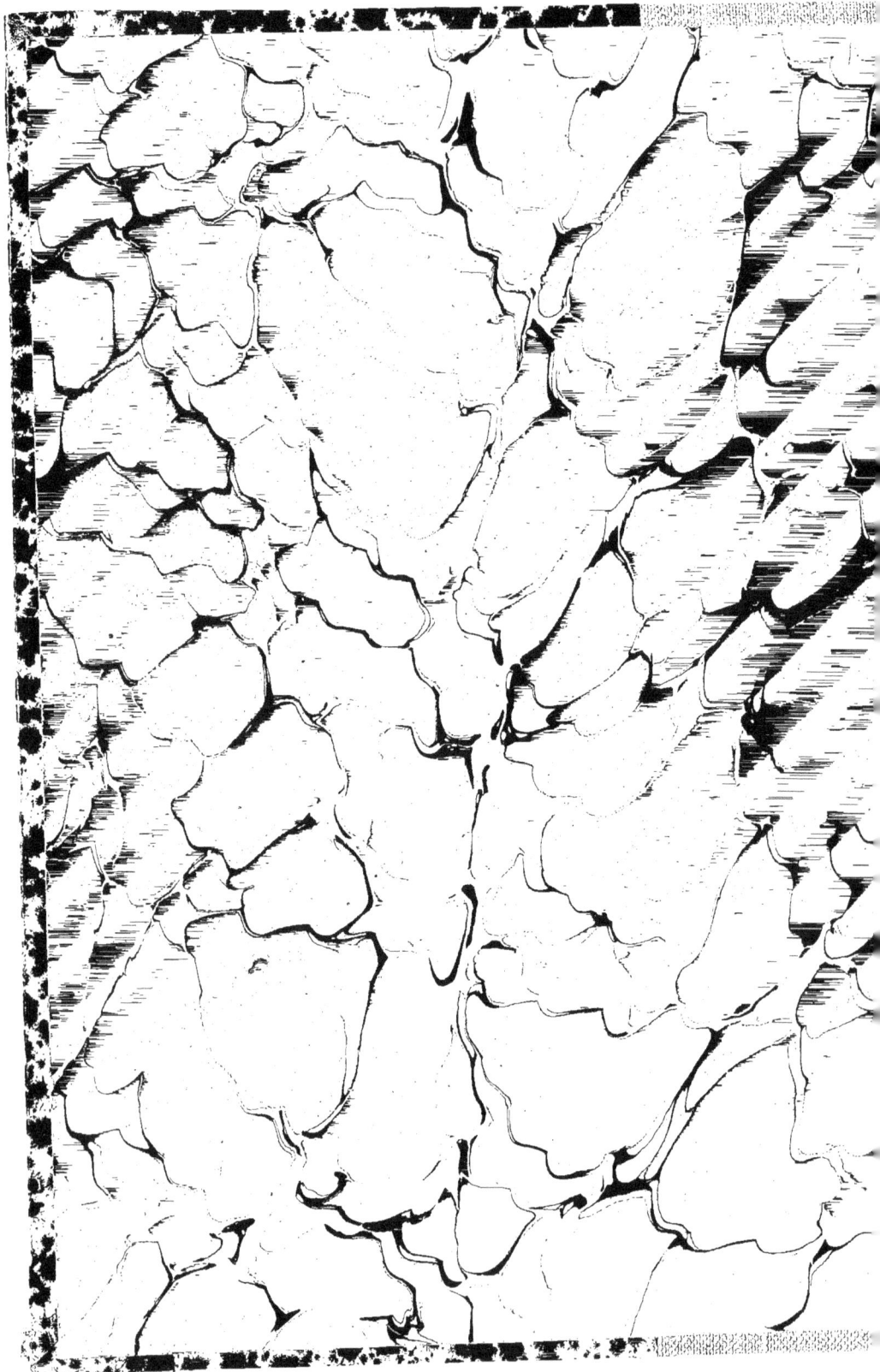

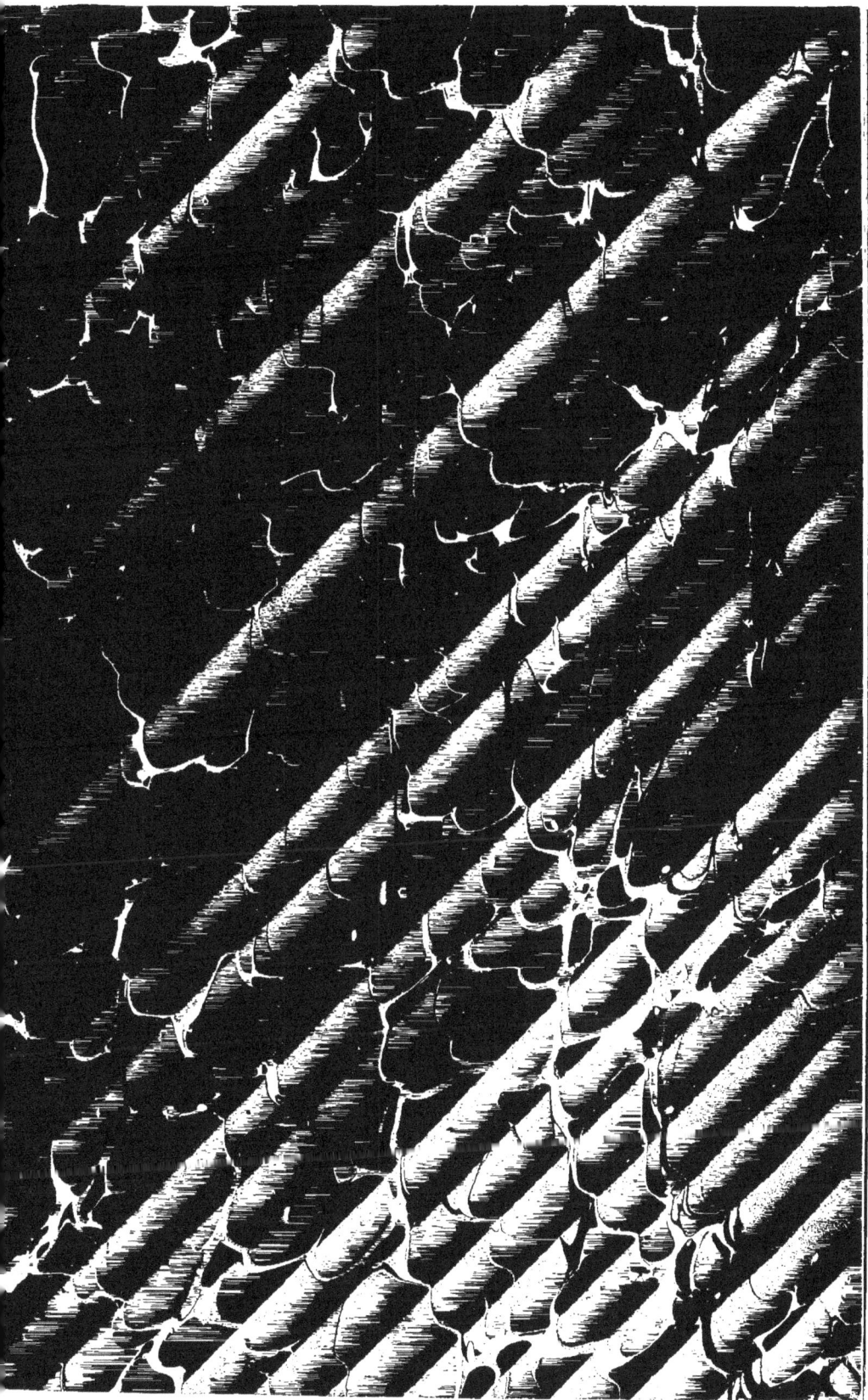

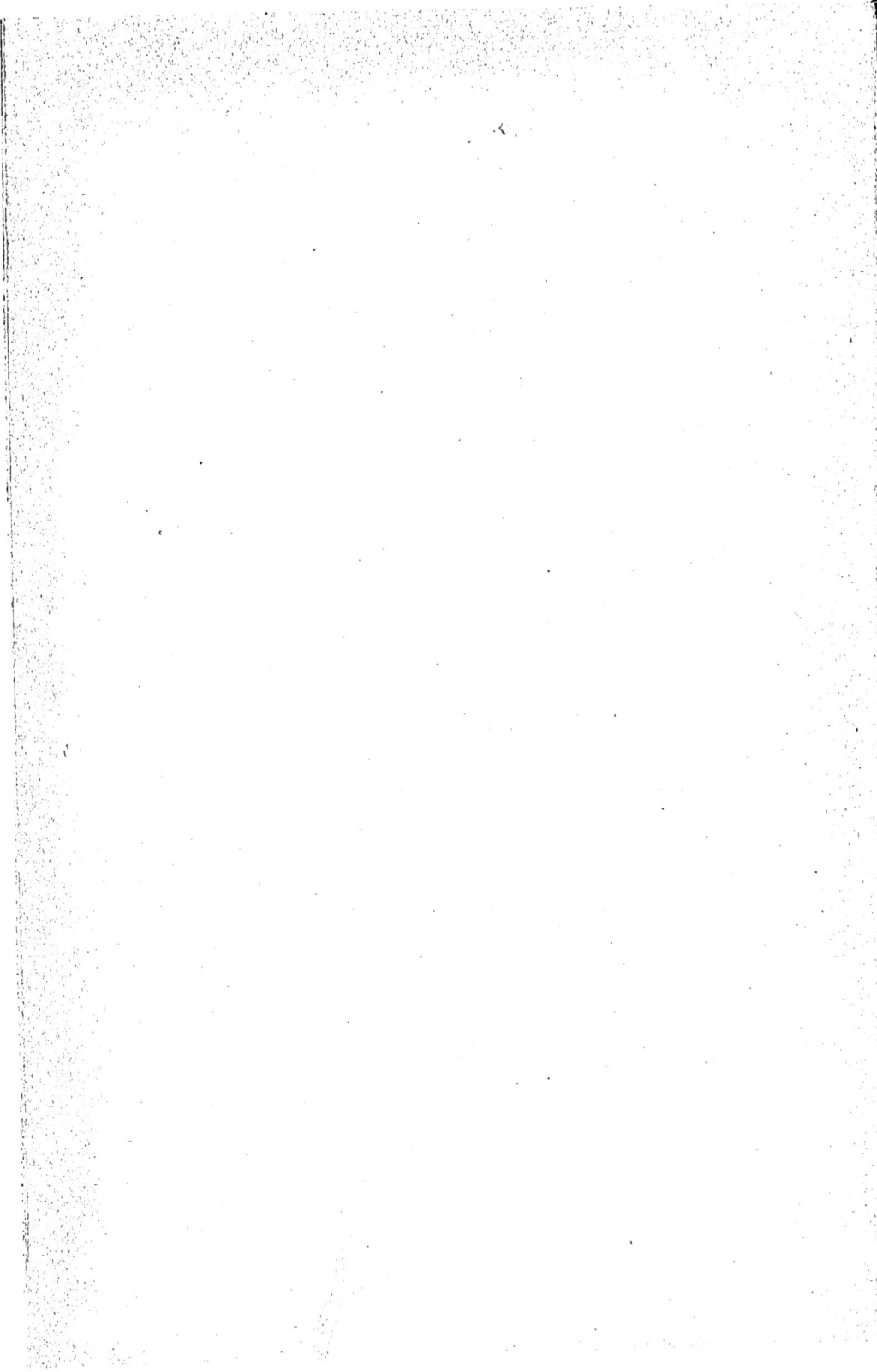

Les *Travaux publics du Protectorat français en Tunisie* comprennent trois tomes :

le premier consacré à l'organisation générale du Service des Travaux publics en Tunisie et à la première partie du Service des Ponts et Chaussées (éclairage et balisage des côtes, ports de commerce, chemins de fer et tramways) ;

le second à la deuxième partie du Service des Ponts et Chaussées (routes, alimentations hydrauliques, urbaines et rurales, égouts, domaine public, bâtiments civils, travaux municipaux) ;

le troisième au Service des Mines, au Service Topographique et au Service de la Navigation et des Pêches maritimes.

Une introduction commune aux trois tomes se trouve au début du premier volume.

Une table placée à la fin de chaque tome indique les matières qu'il renferme.

LES

TRAVAUX PUBLICS

DU

PROTECTORAT FRANÇAIS

EN TUNISIE

———————————

Régence de Tunis - Protectorat Français

.. DIRECTION GÉNÉRALE DES TRAVAUX PUBLICS

LES

TRAVAUX PUBLICS

DU

PROTECTORAT FRANÇAIS

EN TUNISIE

TOME TROISIÈME

MINES

SERVICE TOPOGRAPHIQUE

NAVIGATION ET PÊCHES MARITIMES

TUNIS

Imprimerie Générale, J. Picard & Cie, rue Al-Djazira

1900

LES TRAVAUX PUBLICS DU PROTECTORAT FRANÇAIS

EN TUNISIE

CHAPITRE III

SERVICE DES MINES

LÉGISLATION MINIÈRE DE LA RÉGENCE

MINES

Toute législation minière peut se rattacher à l'un des trois systèmes suivants :

1° système de l'accession : la mine au moment de sa découverte appartient au propriétaire de la surface ;

2° système de la domanialité : toutes les mines appartiennent à l'État qui peut en disposer à sa guise ;

3° système des *res nullius* : la mine avant sa découverte est considérée comme non-existante ; elle ne peut donc être appropriée. Ce système se divise d'ailleurs en deux sous-systèmes :

a) sous-système de l'occupation : la mine une fois découverte appartient à l'inventeur ;

b) sous-système des concessions de droit régalien : l'appropriation de la mine, après son invention, est faite par l'État (c'est le système français).

En fait, il est rare qu'une législation minière ne s'inspire que d'un seul système dans toutes ses dispositions. En particulier, le régime tunisien se rattache à la fois au système de la domanialité et aux deux sous-systèmes de l'occupation et des concessions de droit régalien que nous avons distingués dans le système des *res nullius*.

Il n'en a pas toujours été ainsi, et l'essai de législation générale connu sous le nom de « Code civil et pénal du 26 avril 1861 » tendait à faire prévaloir le système de l'accession dans son article 512 ainsi conçu :

« L'acheteur d'un terrain deviendra propriétaire des mines qu'il renferme, à moins qu'il ne s'agisse de mines d'or ou d'argent.

« Dans ce cas, l'État aura le droit de les revendiquer en payant le double du prix du fonds. »

Mais cet essai de législation n'a pas survécu à la période qui l'a vu naître ; à part quelques dispositions qui ne faisaient que confirmer d'anciens usages, toutes les autres sont tombées dans une désuétude complète et un arrêté du Premier Ministre en date du 1ᵉʳ décembre 1881 rangeait les mines au nombre des propriétés domaniales[1]. Dans ces conditions aucune recherche de mines, aucune exploitation, ne pouvaient avoir lieu sans une autorisation du Gouvernement tunisien. Ce régime de fait dura jusqu'au 10 mai 1893, date à laquelle un décret beylical vint régulariser la situation.

L'article premier de ce décret pose en principe que les mines étant propriétés domaniales, aucune recherche de mine ne peut être entreprise sans une autorisation du Directeur général des Travaux publics, représentant le Gouvernement tunisien. Cette autorisation est nécessaire même quand les recherches doivent être entreprises par le propriétaire de la surface ou avec son agrément. Par là le droit minier tunisien se différencie essentiellement du droit français et algérien.

Les articles 2 et 3 définissent ce qu'il faut entendre par *mines* et par *carrières*, celles-ci restant à la disposition du propriétaire du sol. Les bases de la classification sont les mêmes que celles admises en France. Il faut toutefois remarquer que le décret tunisien ne parle pas des « minières ». Les gisements de minerais de fer sont, quelle que soit leur nature, considérés comme *mines*.

---

(1) « Le Gouvernement de Son Altesse a appris que des Étrangers cherchent à disposer des terrains appartenant à l'État ainsi que des mines et forêts, prétendant les avoir obtenus par achat ou autrement d'indigènes des tribus.

« Le Gouvernement doit en conséquence faire connaître que les individus dont il s'agit n'ont aucun droit sur les terrains domaniaux ni sur les mines et forêts celles-ci étant propriété de l'État et constituant une branche de ses revenus.

« Pour ce motif toute aliénation de cette nature est nulle et non avenue. Cet avis sera publié, etc... »

L'article 4, comblant une lacune de la législation française, stipule qu'en cas de contestation sur la classification légale d'un gîte de substance minérale il sera statué par décret.

Les articles 5 à 12 inclus ont trait au mode de demande et de délivrance des permis de recherches ainsi qu'aux droits et aux obligations qu'ils confèrent aux permissionnaires. Nous allons en résumer les principales dispositions.

Permis de recherches. — Les demandes en permis de recherches sont adressées au Directeur général des Travaux publics. A la demande doivent être annexés :

1° un plan au $\frac{1}{10.000^e}$ du périmètre à l'intérieur duquel l'autorisation de pratiquer des fouilles est demandée. Ce périmètre ne saurait englober une superficie supérieure à 300 hectares ;

2° des échantillons de minerai prélevés sur les affleurements dont la découverte a provoqué la demande de permis.

Les demandes sont enregistrées à leur date sur un registre spécial, puis une enquête est ouverte par le Service des Mines qui examine si les affleurements visés par la demande sont de nature à mériter une exploration sérieuse. Le Directeur général des Travaux publics statue ensuite par un arrêté. Si les échantillons remis à l'appui de la demande ne contiennent pas trace de minéralisation, celle-ci est rejetée *de plano*.

Au cas où plusieurs demandes concurrentes sont déposées pour un même périmètre, il est statué en suivant l'ordre de priorité. On remarquera qu'il y a là une tendance à l'abandon du système de la domanialité pour le sous-système de l'occupation.

Nous avons dit plus haut que toute demande de permis de recherches devait, pour être enregistrée, être accompagnée d'un plan et d'échantillons. La remise des échantillons est une pure formalité : l'Administration n'a en effet aucun moyen de contrôler leur provenance. Il n'en est pas de même du plan qui doit pouvoir être appliqué sans ambiguïté sur le terrain et par suite être repéré par rapport à des points remarquables absolument fixes, tels que des signaux géodésiques ou des constructions de toute nature (marabouts, maisons), figurés sur la carte au $\frac{1}{50.000^e}$ ou au $\frac{1}{200.000^e}$ suivant les régions. Une fois la pétition inscrite, le périmètre demandé ne peut plus être modifié par le demandeur, c'est là une conséquence logique du privilège accordé à la priorité de la demande.

Les permis de recherches sont accordés pour une période de deux années renouvelable à son expiration.

Il est toutefois stipulé que, si dans le délai d'un an à partir de la date de l'arrêté instituant le permis, les travaux d'exploration n'ont pas été commencés, le permis est retiré. Dans ce cas le titulaire du permis n'est pas admis à demander un nouveau permis pour le même gisement avant l'expiration d'un délai de trois ans.

Cette stipulation du décret du 10 mai 1893, qui avait pour but d'empêcher l'inutilisation des terrains miniers, n'y réussit, en pratique, que partiellement.

Comme nous l'avons dit, les permis de recherches ne sont pas accordés pour une superficie supérieure à 300 hectares, déjà très considérable si on la compare à celle des *claims* américains qui ont une forme rectangulaire et une dimension uniforme de 450 mètres sur 135[1].

Rien n'empêche d'ailleurs une même personne de demander plusieurs permis contigus. Toutefois, dans ce cas, le permissionnaire est tenu de travailler effectivement à l'intérieur de chacun de ses périmètres.

Permis de vente. — Le titulaire d'un permis de recherches n'a pas le droit de disposer du produit de ses recherches sans un permis de vente délivré par arrêté du Directeur général des Travaux publics. D'une façon générale, l'Administration se montre assez difficile pour l'octroi de ces permis de vente. Ils ne sont délivrés que pour une durée limitée et pour une quantité de minerai déterminée, et seulement à l'explorateur qui justifie de dépenses importantes faites en travaux de recherches.

Le permis de vente a pour but de permettre à l'explorateur de rentrer dans une partie de ses déboursés. Il est d'ailleurs immédiatement retiré si les travaux de recherches viennent à dégénérer en travaux d'exploitation.

Il est encore un autre cas où le permis de vente ne se refuse jamais : c'est celui où un explorateur abandonne ses recherches après avoir reconnu le peu de valeur de l'affleurement qu'il étudiait. Dans ce cas il est toujours autorisé à enlever la petite quantité de minerai qu'il a extraite.

---

(1) La grande superficie des permis de recherches a pour effet de protéger plus efficacement les droits de l'inventeur ; par contre, en favorisant la concurrence, la réduction des périmètres favorise le développement rapide des régions minières.

Occupation temporaire des terrains nécessaires à l'exploitation ou aux recherches. — A défaut d'entente avec le propriétaire de la surface, l'occupation temporaire des terrains nécessaires aux recherches, ou à l'exploitation si une concession a été instituée, peut être autorisée par le Directeur général des Travaux publics. Toutefois, l'occupation effective ne peut avoir lieu qu'après paiement au propriétaire d'une indemnité fixée au double de la valeur réelle des terrains évalués à dire d'experts.

Les occupations temporaires de terrains font l'objet des articles 13 à 19 du décret du 10 mai 1893.

Les derniers articles ont trait aux pénalités frappant les contrevenants.

Concessions. — L'exploitation proprement dite d'un gîte ne peut être entreprise qu'en vertu d'une *concession* par laquelle l'État renonce, en faveur d'une tierce personne, aux droits qu'il possède sur la substance minérale à extraire. Comme on a pu le voir d'après l'analyse qui précède, le décret du 10 mai 1893 est muet en ce qui touche le mode d'institution des concessions. L'application logique du principe de la domanialité exigerait, semble-t-il, la mise en adjudication des gisements avec une clause réservant les droits de l'inventeur.

Il n'en est pas ainsi, et toutes les concessions instituées depuis l'établissement du Protectorat, soit avant, soit après la promulgation du décret du 10 mai 1893, appartiennent à un même type : la concession est octroyée à perpétuité et la redevance à payer au Gouvernement tunisien fixée à 5 °/₀ du produit net, plus o fr. 10 par hectare compris dans le périmètre concédé.

C'est en somme le type des concessions françaises, à une restriction près : le concessionnaire ne peut céder sa concession à un tiers qu'avec l'assentiment du Gouvernement.

La procédure suivie pour la demande et l'obtention des concessions est également la même qu'en France.

La demande, adressée au Directeur général des Travaux publics, est portée à la connaissance du public par voie d'affiches et de publications dans les journaux.

A l'expiration du délai d'enquête de deux mois, l'Ingénieur des Mines fait un rapport, le dossier est soumis par l'intermédiaire du Ministre des Affaires étrangères au Conseil général des Mines, qui émet son avis. Le Directeur général des Travaux publics statue ensuite et passe, s'il y a lieu, une convention de concession qui doit être approuvée par décret du Bey.

Comme on le voit d'après ce qui précède, sur le point le plus important de toute législation minière, celui qui est relatif à l'institution de la propriété de la mine, la loi tunisienne s'inspire du système des *res nullius* (sous-système des concessions de droit régalien). L'inscription, en tête du décret du 10 mai 1893, du principe de la domanialité a surtout pour résultat de favoriser les recherches de mines.

CARRIÈRES

Les substances classées dans les carrières sont à la disposition des propriétaires du sol. Toutefois, leur exploitation est soumise à certaines règles de police édictées par le décret du 1er novembre 1897. Ce décret, qui s'inspire dans une très large mesure du décret type français du 8 février 1892, institue notamment pour les carrières le régime de la déclaration.

Phosphates de chaux. — L'article 3 du décret du 10 mai 1893 range expressément les « amendements ou engrais » dans la classe des substances dont l'exploitation constitue une carrière, c'est-à-dire qui restent à la libre disposition du propriétaire du sol.

Le décret du 1er décembre 1898, qui règle l'exploitation des phosphates en Tunisie et qui s'inspire dans une très large mesure du décret algérien du 26 mars 1898, ne touche pas à ce droit du propriétaire de la surface. Il vise en effet uniquement les gisements situés en terrains domaniaux ou en terrains habous publics ou privés[1], sur lesquels l'État exerce au nom de la Djemaïa un droit de tutelle.

Nous donnerons ici les principales dispositions de ce décret.

Le titre 1 est relatif aux recherches. Il stipule qu'aucune recherche de phosphates de chaux ne peut avoir lieu dans un terrain

---

[1] Les biens habous sont des biens affectés à des fondations pieuses : entretien de mosquées, écoles musulmanes, œuvres de charité. La gestion de ces biens est placée sous la surveillance du Gouvernement.

Il y a deux sortes de habous, les habous publics et les habous privés. Ces derniers ne doivent revenir à la fondation pieuse que le fondateur a eue en vue qu'après l'extinction de la descendance du bénéficiaire, qui en conserve l'usufruit.

Les habous publics sont gérés par un Conseil d'administration : la Djemaïa des Habous ; les habous privés sont administrés par des *mokaddems* nommés par décret.

appartenant à l'Etat ou à un habous public ou privé sans une autorisation donnée par le Directeur des Travaux publics. Cette autorisation ne peut être donnée qu'à une personne morale unique, à l'exclusion des associations en nom collectif; elle est personnelle et ne peut être cédée à un tiers sans une autorisation du Directeur général des Travaux publics.

Le titre II a trait à l'invention des gisements de phosphates de chaux et aux droits de l'explorateur.

Pour être reconnu inventeur, il ne suffit pas de signaler l'existence d'un gisement, il faut encore que la personne qui revendique ce titre ait, munie d'une autorisation régulière de recherches, exécuté des travaux de nature à faire connaître la valeur industrielle du gîte.

Le règlement général qui fait suite au décret du 1er décembre 1898 fixe les conditions dans lesquelles la reconnaissance du privilège d'inventeur doit être demandée et est accordée.

Cette reconnaissance ne confère d'ailleurs aucun droit sur le gîte ; elle donne simplement à l'explorateur droit à une partie des redevances perçues par l'Etat, au cas où ce gîte viendrait à être amodié. L'inventeur n'a d'ailleurs droit à aucune indemnité quel que soit le retard apporté à cette amodiation.

Le titre III stipule que l'amodiation des gisements de phosphates visés par le décret ne peut avoir lieu que par la voie d'adjudication publique. L'adjudication porte sur la redevance à payer par l'amodiataire par tonne de phosphate exportée hors des lieux d'extraction. L'explorateur reconnu inventeur a droit au dixième de la somme ainsi encaissée par l'Etat. Il a en outre droit au remboursement des dépenses faites par lui dans un but d'utilité au cours des travaux d'exploration. Le droit de l'inventeur cesse en tout état de choses trente ans après la date de la décision qui lui a reconnu cette qualité.

Le titre IV stipule que, si les gisements amodiés se trouvent situés en terrains habous publics ou privés, les sommes encaissées annuellement par le Gouvernement tunisien à titre de redevance seront, après défalcation de la part revenant à l'inventeur et des frais de surveillance et de contrôle, remis à la Djemaïa des Habous, pour le compte des intéressés.

Enfin le titre V et dernier a trait à quelques dispositions générales. Il édicte, en particulier, un impôt de 0 fr. 50 par tonne de phosphate exportée hors de Tunisie et étend à l'exploitation des phosphates de chaux les dispositions des articles 13 à 19 du decret du 10 mai 1893, relatives à l'occupation temporaire.

Mine du Djebel-Reças. — Vue d'un chantier

ÉTAT ACTUEL DE L'INDUSTRIE MINÉRALE EN TUNISIE

Deux substances seulement sont, dans la Régence, l'objet d'une exploitation active : la calamine (carbonate de zinc) et le phosphate de chaux. La Tunisie produit en outre une certaine quantité de galène (sulfure de plomb). Ce minerai se trouve, en effet, fréquemment associé au minerai de zinc dans les gîtes de calamine. Enfin, le fer constitue, dans quelques régions, des gisements d'une certaine importance, comme nous le verrons plus loin.

Le tableau ci-après, pages 14 et 15, renferme la liste complète des concessions actuellement en vigueur, avec les renseignements les plus intéressants sur chacune d'elles.

EXPLOITATIONS DE CALAMINE

Douze des concessions indiquées au tableau ci-après ont pour objet l'exploitation des minerais de zinc et de plomb.

En outre deux nouvelles demandes de concession, émanant toutes deux de la Compagnie royale asturienne des mines, sont à l'instruction : l'une à Béchateur, dans la région de Bizerte, l'autre au Djebel-Azered, près de Thala.

Nous allons donner quelques renseignements sur ces différentes concessions.

CONCESSION DU DJEBEL-REÇAS

La concession du Djebel-Reças est la plus anciennement instituée en Tunisie ; la première convention de concession est de 1868. La mine était concédée pour 60 années seulement ; tous les frais étaient à la charge du concessionnaire et les bénéfices devaient être partagés par moitié entre le concessionnaire et l'Etat. Ces conditions, fort dures, furent adoucies par une nouvelle convention en date du 24 avril 1877 qui stipula seulement pour le Gouvernement une redevance de 10 °/₀ du produit brut de l'extraction : cette redevance devait être payée en nature.

La mine du Djebel-Reças, qui appartenait à une société

TABLEAU DES CONCESSIONS DE

au 1er

NOMS DES CONCESSIONS	OBJET	NOMS ET ADRESSES DES CONCESSIONNAIRES
Ras-er-Radjel Bou-Lanague Djebel-Bellif Ganara	Fer	Société de Mokta-el-Hadid.
Tamera Bourchiba Oued-bou-Zenna	Fer	Société anonyme des Mines de fer des Nefzas. Siège social à Paris.
Djebel-Reças	Plomb, zinc	M. Chemin, à Paris, 33, avenue Montaigne.
Djebba	Zinc, plomb	Société des Mines et Fonderies de zinc de la Vieille-Montagne. Siège social à Angleur (Belgique).
Kanguet-Kef-Tout	Zinc, plomb	Société anonyme du Kanguet (Tunisie). Siège social à Paris, 238, faubourg Saint-Honoré.
Sidi-Ahmed	Zinc, plomb	Compagnie Royale Asturienne des Mines. Siège social à Bruxelles, rue Royale, 134.
Fedj-el-Adoum	Zinc, plomb	M. Faure, à Paris, 94, avenue Henri-Martin.
Zaghouan	Zinc, plomb	Société anonyme des Mines de Zaghouan. Siège social à Lyon, 2, quai des Brotteaux.
Djebel-el-Akhouat	Zinc, plomb	Société des Mines et Fonderies de zinc de la Vieille-Montagne. Siège social à Angleur (Belgique).
Djebel-bou-Jaber	Zinc, plomb	Société du Bou-Jaber. Siège social à Paris, avenue Hoche, 11.
Djebel-Hamera	Zinc, plomb	M. Targe, à Tunis.
Sidi-Youssef	Zinc, plomb	Compagnie minière tunisienne. Siège social à Corphalie (province de Liège) (Belgique).
Fedj-Assène	Zinc, plomb	M. d'Angicourt à Paris, rue de Saint-Pétershourg, 41.
Djebel-ben-Amar	Zinc, plomb	Société anonyme du Djebel-ben-Amar. Siège social à Tunis, chez M. Nani, 18, rue Es-Sadikia.

ES EXISTANT EN TUNISIE

1900

ATES D'INSTITUTION DES CONCESSIONS	SUPERFICIE DES CONCESSIONS	STATION DE CHEMIN DE FER OU PORT les plus voisins de la concession	DISTANCE APPROXIMATIVE de la mine au chemin de fer ou au port
7 mai 1884	3.407^{h}35^{a}87^{ca}	Bizerte	100^{km}
7 mai 1884 30 octobre 1898	1.868^{h}40^a	Bizerte	100^{km}
24 avril 1877 27 janvier 1900	2.735^h	Tunis	30^{km}
6 mai 1876 27 janvier 1900	615^h	Souk-el-Khemis	25^{km}
6 février 1889 16 décembre 1894	1.086^h	Béja	30^{km}
27 août 1892	1.520^h	Béja	38^{km}
14 mai 1894	456^h	Medjez-el-Bab	60^{km}
13 décembre 1894	2.717^h	Moghrane	25^{km}
25 juin 1896	840^h	Medjez-el-Bab	60^{km}
13 avril 1897	630^{h}96^a	Clairefontaine	45^{km}
1er septembre 1898	1.255^{h}33^a	Tébessa	30^{km}
27 novembre 1898	660^h	Souk-Ahras	45^{km}
25 juin 1899	1.467^{h}82^a	Ghardimaou	11^{km}
27 janvier 1900	176^{h}69^a	Béja	25^{km}

italienne, a été rachetée le 27 juillet 1899 par un français, M. Chemin. A la suite de ce rachat une nouvelle convention, approuvée par décret du 27 janvier 1900, est intervenue ramenant la concession du Djebel-Reças au type des autres concessions tunisiennes (concession perpétuelle et redevance de 5 °/₀ sur le produit net de l'exploitation).

Pour reconnaître le sacrifice que le Gouvernement tunisien s'est ainsi imposé, le concessionnaire s'est engagé à verser entre les mains du Receveur général des Finances une somme de 62.500 francs à titre de contribution à la construction du prolongement du chemin de fer du Mornag, depuis son point terminus actuel, Haut-Mornag-Crétéville, jusqu'à proximité des installations de la mine.

Le Djebel-Reças, situé à 28 kilomètres seulement au Sud de Tunis, est constitué par un dôme de calcaires jurassiques coupé sur sa face Ouest par une grande faille, prolongement de celle de Zaghouan. La minéralisation semble s'être concentrée dans une série de cassures E.-O., c'est-à-dire perpendiculaires à la grande faille. L'amas principal, situé sur la face Ouest se trouve à l'intersection de plusieurs de ces cassures et d'une autre cassure dirigée S.-N. Ses dimensions à l'affleurement sont considérables (environ 100 mètres de longueur sur 80 mètres de largeur).

A 70 mètres au-dessous des affleurements une galerie (galerie Kroumir) a été tracée pour aller reconnaître le gîte. A ce niveau la section minéralisée n'est plus que de 200 mètres carrés.

La galerie Massa, située 80 mètres plus bas, bien que prolongée par la Société italienne fort avant à l'intérieur du massif, n'avait rencontré que des traces calaminaires. Depuis la prise de possession de la Société française, une nouvelle attaque entreprise à ce niveau a amené la découverte d'une colonne calaminaire d'environ 80 mètres carrés de section. Un puits et une remontée d'exploration ont été tracés dans ce gîte. Comme partout d'ailleurs, au Reças de nombreux blocs de calcaire sont disséminés dans la calamine.

Enfin, à 110 mètres plus bas, la Société italienne avait commencé une galerie; ce travail a été abandonné avant que le front d'avancement fut arrivé à l'aplomb du gîte reconnu plus haut. Il n'a pas encore été repris.

Les installations extérieures de la mine du Reças sont assez importantes : elles comprennent trois plans inclinés pour la des-

Mine du Djebel-Reças. — Laverie et fours de calcination

cente du minerai, ayant une longueur totale de 1.400 mètres, une fonderie aujourd'hui définitivement abandonnée et un atelier de préparation (criblage et lavage) pour les minerais mixtes.

Un barrage établi sur l'Oued-el-Kardi sert à alimenter d'eau la laverie.

La mine du Djebel-Reças est restée inactive de 1890 à 1896. Depuis la reprise des travaux jusqu'en août 1899, la production de cette mine a été de : 2.290 tonnes de calamine roche crue, environ 5.000 tonnes de terres calaminaires et 1.400 tonnes de galène.

Depuis la prise de possession de la mine par la Société française, les travaux sont poussés avec beaucoup d'activité.

CONCESSION DE DJEBBA

La mine de Djebba se trouve située au pied et sur la face Nord du Djebel-Gorrah, à 2 kilomètres au S.-E. de la station de Souk-el-Khemis, sur la ligne de Tunis à Alger.

Elle a été concédée par décret du 6 mai 1876 à la Société de construction des Batignolles qui obtenait en même temps la concession du chemin de fer de Tunis à la frontière algérienne. De la Société des Batignolles elle passa, en même temps que le chemin de fer, à la Compagnie Bône-Guelma. Celle-ci l'a, à son tour, cédée à la Société de la Vieille-Montagne.

Les conditions de la concession étaient les mêmes que celles de la deuxième convention du Reças : concession à temps limité et redevance de 10 °/₀ sur le produit brut. De même que pour le Djebel-Reças une nouvelle convention est intervenue, rendant la concession perpétuelle et ramenant la redevance à 5 °/₀ du produit net. Cette nouvelle convention a été approuvée par décret du 27 janvier 1900.

Au moment de l'institution de la concession, en 1876, le seul gîte connu à Djebba, dit gîte du Bordj, se composait d'une série de filets de galène au milieu de calcaires sénoniens.

Antérieurement à 1876, différentes tentatives avaient été faites pour exploiter ce gisement, d'abord par le Gouvernement tunisien, puis par une société espagnole.

Un atelier de préparation mécanique et une fonderie, qui avaient été construits pour traiter les minerais, sont aujourd'hui en ruines.

C'est seulement en 1891 que la présence de la calamine a été signalée dans plusieurs lambeaux de calcaire nummulitique éboulés, qui se trouvent sur les bords de l'Oued-Djebba. C'est cette découverte qui a amené, en 1897, la reprise des travaux.

La production en calamine de la mine de Djebba pendant les trois années 1897-1898-1899 a été au total d'environ 3.400 tonnes.

CONCESSION DU KANGUET-KEF-TOUT

Cette concession doit son nom au Kanguet ou défilé qui sépare le Djebel-Damous du Djebel-Sidi-Ahmed, par où passent l'Oued-Maden et la route de Béja à Tabarka.

Elle a été instituée par décret du 22 décembre 1888, en faveur de M. Joseph Faure. Un second décret, du 16 décembre 1894, a étendu le périmètre concédé primitivement de façon à englober le gisement d'Aïn-Roumi situé à environ 6 kilomètres au S.-O. du Kanguet.

Le Djebel-Damous, dans lequel se trouvent les gisements exploités, est constitué par des calcaires sénoniens à inocérames, de direction N. 30° E. et ayant leur pendage dirigé vers le S.-O.

Le gîte présente une allure semi filonienne assez nette. Il affleure sur une longueur de plusieurs centaines de mètres sur le flanc Est de la montagne ; sa direction générale est N. 40° E. et son pendage est vers le N.-O. La puissance du gîte est très variable ; il semble toutefois devoir se coincer en profondeur.

Certains renflements, qui devaient contenir de la galène, ont été exploités par les Romains, qui y ont laissé de grands vides.

En dehors du filon, il existait au Kanguet d'importants amas calaminaires remplissant des poches irrégulières au mur du gîte. Ces amas ont été exploités à ciel ouvert. Ce sont eux qui ont fourni presque toute la calamine expédiée du Kanguet depuis l'institution de la concession jusqu'en 1898.

Actuellement l'exploitation principale se trouve reportée dans le filon où trois galeries en direction ont été tracées à des niveaux différents. Les minerais sont descendus jusqu'aux fours de calcination par un plan incliné.

Depuis l'institution de la concession jusqu'au 31 décembre 1899, la production de la mine du Kanguet a été de 23.000 tonnes de calamine roche calcinée, et d'environ 12.000 tonnes de terres calaminaires riches ou moyennement riches, expédiées à l'état cru.

Le minerai est transporté par charrettes à Béja et de là par chemin de fer à Tunis.

Les frais de transport de la mine à Anvers s'élèvent à environ 36 fr. par tonne de minerai, se décomposant de la façon suivante :

De la mine à Béja (par charrettes)..........Fr. 12 »
De Béja à Tunis (par rails)..................   7 60
De Tunis à Anvers........................ 12 50
Divers...................................   3 90

TOTAL.....Fr. 36 »

L'exploitation du gîte d'Aïn-Roumi situé à environ 6 kilomètres au S.-O. du Kanguet n'a commencé qu'en 1897. Le gîte, qui présente une allure semi-filonienne, est dirigé S.-O.-N.-E. Comme il n'existe pas de routes entre Aïn-Roumi et Béja, les transports de minerai se font à dos de chameaux.

A la date du 5 mars 1899, la concession du Kanguet a été cédée par M. Faure à une société anonyme, la *Société minière du Kanguet*, dont le siège est à Paris.

CONCESSION DE SIDI-AHMED

La concession de Sidi-Ahmed a été instituée, en faveur de la Compagnie royale Asturienne des Mines, par décret du 27 août 1892.

Le Djebel-Sidi-Ahmed, est constitué par les calcaires à inocérames du sénonien en bancs fortement redressés, recouverts, tant à l'Ouest qu'à l'Est, par des marnes jaunâtres à la base, noires à la partie supérieure, appartenant également à l'étage sénonien ; mais tandis qu'à l'Est les marnes reposent en stratification en général concordante sur les calcaires, à l'Ouest le contact a lieu par faille.

C'est dans cette faille que se trouvait l'amas de Ghraba aujourd'hui complètement épuisé après enlèvement des cinq à six mille tonnes de calamine qu'il contenait.

Actuellement la production de la mine est assurée par l'exploitation de deux gîtes, de Sidi-Ahmed n° 1 et du Biret.

Le gîte de Sidi-Ahmed n° 1, situé à proximité des installations de la mine, est formé par une poche dans les calcaires, au voisinage de leur contact avec les marnes supérieures. Le remplissage est constitué partie par de la calamine, partie par de la galène. L'exploitation en est très avancée.

Le gîte du Biret, situé à environ 2 kilomètres au Sud de Sidi-Ahmed, sur le bord de la route qui conduit à Béja, constitue à l'heure qu'il est la principale réserve de minerai connue à l'intérieur du périmètre de la concession. Le minerai se trouve :

1° dans une poche au contact des calcaires sénoniens et des marnes. Cet amas se coïnce assez rapidement en profondeur ;

2° dans une faille dirigée E.-O. Ce second amas, de section horizontale lenticulaire, se poursuit en profondeur au-dessous du niveau du ruisseau qui longe le Djebel-Sidi-Ahmed à l'Est.

La production de la mine de Sidi-Ahmed depuis l'institution de la concession jusqu'au 31 décembre 1899 a été d'environ :

    13.693 tonnes de calamine roche;
    4.100   —   de terre calaminaire ;
    1.802   —   de galène;
    513   —   de minerai mixte.

Le minerai est amené par charrettes à Béja (37 kilomètres) d'où il est expédié par chemin de fer sur Tunis.

Les frais de transport de la mine à Tunis peuvent être estimés à 21 fr. 40 se décomposant comme suit :

De Sidi-Ahmed à Béja (par charrettes)...........Fr. 13 80
De Béja à Tunis (par rails) 7 60

                      TOTAL......Fr. 21 40

CONCESSION DE FEDJ-EL-ADOUM

La concession de Fedj-el-Adoum, située à environ 14 kilomètres au S.-O. de Teboursouk (Contrôle civil du Kef), a été instituée par décret du 14 mai 1894, en faveur de M. Faure, à la suite de la découverte de gisements calaminaires dans le Djebel-N'hal, dans le Djebel-Sidi-bel-Kassem et dans le Djebel-Sidi-bou-Xérida qui appartiennent tous trois au massif montagneux du Jouaouda.

La crête du Djebel-Jouaouda est constituée par des calcaires blancs du crétacé supérieur surmontant, à la faveur d'un renversement des couches, les grès de l'éocène supérieur ; entre les deux, l'éocène inférieur a subi une sorte de laminage et n'est plus représenté que par quelques bancs peu puissants de marnes et de calcaires à grosses nummulites.

Sur la face Nord-Ouest du Djebel-Jouaouda le trias gypseux est en contact direct avec le crétacé supérieur. C'est au contact de ces deux formations que se trouve l'amas calaminaire exploité à Fedj-el-Adoum.

Jusqu'à présent l'exploitation en a eu lieu à ciel ouvert. En dehors de l'amas principal, un second amas a été récemment découvert à quelques centaines de mètres plus au Nord. On s'est, pour le moment, borné à l'explorer au moyen de galeries et de remontages.

Depuis l'institution de la concession jusqu'au 1er janvier 1900, la production de la mine de Fedj-el-Adoum a été d'environ :

> 11.000 tonnes de calamine roche;
> 8.000   —   de terre calaminaire;
> 1.200   —   de galène;
> 600   —   de mixte.

Le minerai produit est expédié par la gare de Medjez-el-Bab.

CONCESSION DE ZAGHOUAN

La concession de Zaghouan a été instituée par décret du 19 novembre 1894, en faveur de la Société anonyme des Mines de Zaghouan.

Le Djebel-Zaghouan, situé à environ 60 kilomètres au Sud de Tunis, est constitué par des calcaires jurassiques surmontés au N.-O. par les couches du crétacé inférieur.

Au S.-E., le massif de Zaghouan est limité par une grande faille dirigée N. 40° E., qui amène les calcaires du Lias au contact des grès de l'éocène supérieur.

La mine de Zaghouan se trouve à l'extrémité S.-O. du massif, sur la face Ouest, et à une faible distance de la crête.

Deux amas ont été exploités : le principal, connu sous le nom de gîte Louis, paraît se trouver en relation avec une faille dite « faille de Bourzen », qui limite au S.-E. les calcaires jurassiques; le second, dit « gîte Lucien », correspondrait, au contraire, à une cassure N.-S.

Les installations extérieures de la mine sont assez intéressantes. Le minerai est descendu aux fours de calcination au moyen de câbles aériens.

La production de la mine de Zaghouan, depuis l'institution de la concession jusqu'au 31 décembre 1899, a été d'environ :

15.832 tonnes de calamine roche ;
27.777 tonnes de terre calaminaire ;
1.430 tonnes de minerai mixte.

Le minerai est transporté par charrettes à Moghrane, station de la ligne de Zaghouan à Tunis, et de là expédié sur cette dernière ville.

CONCESSION D'EL-AKHOUAT

La concession d'El-Akhouat a été instituée par décret du 25 juin 1896, en faveur de M. de Montgolfier.

Elle tire son nom des deux mamelons de même forme qui constituent le Djebel-el-Akhouat (ou montagne des deux frères), situés à environ 20 kilomètres au Sud de Teboursouk. Ces deux mamelons forment un ilot assez bouleversé de calcaires blancs et de marnes grises au milieu de gypses et de calcaires marneux. On ne voit pas de fossiles dans les calcaires d'El-Akhouat, mais par leurs caractères minéralogiques, ils paraissent appartenir au sénonien.

Dans la région qui contient les exploitations actuelles, ces terrains ont une direction générale N.-S., avec une forte inclinaison vers l'Ouest. Quant au gîte, il présente une allure différente de celle de la plupart des gîtes calaminaires tunisiens. Il est constitué par de véritables filons de peu d'épaisseur, à épontes nettes, contenant dans une gangue calcaire, des filets de calamine et de galène.

Ces filons ne sont encore reconnus que sur une faible longueur, leurs affleurements sont recouverts de morts terrains et de broussailles qui en rendent la prospection difficile.

La concession d'El-Akhouat est exploitée par la Société de la Vieille-Montagne depuis le 1er janvier 1898.

Depuis l'institution de la concession jusqu'au 31 décembre 1899, la production de la mine d'El-Akhouat a été d'environ :

2.780 tonnes de calamine roche calcinée ;
630 — de terres riches ;
67 — de galène.

Les produits sont transportés, par essieux, à Medjez-el-Bab

Exploitations de la Compagnie des Phosphates de Gafsa. —

Vue générale de la table du Lousif (Voir le texte pages 36 et suivantes)

(60 kilomètres) d'où ils sont expédiés par chemin de fer sur Tunis. Les frais de transport de la mine d'El-Akhouat à Tunis s'élèvent à environ 18 fr. 30, se décomposant comme suit :

Transport par charrettes de la mine à Medjez.....Fr. 12 90
—   par rails de Medjez à Tunis............... 3 85
Divers (ensachage, bâchage, chargement)............ 1 55
                                        TOTAL......Fr. 18 30

CONCESSION DU BOU-JABER

La concession du Bou-Jaber a été instituée par décret du 13 avril 1897, en faveur de M. Charpin, et cédée par lui, le 15 octobre 1899, à une Société anonyme, la « Société du Bou-Jaber ».

Le Djebel-bou-Jaber, qui s'élève comme un piton isolé au milieu de la plaine des Ouled-Boughanem, se trouve à cheval sur la frontière algérienne. Il est constitué par des bancs presque verticaux de calcaires urgo-aptiens à *ostrea aquila*.

Le gîte exploité comprend une série d'amas plus ou moins importants alignés suivant une cassure sensiblement E.-O., c'est-à-dire faisant un angle très faible avec la direction des bancs.

La production de la mine du Bou-Jaber, depuis la date de l'institution de la concession jusqu'au 31 décembre 1899, a été d'environ :

4.850 tonnes de calamine roche ;
3.200   —   de terres calaminaires ;
360   —   de galène ;
650   —   de minerai mixte.

La mine du Bou-Jaber est reliée par une piste à la station de Clairefontaine, sur la ligne de Souk-Ahras à Tébessa, distante d'environ 45 kilomètres. De Clairefontaine les minerais sont dirigés sur Bône.

Les frais de transport de la mine à Bône peuvent être estimés à 25 fr. 75, se décomposant comme suit :

De Bou-Jaber à Clairefontaine (par charrettes).....Fr. 15 40
De Clairefontaine à Bône (par rails)................ 9 »
Divers (ensachage, transbordement à Souk-Ahras) ... 1 35
                                        TOTAL......Fr. 25 75

CONCESSION DU DJEBEL-HAMERA

Cette concession a été instituée par décret du 1ᵉʳ septembre 1898, en faveur de la « Société de la Nouvelle-Montagne ».

Le Djebel-Hamera est constitué par un dôme de calcaires urgoaptiens entouré par une ceinture de marnes noires albiennes. Il se trouve à environ 30 kilomètres au S.-O. de Thala et à la même distance à l'Est de Tébessa.

Depuis l'institution de la concession les efforts de la Société concessionnaire ont porté uniquement sur l'enrichissement des calamines produites pendant la période de recherches.

CONCESSION DE SIDI-YOUSSEF

La concession des mines de zinc, plomb et métaux connexes de Sidi-Youssef a été instituée par décret du 27 novembre 1898 en faveur de la Société civile Dargent et Pascal, et transférée, le 5 mars 1899, à la Compagnie minière tunisienne.

Le gîte est constitué par plusieurs filons parallèles, de direction sensiblement N.-S., ouverts dans les calcaires sénoniens et marqués à la surface par des alignements de travaux romains. La Société Dargent et Pascal a exploré ces travaux en profondeur et les a recoupés par plusieurs travers bancs qui l'ont amenée à la découverte de deux importants filons, objet de l'exploitation actuelle.

La calamine de Sidi-Youssef est très plombeuse, et, dans l'aval pendage des filons en exploitation, elle disparaît presque complètement pour faire place à la galène et à la blende.

Depuis l'institution de la concession jusqu'au 31 décembre 1899, il a été produit à Sidi-Youssef environ :

5.000 tonnes de calamine ;

1.300 — de minerai mixte plombeux ;

900 — de carbonate de plomb.

Les minerais sont expédiés par la gare de Souk-Ahras distante d'environ 45 kilomètres, ils sont ensuite dirigés sur Bône.

Les frais de transport par tonne de la mine à Bône s'élèvent à environ 26 fr. 50, se décomposant comme suit :

De la mine à Souk-Ahras......................Fr. 14 »
De Souk-Ahras à Bône (par rails)................. 6 25
Divers (ensachage, frais d'analyse)................ 6 25

TOTAL.....Fr. 26 50

CONCESSION DE FEDJ-ASSÈNE

La concession de Fedj-Assène a été instituée par décret du 25 juin 1899, en faveur de M. d'Angicourt dont les travaux de recherches ont permis de constater l'existence d'amas calaminaires.

Le périmètre de cette concession englobe les deux massifs montagneux du Djebel Melah-Kef-Changoura et du Djebel Moutrif, séparés par le col de Fedj-Assène.

Ces montagnes sont constituées par des calcaires blancs, d'âge sénonien surmontés directement, tout au moins en ce qui concerne le Djebel-Melah, par les grès de l'éocène supérieur.

C'est dans les calcaires blancs que se trouvent les principaux amas reconnus, ceux de Fedj-Assène et du Kef-Changoura.

La mine de Fedj-Assène est distante d'environ 11 kilomètres de la gare de Ghardimaou à laquelle elle est reliée par une piste que le concessionnaire vient d'améliorer notablement.

Le minerai extrait et vendu avant l'institution de la concession en vertu d'un permis de vente a donné, à l'état cru, une teneur moyenne de 38 % de zinc et 11 % de plomb. Depuis l'institution de la concession aucune expédition de minerai n'a été faite; le concessionnaire s'est borné à développer ses travaux de reconnaissance au Kef-Changoura.

CONCESSION DU DJEBEL-BEN-AMAR

La concession du Djebel-ben-Amar a été instituée par décret du 27 janvier 1900, en faveur de la Société civile du Djebel-ben-Amar.

Le Djebel-ben-Amar se trouve situé à environ 20 kilomètres au N.-O. de Béja et à 32 kilomètres au Nord de Souk-el-Khemis, tout à fait à l'extrémité de la ride sénonienne dessinée par le Djebel-Sidi-Ahmed et le Djebel-Damous.

Comme beaucoup de gîtes calaminaires tunisiens celui du Djebel-ben-Amar présente une allure semi-filonienne. Le filon principal, reconnu par les travaux du groupe de l'Espérance, est dirigé sensiblement N. 70° E. Il plonge vers le S.-E. en faisant avec la verticale un angle d'environ 20°. Vers son extrémité Nord ce filon semble, à en juger d'après les affleurements, se bifurquer en deux branches.

En dehors du filon principal, qui affleure au voisinage de la crête sur le flanc S.-E. du mamelon du Djebel-ben-Amar, deux amas ont été reconnus sur le flanc N.-O.

La liaison de ces deux amas, dont l'un (lentille n° 1) est assez important, avec le filon, est encore inconnue.

Recherches de mines de zinc et plomb

Au 15 avril 1900, il existait 125 permis de recherches en cours pour zinc et plomb, la plupart dans la région Nord de la Régence. Toutefois, depuis environ un an, un grand nombre de demandes ont été déposées pour la région des Djebels Chambi et Semmama, au Sud de Thala. La plupart émanent d'habitants de Tébessa en Algérie.

PRODUCTION DES MINERAIS DE ZINC ET PLOMB EN TUNISIE

Le tableau qui suit donne la production des minerais de zinc et plomb en Tunisie pendant les dix dernières années :

ANNÉES	MINERAI DE ZINC	MINERAI DE PLOMB
1890.....	2.284 tonnes	490 tonnes
1891.....	1.544 —	
1892.....	3.520 —	
1893.....	3.232 —	
1894.....	7.953 —	
1895.....	24.370 —	
1896.....	17.730 —	242 —
1897.....	23.431 —	1.128 —
1898.....	24.300 —	2.583 —
1899.....	23.435 —	5.224 —

Les chiffres indiqués pour 1899 sont ceux qui résultent des déclarations des exploitants. Pendant la même année, les expéditions par chemin de fer des minerais provenant des mines tunisiennes se sont élevées à 37.884 tonnes, dont 20.700 en provenance de la gare de Béja.

Ce désaccord apparent vient de ce qu'en 1899 beaucoup d'exploitants profitant des hauts cours du zinc ont expédié des terres calaminaires pauvres, mises en stock pendant les exercices précédents.

Les chiffres contenus dans la colonne ci-dessus « minerai de zinc » comprennent à la fois la calamine roche et les terres calaminaires. Celles-ci sont expédiées à l'état cru. La calamine roche, au contraire, est calcinée avant d'être expédiée. Cette opération, qui a pour but d'éliminer l'acide carbonique des carbonates, se fait dans de simples fours coulants analogues aux fours à chaux.

La perte au four varie d'après la nature du minerai et d'après les proportions de carbonate et de silicate qu'il contient. Elle se tient en général aux environs de 30 %.

La proportion de combustible nécessaire pour la calcination varie d'après les minerais de 3 à 6 %. Le combustible employé est soit de la houille, soit, dans les régions boisées, du charbon de bois.

Vente des minerais. — Le marché des minerais de zinc se trouve en Belgique et en Angleterre. Les exploitants de mines vendent en général leurs calamines d'avance à des usines de traitement par des marchés à long terme. Le prix de vente est déterminé par des formules forfaitaires à deux termes variables : la teneur du minerai et le cours du zinc. Voici, à titre d'exemple, une de ces formules :

Le prix de base étant de 115 francs au cours de 16 livres et à la teneur de 50 %, on ajoute ou on retranche 3 francs par unité de teneur en plus ou en moins de 50 % et on partage par moitié, entre le vendeur et l'acheteur, le bénéfice ou la perte résultant de la différence entre les cours réels et le cours type de 16 livres.

Soit, par exemple, un minerai à 40 %, le cours du zinc à Londres étant de 20 livres. La valeur de la tonne de ce minerai rendue à Anvers ou à Swansea se calculera de la façon suivante :

au cours de 16 livres et à 50 %............Fr.   115
— 10 unités à 3 francs.................   30

soit.....Fr.   85

Mais le cours est de 20 livres au lieu de 16 livres, il y a donc un bénéfice de 4 livres, ou sensiblement 100 francs par tonne de zinc, ou, puisque le minerai considéré contient 40 % de métal, de 40 francs par tonne de minerai. Le prix de vente de la tonne de minerai doit donc être majoré de $\frac{40}{2}$ ou 20 francs.

En fin de compte, le prix de la tonne de minerai considéré est de $85 + 20 = 105$ francs.

Dans la réalité le calcul est un peu plus compliqué que nous venons de l'indiquer. Le cours du zinc à Londres se rapporte en effet non à la tonne française de 1.000 kilos mais à la tonne anglaise de 1.015 kilos environ.

Pour les *minerais de plomb* les usines anglaises et belges n'ont pas, comme pour la calamine, le monopole du traitement. Tandis que certaines mines envoient leur galène à Anvers ou à Swansea, d'autres l'envoient aux usines de Pertusola, en Italie, et de Coueron, en France.

MINES DE FER

GITES DES NEFZAS

Il existe en Tunisie de très importants gisements de fer dans la région des Nefzas, entre Tabarka et le cap Serrat. Ces gisements ont fait l'objet de deux concessions accordées, l'une à la « Société des mines de Mokta-el-Hadid », par convention du 1er mars 1884, l'autre au « Comité d'Etudes des Mines de Tabarka », par convention du 26 mars de la même année.

La Société de Mokta était tenue, par sa convention de concession de construire un chemin de fer à voie d'un mètre reliant les gisements concédés à Tabarka et d'établir un port en cet endroit.

De même le Comité d'Etudes des Mines de Tabarka devait construire un port au cap Serrat et un chemin de fer y aboutissant.

Les cahiers des charges des deux concessions stipulaient en plus que si, à partir du 13 octobre 1889, l'extraction annuelle restait pendant trois années inférieure à 50.000 tonnes, la déchéance pourrait être prononcée.

Bien qu'à l'heure actuelle aucune tentative d'exploitation n'ait encore été faite, l'Administration n'a pas cru devoir se prévaloir de cette clause ; il lui a semblé que les conditions peu favorables du marché suffisaient à justifier cette inaction.

Les gisements de fer des Nefzas, constitué par un mélange d'hématite rouge et d'hématite brune manganésifères, consistent en une série d'amas de forme lenticulaire interstratifiés au milieu d'une formation de grès friables et d'argiles, surmontant un étage

La lentille de fer du Djebel-Zrissa

de marnes grises ou bleuâtres contenant des lamelles de gypse.

Au-dessus vient une puissante formation de grès, tantôt quartzeux et très durs, tantôt argileux et friables, rattachés à l'éocène supérieur.

Grâce à sa résistance aux agents atmosphériques, le minerai de fer a pu souvent subsister sur le couronnement des collines de marnes, en bordure des massifs de grès.

Teneur des minerais. — Les minerais de fer des Nefzas contiennent plus de 55 % de métal, avec des teneurs en manganèse variant de $^1/_2$ à 9 %.

Ces minerais sont donc un peu moins riches que ceux de Mokta-el-Hadid et de la Tafna, mais ils supportent la comparaison avec ceux de Bilbao.

Ils sont d'ailleurs aussi exempts de phosphore que tous ces minerais ; par contre ils contiennent une petite proportion d'arsenic qui a en grande partie été cause du retard apporté à la mise en exploitation.

Aujourd'hui les usines à fer acceptent avec moins de difficulté qu'autrefois les minerais arsénicaux, dont elles savent tirer un parti convenable.

D'autre part, on commence à se préoccuper de la diminution considérable des extractions de Bilbao, principal centre de production des minerais de fer à haute teneur. Aussi l'attention des industriels se trouve-t-elle aujourd'hui rappelée sur les gîtes tunisiens.

Une Société française dite « Société anonyme des Minerais de Fer des Nefzas, Tunisie », a acquis tous les droits de l'ancien Comité d'Etudes des Mines de Tabarka.

Les membres de cette Société sont disposés à aider, dans la mesure de leurs moyens, l'établissement d'une voie ferrée des Nefzas à Bizerte. Préalablement, ils ont déposé, le 1er mars 1898, une demande de modification de la convention de concession avec suppression de la clause imposant au concessionnaire la construction d'un port au Cap Serrat et d'un chemin de fer y aboutissant.

Un décret en date du 30 octobre 1898 leur a donné satisfaction.

GITE DU DJEBEL-ZRISSA

Le Djebel-Zrissa, situé à moitié chemin entre Le Kef et Thala est constitué par un dôme très régulier de calcaires urgo-aptiens coupés, sur sa face Ouest, par une grande faille mettant en contact ces calcaires avec les marnes noires du Gault.

Le gisement est constitué par un amas lenticulaire, de dimensions considérables, d'un mélange d'hématite rouge et d'hématite brune, parfois très fortement manganésifères, situé à la partie supérieure de la montagne. Le tonnage disponible ne doit pas être éloigné de deux millions de tonnes.

Le grand obstacle qui s'oppose à l'exploitation du gisement est son éloignement de la mer. Le chemin de fer projeté du Pont-du-Fahs à Kalaât-es-Senam doit passer au voisinage immédiat du Zrissa. La mine serait alors à environ 200 kilomètres par rails du port de Tunis.

Nous avons donné page 32 la vue d'une partie de l'amas lenticulaire du Zrissa.

SUBSTANCES DIVERSES

En plus des 125 permis de recherches de zinc et de plomb, dont il a été question plus haut, il y avait en cours, au 15 avril 1900, 8 permis de recherches de minerai de cuivre, 9 permis de recherches de lignites, 3 permis de recherches de pétrole et 7 permis de substances diverses (pyrite de fer, asphalte, soufre, mercure).

Cuivre. — Quelques échantillons de cuivre assez intéressants (chalcopyrite, cuivre gris, azurite, malachite), découverts dans les environs de Ghardimaou et de Béjà, ont motivé la délivrance de divers permis de recherches ; mais jusqu'à présent aucune exploitation suivie n'a pu être établie.

Lignites. — Les permis de recherches délivrés visent des bancs de lignite de qualité médiocre, jusqu'à présent du moins, qui se trouvent dans le miocène des environs de Monastir.

Pétrole. — Les permis de recherches délivrés dans la région de Grombalia visent des suintements de pétrole que le pétitionnaire affirme avoir observés lors de l'exécution d'une galerie au milieu de marnes noires. Au moment de l'enquête, cette galerie était éboulée et les dires du demandeur n'ont pas pu être vérifiés. Il est à noter que l'explorateur Barth avait déjà signalé, vers 1855, l'existence d'hydrocarbures aux environs de Grombalia. Aucun travail de recherches n'a encore été entrepris par le permissionnaire.

Avant de terminer ce qui a trait aux substances classées dans les mines, il est intéressant de voir quelle a été la progression du nombre des demandes de permis de recherches, depuis la mise en vigueur du décret du 10 mai 1893 jusqu'à ce jour.

Cette progression est indiquée par le tableau ci-après :

Années	Nombre de demandes
1893 (depuis le 10 mai)....	48
1894.....................	107
1895.....................	44
1896.....................	44
1897.....................	104
1898.....................	186
1899.....................	344
1900.....................	1.000 [1]

Exploitations de la Compagnie des Phosphates de Gafsa
Débouché d'une galerie de sortage au Lousif

(1) Chiffre probable pour toute l'année, d'après les résultats acquis au 1er juin.

CARRIÈRES

Les carrières appartiennent, comme nous l'avons dit, au propriétaire du sol ; leur exploitation est simplement soumise à certaines
règles de police édictées par le décret du 1ᵉʳ novembre 1897. Nous
allons dans ce qui suit passer en revue les différentes substances
exploitées en Tunisie.

Plâtres. — Le gypse, qui constitue la pierre à plâtre, est
excessivement répandu en Tunisie, principalement dans le Sud où
on le trouve formant des masses puissantes dans les terrains créta-
cés et éocènes. Dans le Nord il existe un certain nombre de pointements gypseux accompagnés de marnes bariolées et de dolomies.
Ces gypses étaient considérés autrefois comme éruptifs ; on a depuis
reconnu qu'ils devaient être rattachés au trias. Il n'existe à l'heure
qu'il est qu'une importante exploitation de gypse près de Tebourba ;
elle est reliée par un embranchement particulier à la ligne de
Tunis à Bône.

Marbres. — Les carrières de marbre sont assez nombreuses
dans le Nord de la Régence de Tunis. Nous citerons en particulier
les carrières du Djebel-Oust et Djebel-Aziz à une trentaine de kilomètres au Sud de Tunis et celle de Chemtou.
Les carrières de Chemtou, déjà exploitées par les Romains, ont
été en 1883 l'objet d'une tentative d'exploitation sur une grande
échelle. Un embranchement de quatre kilomètres a été construit pour
amener les produits de l'exploitation à la gare de l'Oued-Meliz sur
la ligne de Tunis à Ghardimaou. Malheureusement les travaux ont
dû être arrêtés en 1890, à cause des veines ferrugineuses et calcaires
qui sillonnent les marbres et les rendent cassants.

Matériaux de construction. — Les matériaux de construction
ne sont pas rares près de Tunis, ni dans l'intérieur. Les carrières
les plus connues sont celles du Keddel, près Soliman, qui depuis
l'époque romaine fournit des pierres de taille à la ville de Tunis,
les carrières romaines de Béja, les latomies d'El-Aouaria (cap
Bon), d'où ont été extraits aux époques phéniciennes et puniques
les matériaux employés à Carthage.

Les carrières de Corbous (grès supranummulitiques) ont été exploitées pour la construction du port de Tunis; elles fournissent aussi des pavés très appréciés pour le pavage des rues.

Calcaires et chaux hydraulique. — La région du Djebel-bou-Kournine, près de Tunis, fournit d'excellents calcaires à chaux hydraulique. Il convient de citer en particulier les carrières du Bou-Kournine, à Hammam-Lif, et celle de la ferme Potin à Bordj-Cédria.

PHOSPHATES DE CHAUX

Les phosphates de chaux se rencontrent en Tunisie sous deux formes bien distinctes :

1° formant des gîtes sédimentaires;

2° à l'état de phosphorites en filons;

Ces phosphorites sont d'ailleurs évidemment le résultat d'un remaniement des phosphates sédimentaires qu'elles sont loin d'égaler en importance.

PHOSPHATES SÉDIMENTAIRES

Les phosphates sédimentaires de l'Algérie et de la Tunisie se trouvent à un niveau géologique parfaitement déterminé à la base de l'éocène inférieur.

Dans le Sud de la Tunisie, l'éocène débute par des marnes gypseuses brunes assez puissantes reposant en concordance de stratification sur les calcaires sénoniens. Au-dessus vient le niveau phosphaté comprenant plusieurs couches séparées par des bancs de marnes gypseuses et de calcaires à lumachelles. Cette formation est en général couronnée par un gros banc de calcaire coquillier. Une puissante masse de gypse blanc surmonte le tout. Le faciès est donc nettement lagunaire.

Dans le Centre de la Régence le faciès est plus marin. A la base se trouvent encore des marnes brunes. De récentes études [1] ont montré que seule la partie supérieure de ces marnes était éocène, la partie inférieure devant être considérée comme danienne. Puis

[1] Mission de M. Pervinquière, préparateur du cours de géologie à la Sorbonne.

vient le niveau phosphaté surmonté par une quarantaine de mètres de calcaires blancs bien lités à nombreux silex bruns. Une puissante assise de calcaire nummulitique couronne toute la formation. Les gypses qui jouent un rôle si important dans le Sud font ici complètement défaut.

Phosphates du Sud de la Tunisie

PHOSPHATES DE GAFSA

Historique. — La découverte des phosphates de chaux de l'Afrique du Nord, pressentie en 1878 par J. Tissot, ingénieur en chef des mines du département de Constantine, est due à M. Philippe Thomas, vétérinaire de l'armée[1]. Ce savant modeste et infatigable eut l'occasion d'accomplir de 1868 à 1880, de nombreuses missions médicales dans les provinces d'Alger et de Constantine, au cours desquelles il développa beaucoup ses connaissances paléontologiques et géologiques.

C'est en 1884 que M. Thomas fut attaché à la mission d'exploration scientifique de la Tunisie organisée par le Ministère de l'Instruction publique dès 1882. En février 1885, eut lieu le premier voyage de M. Thomas qui explora les hauts plateaux du Sud tunisien et termina sa campagne par Le Kef au mois de juin. C'est le 18 avril de cette année que M. Thomas découvrit les beaux gisements du Djebel-Seldja. L'importance et l'étendue de cette découverte n'échappèrent pas à son auteur qui les signala dans une note présentée à l'Académie des Sciences le 7 décembre 1885. Cette note indiquait que les gisements devaient régner depuis la région Est de Gafsa jusque dans le département de Constantine et elle insistait sur l'intérêt agricole et économique que présentait l'existence des gisements.

Une seconde exploration fut faite en 1886 par M. Thomas qui visita cette fois le Djerid, le massif d'El-Ayacha, jusqu'au Djebel-Bou-Hedma, enfin les chaînes littorales jusqu'à Sousse et Kairouan. De là, retournant vers l'Ouest, il étudia les djebels Cherichera, Trozza, Mrila, Semmama, Chambi et Bou-Rhanem, d'où il atteignit Kalaât-es-Senam, puis Le Kef, où il termina sa cam-

(1) Né à Duerne (Rhône), le 4 mai 1843.

pagne au mois de juillet pour rentrer en France par la voie la plus directe.

C'est à cette époque que M. Thomas, bien que n'ayant pu visiter lui-même les phosphates algériens de la région de Tébessa, en signala l'existence ; il doit donc être considéré comme l'inventeur des deux groupes de gisements dont l'exploitation constitue aujourd'hui une richesse pour l'Algérie et pour la Tunisie. Il fit connaître par de nombreuses publications scientifiques les découvertes importantes qu'il avait faites au cours de ses missions et peu s'en fallut que les industriels dont il avait éveillé l'attention ne réussissent, dès 1887, à organiser la mise en exploitation, des gisements de la région de Gafsa. Cette mise en exploitation pour les motifs que nous allons indiquer, s'est trouvée retardée de dix ans, mais le Gouvernement tunisien n'avait pas oublié les services rendus à la science et au pays par le savant éminent dont les travaux sont le point de départ du mouvement industriel si remarquable du Sud tunisien et, le 28 avril 1899, M. Krantz, Ministre des Travaux publics, adressait de Gafsa à M. Philippe Thomas, à Paris, le télégramme suivant :

Le Ministre des Travaux publics et le Résident de France à Tunis, inaugurant la ligne ferrée de Sfax à Gafsa, sont heureux de vous adresser, après visite des gisements phosphatés dont la découverte vous est due, les félicitations et l'expression de la gratitude du Gouvernement français et du Gouvernement tunisien.

Votre nom restera étroitement associé à l'ère de prospérité qui s'ouvre pour cette région.

S. A. le Bey a bien voulu à cette occasion vous conférer le grand cordon de l'ordre du Nichan Iftikhar.

Nous venons de dire que la mise en exploitation des gisements de la région de Gafsa n'avait pu s'organiser sans de réelles difficultés dont la solution avait demandé près de dix ans de travaux. La possibilité de cette exploitation était en effet subordonnée à l'établissement d'une voie ferrée de 250 kilomètres de longueur et à la création d'un port. Il fallait d'ailleurs déterminer tout d'abord exactement la teneur et la puissance des gisements. En même temps que le Service des Mines de la Régence faisait la reconnaissance de ces gisements, un industriel français, M. Pattin, les étu-

Exploitations de la Compagnie des Phosphates de Gafsa —

Vue de la recette du Lousif (Djebel-Metlaoui)

diait de son côté et en demandait même la concession au commencement de 1890. Malheureusement la dépréciation des cours, qui suivit la mise en exploitation, vers 1890, des phosphates riches de la Floride, empêcha la constitution d'une société financière assez puissante pour mener à bien l'opération. L'Administration dut chercher elle-même les capitaux nécessaires à la création de l'outillage indispensable au succès de l'affaire.

Un premier appel à l'industrie privée fut fait au mois d'août 1893 dans les conditions suivantes :

La concession offerte comprenait la construction et l'exploitation de la voie ferrée de Sfax à Gafsa, l'exploitation de l'alfa, graminée qui se rencontre en abondance dans la région traversée, celle des gisements de phosphates de Gafsa, enfin, éventuellement, la construction et l'exploitation du port de Sfax, le tout sans aucune garantie d'intérêt ni subvention autre que les droits d'exploitation sus-indiqués.

Un programme avec modèle de soumission, une notice sur les gisements et divers documents furent adressés à 18 maisons ou industriels. Six seulement présentèrent des offres généralement très disparates et qu'il était impossible de comparer.

Conformément au droit qu'il s'était réservé, le Gouvernement ne donna pas suite aux propositions présentées et ouvrit un nouveau concours sur des bases plus rigoureusement définies.

Ce concours eut lieu en janvier 1894. Le programme ne comportait plus l'exploitation de l'alfa, qui avait paru compliquer inutilement l'affaire, ni celle du port de Sfax, que le Gouvernement était sur le point de lier dans des conditions avantageuses et immédiatement suivies d'effet à celle des ports de Tunis et de Sousse.

Les demandeurs étaient invités à fixer la durée de la concession et le taux de la redevance qu'ils s'engageaient à payer au Gouvernement pour chaque tonne de phosphate exportée hors des lieux d'extraction. Treize concurrents furent sollicités : cinq présentèrent des offres dans le délai prescrit. M. Barthélemy faisait les offres les plus avantageuses : il ne put malheureusement justifier de ses moyens financiers et, le 6 décembre 1894, le Gouvernement tunisien l'informait qu'il reprenait sa liberté d'action.

Un troisième concours fut ouvert en janvier 1895 sur des bases analogues au précédent. L'attention des demandeurs était spécialement appelée sur l'intérêt que le Gouvernement attachait à ce que la durée de la concession fut courte et à ce que les propositions fussent accompagnées de sérieuses références financières. Cinq seulement des quatorze concurrents déposèrent des soumissions. Trois d'entre elles furent rejetées *de plano*, faute de références financières.

Une des deux autres, signée par M. de Robert avec la garantie financière de la Société d'Études et d'Entreprises représentée par M. Molinos, son administrateur délégué, fut retenue et transformée en un accord en date du 1er juin 1895, approuvé le 25 du même mois par un décret beylical.

Cet accord fixait les termes généraux de la concession ferme à intervenir et donnait au demandeur un délai d'un an pour lui permettre de se rendre compte de la richesse des gisements et des conditions de construction du chemin de fer. M. de Robert avait la faculté de se retirer si l'une des trois conditions suivantes n'était pas remplie :

1° si les gisements ne pouvaient fournir au moins 7.500.000 tonnes;

2° si la richesse moyenne en phosphate tribasique était inférieure à 58 % après dessication;

3° si le prix du chemin de fer, matériel roulant compris, dépassait 55.000 francs par kilomètre.

Le demandeur ayant fait connaître dans les délais voulus son intention de prendre la concession ferme, une convention définitive fut signée entre lui et le Directeur général des Travaux publics, le 8 août 1896. Elle fut approuvée par décret beylical le 20 du même mois. A cette convention étaient joints deux cahiers des charges relatifs, l'un aux phosphates, l'autre au chemin de fer.

Nous ne reviendrons pas sur les renseignements les plus intéressants concernant la concession du chemin de fer qui ont été donnés dans un autre chapitre de cet ouvrage.

En ce qui concerne les phosphates, nous signalerons que la concession est faite pour une durée de 60 années.

Le périmètre concédé englobe toute la chaîne des montagnes du Seldja qui s'étendent depuis Tamerza sur la frontière algérienne jusqu'à quelques kilomètres à l'Ouest de Gafsa. En outre, le concessionnaire jouit d'un droit de préférence à conditions égales

Concession de la Compagnie des Phosphates de Gafsa — Gorges du Seldja

Exploitations de la Compagnie des Phosphates de Gafsa — Aire de séchage des phosphates à Metlaoui

pour tous les phosphates domaniaux qui viendraient à être découverts dans une zone délimitée comme suit : au Nord par le parallèle
de Sfax, à l'Ouest par la frontière algérienne, au Sud par le parallèle
d'El-Hamma du Djerid, à l'Est par la mer.

La redevance due au Gouvernement tunisien est de un franc
par tonne jusqu'à concurrence d'une production de 150.000 tonnes
par an, avec une redevance minima de 150.000 francs. Ce minimum ne doit d'ailleurs être exigible qu'à l'expiration des sept
premières années de l'exploitation.

Si l'exportation annuelle venait à dépasser 150.000 tonnes, la
taxe par tonne se réduirait à o fr. 65 pour les cent premières mille
tonnes supplémentaires et à o fr. 30 pour le surplus.

Par contre, des redevances supplémentaires peuvent être exigées
dans deux cas :

1° Si pendant la durée de la concession le Gouvernement français venait à imposer à l'exploitation des phosphates algériens sous
quelque forme que ce soit, une taxe par tonne exportée, cette taxe
deviendrait immédiatement applicable aux phosphates de Gafsa et
la Compagnie concessionnaire devrait verser au Gouvernement
tunisien une première redevance supplémentaire, calculée sur le
tonnage exporté à raison d'une taxe par tonne égale à la différence entre la taxe algérienne et la redevance normale dont il a été
question plus haut ;

2° Si le produit brut annuel de la vente des phosphates faisait
ressortir à plus de 35 francs le prix de vente de la tonne sous palan
à Sfax, la Compagnie concessionnaire devrait verser au Gouvernement tunisien une taxe par tonne égale au quart de la différence
entre le prix de vente et le prix de 35 francs.

Les redevances qui précèdent ne dispensent d'ailleurs le concessionnaire d'aucun des impôts généraux déjà établis ou à établir
dans la Régence ; toutefois le dernier paragraphe de l'article 11
de la convention de concession stipule qu'aucune autre redevance
ou aucun autre impôt frappant spécialement et directement l'extraction, le transport, la vente et l'exportation des phosphates ne
pourront être exigés du concessionnaire pendant toute la durée de
la concession.

Il résulte de là que l'article 16 du décret du 1er décembre 1898,
frappant d'un droit de o fr. 50 par tonne les phosphates exportés de
Tunisie, n'est pas applicable aux phosphates de Gafsa.

L'exploitation est entièrement soumise au contrôle du Gouvernement tunisien.

Une cession gratuite de 30.000 hectares de terrains à mettre en valeur dans un délai et des conditions déterminés est consentie au concessionnaire.

Enfin un certain nombre de clauses générales sont prévues en vue des délais d'exécution des travaux, en vue de l'expiration de la concession, de la déchéance du concessionnaire, etc. Il est stipulé en faveur de la consommation tunisienne des phosphates une réduction de 10 % sur les cours des marchés d'Europe.

Deux décrets sont intervenus depuis l'acte de concession, l'un daté du 18 décembre 1896, pour approuver une modification dans l'étendue de la garantie accordée à l'exploitation des phosphates de Gafsa, en dehors du périmètre de protection; l'autre daté du 22 mai 1897, pour approuver la substitution de la Compagnie des Phosphates et du Chemin de Fer de Gafsa (Tunisie) au concessionnaire primitif, M. de Robert.

Allure du gisement. — La chaîne du Seldja présente une structure anticlinale très nette ; la partie centrale est constituée par une voûte de crétacé supérieur. Sur les deux retombées, au Nord et au Sud, apparaissent deux bandes de terrains éocènes qui constituent les pieds-droits d'une deuxième voûte dont la partie centrale a été enlevée par érosion. Dans la région de Metlaoui, toutefois, une partie de la voûte éocène subsiste encore, formant une série de tables séparées par de profonds ravins. C'est sur une de ces tables, la table du Lousif, que porte l'exploitation actuelle. Nous en avons donné une vue d'ensemble pages 24 et 25.

Mode d'exploitation. — Quatre couches de phosphates ont été reconnues ; à l'extrémité Nord de la table, qui se trouve en même temps la plus élevée, l'exploitation se fait à ciel ouvert ; toutes les couches sont alors exploitées. Dans la partie Sud, il ne peut plus en être ainsi en raison de l'épaisseur de la masse de calcaire qui surmonte la formation phosphatée ; l'exploitation se fait alors souterrainement. La méthode employée est celle des piliers abandonnés. Les piliers mesurent 9 mètres sur 3 mètres ; ils sont séparés par des galeries de 4 mètres de largeur. On laisse donc en place pour le soutènement environ 30 % du gîte.

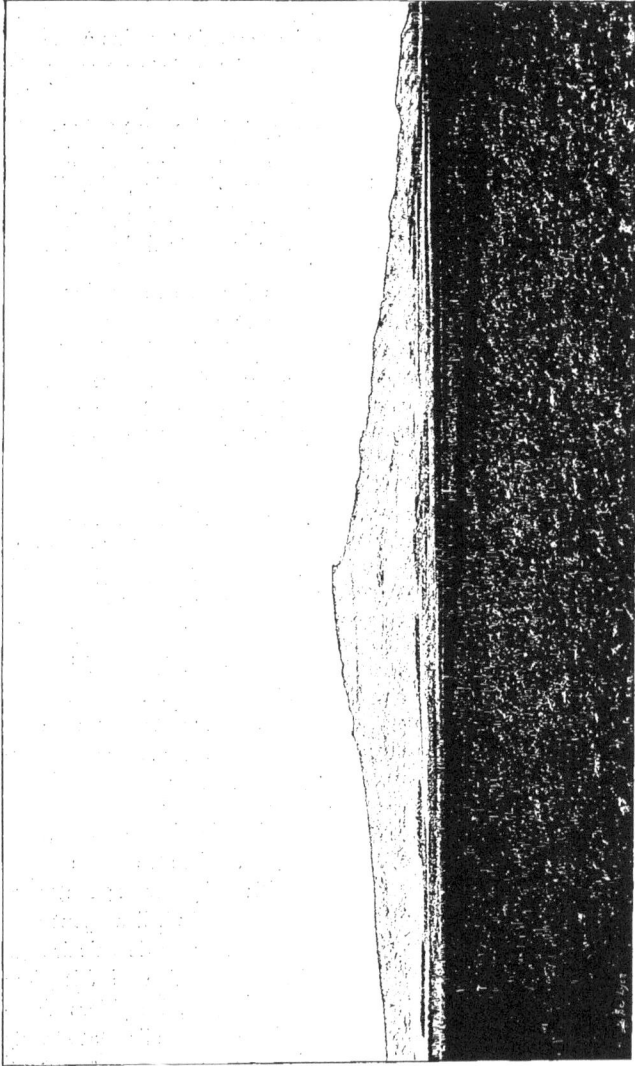

Phosphates du Centre de la Tunisie — Kalaâ-Djerda

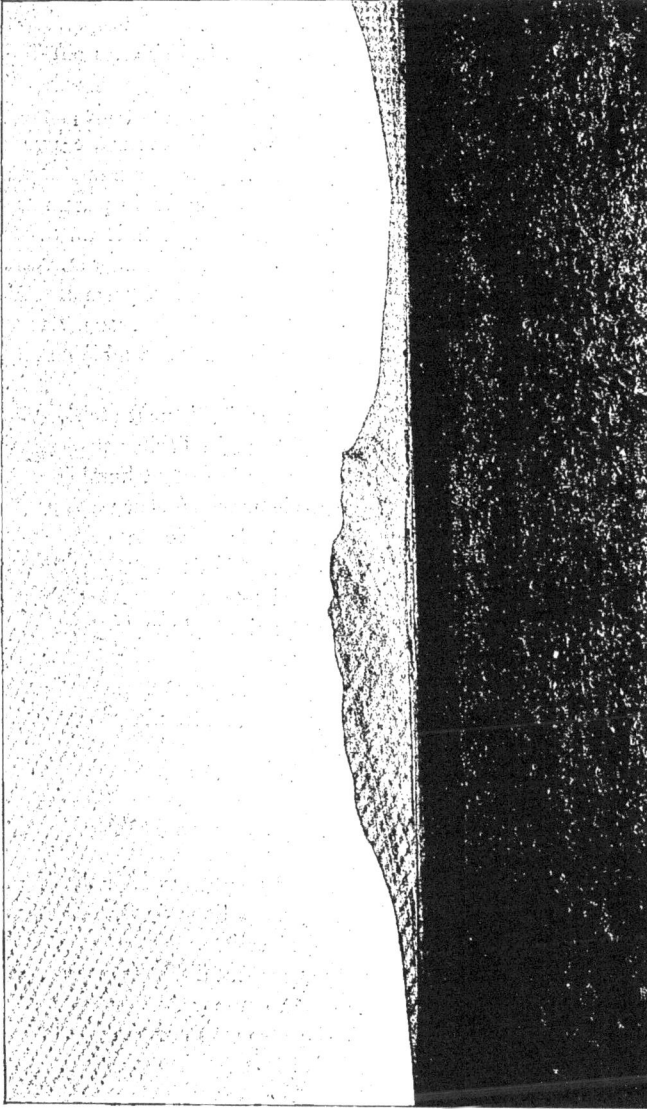

Phosphates du Centre de la Tunisie — Groupe de Kalaá-Djerda — Le Djebel-Sif

Les deux couches inférieures sont seules exploitées ; elles ont respectivement 3 mètres et 1^m 50 de puissance et sont séparées par un banc de marnes de 2 mètres d'épaisseur. Les galeries ont donc une hauteur d'environ 6 mètres.

Le sortage se fait par trois galeries horizontales (voir page 35) prolongées par des voies de niveau, à flanc de coteau ; ces voies aboutissent à des culbuteurs placés sur le pourtour d'une gigantesque trémie qu'on a constituée en barrant un ravin par un mur en maçonnerie. A la partie inférieure de cette trémie un tunnel a été ménagé dans lequel viennent s'engager les trains du Sfax-Gafsa. Des trappes à la partie supérieure du tunnel permettent de faire tomber directement le phosphate dans les wagons. La vue que nous donnons pages 40 et 41 fait connaître l'ensemble de cette installation pittoresque et grandiose.

Avant d'être expédié, le phosphate est simplement séché. A cet effet on l'étale au soleil sur une aire plane ; afin d'éviter que seule la surface externe se sèche, la partie profonde restant humide, on a soin de retourner de temps en temps le phosphate par un véritable labour exécuté au moyen de charrues. Ce mode de séchage très économique, que représente la photographie de la page 45, paraît devoir être insuffisant en hiver ; aussi a-t-on récemment installé à Metlaoui un séchoir « Cummer » qui n'a du reste pas encore fonctionné.

Les expéditions de phosphate ont commencé au mois de mai 1899. Elles atteignaient 70.000 tonnes au 31 décembre de la même année.

GISEMENT DU ZEBBEUS

Le nom de *Zebbeus*[1] désigne deux montagnes bien distinctes situées toutes les deux à proximité de la ligne de Sfax-Gafsa, à peu près à mi-chemin entre ces deux localités.

Le Zebbeus Sud, ou Zebbeus proprement dit, se trouve immédiatement au Sud de la voie ferrée, à hauteur du kilomètre 115. Le Zebbeus Nord, ou Djebel-Meheri, se trouve à environ 15 kilomètres plus au Nord, de l'autre côté de l'Oued-Maknassi. L'existence

---

(1) Ce mot, qui signifie gypse en arabe, est assez fréquent dans la géographie tunisienne. Il existe en particulier un « Djebel-Zebbeus » au Nord du Djebel-Chambi, un autre près de Tebourba.

du phosphate de chaux dans ces montagnes a été signalée pour la première fois par M. le docteur des Hières, de Sfax, qui plus tard céda tous ses droits éventuels à la Compagnie des phosphates de Gafsa. Celle-ci, munie d'une autorisation régulière, est en train de procéder à l'exploration du gite. Le Djebel-Zebbeus Nord, où des teneurs de 60 °/₀ ont été constatées, parait particulièrement intéressant.

Phosphates du Centre de la Tunisie

Dans la région comprise entre la frontière algérienne, Le Kef, Mactar et Thala, il existe de très nombreux gisements phosphatés, vestige d'une couche continue qui devait s'étendre sur toute la contrée et qui a été affectée dans la suite par deux séries de plissements rectangulaires dirigés, les premiers S.-O. N.-E (ce sont de beaucoup les plus importants), les seconds S.-E. N.-O. Dans toute la région s'est produit le phénomène de l'inversion des reliefs. Les *hamadas* calcaires, qui forment les points dominants, correspondent à des fonds de synclinaux nummulitiques.

GISEMENT DE KALAA-DJERDA

Le massif éocène de Kalaâ-Djerda, à 15 kilomètres environ au N.-O. de Thala, se trouve divisé en deux par une faille S.-E. N.-O. qui a amené les calcaires sénoniens en contact avec les calcaires nummulitiques. A l'Est de cette faille se trouve le Djebèl-Sif; à l'Ouest se trouve la table de Kalaâ-Djerda et Le Kef-Souctir.

Les phosphates de Kalaâ-Djerda sont riches ; dans l'ensemble leur teneur parait dépasser 60 °/₀. Ils sont malheureusement l'objet de litiges qui ne paraissent pas près de finir et qui en retardent la mise en exploitation.

Les phosphates de Kalaâ-Djerda appartiennent à un habous privé, mais comme le litige dont ils sont l'objet remonte à une date antérieure à celle de la prise du décret du 1ᵉʳ décembre 1898, celui-ci ne leur est pas applicable.

Nous donnons, pages 48 et 49, la vue du massif de Kalaâ-Djerda et celle du Djebel-Sif qui en forme le prolongement.

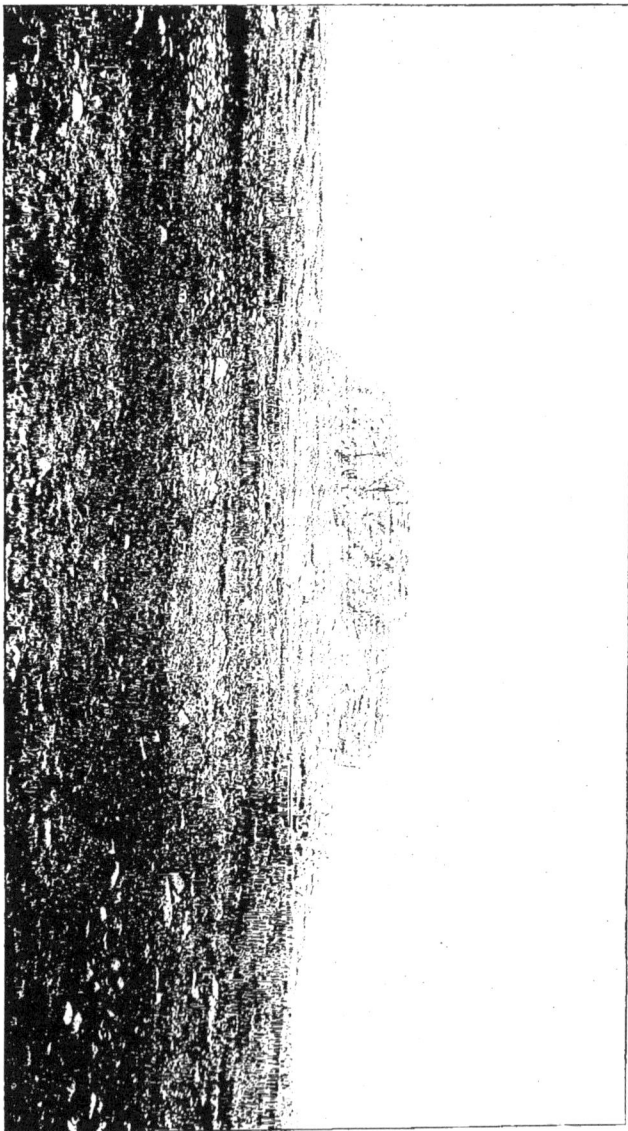

Phosphates du Centre de la Tunisie — Kalaât-es-Senam

Phosphates du Centre de la Tunisie — Le Kef-el-Massouie

GISEMENT DE KALAAT-ES-SENAM

Les gisements de phosphates de chaux de Kalaât-es-Senam et du Kef-Rebiba, à mi-chemin entre Le Kef et Tébessa et à quelques kilomètres de la frontière algérienne, ont fait l'objet en 1899 d'importants travaux de recherches de la part de l'Administration. Ces travaux ont établi qu'il existait à Kalaât-es-Senam une couche de $1^m 60$ de puissance moyenne et d'une teneur de 59 à 60 % de phosphate tribasique de chaux.

Le tonnage exploitable est d'environ 5 à 6 millions de tonnes.

Le gisement de Kalaât-es-Senam sera prochainement l'objet d'une mise en adjudication. Un arrêté en date du 7 avril 1900 a reconnu la qualité d'inventeur à M. Vieuvignon dont les premiers travaux remontent à 1893.

Nous donnons page 52 la vue du plateau de Kalaât-es-Senam dont l'aspect est caractéristique.

GISEMENT DU KEF-EL-MASSOUJE

Le Kef-el-Massouje, dont nous donnons une vue page 53, fait partie d'une ligne d'affleurements de calcaire nummulitique servant de trait d'union entre les massifs de Kalaât-es-Senam et des Khremensa. En dessous du calcaire, on trouve comme partout le niveau phosphaté. En 1897, une galerie de recherches a été entreprise en ce point par le Service des Mines : aucun des échantillons obtenus n'a donné une teneur supérieure à 50 %. Par arrêté du 23 avril 1900, un permis de reconnaissance a été délivré à MM. Dumergue pour le Kef-el-Massouje.

GISEMENT DES OUARTAN

Le plateau des Ouartan au Sud du Ksour est constitué par une large ondulation synclinale de calcaire nummulitique dont le grand axe est dirigé N.-O. S.-E., c'est-à-dire perpendiculairement à la direction des plissements principaux. En différents points du plateau des ravinements ou des failles permettent d'apercevoir les couches phosphatées ; mais c'est au Djebel-Ayata, qui constitue l'arête S.-O. du plateau, que les travaux de prospection entrepris en 1897 par le Service des Mines ont donné les résultats les plus

intéressants. La formation phosphatée possède là une puissance
d'environ 15 mètres. L'une des couches reconnues, puissante de
2ᵐ60, a donné à l'analyse une teneur moyenne de 56 %.

GISEMENT DE SBIBA

Aux djebels Chaketma, Renkaba et au ras Sidi-Ali-ben-Oum-
es-Zinne, près de Sbiba, la formation phosphatée atteint une vingtaine de mètres de puissance ; les échantillons recueillis jusqu'à
ce jour ont donné des teneurs assez variables, quelques-uns plus
de 60 %. Deux permis de reconnaissance ont été délivrés pour ce
gisement à M. Saumagne, de Tunis, par arrêté du 7 octobre 1899.

GISEMENT DU DJEBEL NASSER-ALLAH

Au Djebel-Nasser-Allah, au S.-O. de Kairouan, trois permis
de reconnaissance ont été délivrés à M. Dupoux par arrêté du 8
février 1899. Les phosphates paraissent être trop pauvres pour
être exploités.

GISEMENT DE SIDI-AYED

Les phosphates de Sidi-Ayed, dans la vallée de l'Oued-Siliane.
ont à diverses reprises attiré l'attention des chercheurs. Il existe
là plusieurs couches, mais ces couches sont peu puissantes et aucune
d'elles ne paraît avoir une teneur moyenne de plus de 45 %. Seuls
les nodules atteindraient une teneur de 60 %. L'enrichissement
serait d'ailleurs difficile ; aussi les phosphates de l'Oued-Siliane ne
présentent-ils jusqu'à présent qu'un médiocre intérêt industriel.

PHOSPHORITES

En dehors des gisements de phosphates sédimentaires dont
nous venons de parler, il existe en Tunisie un certain nombre de
gisements de phosphorites, qui sont en général très riches et
titrent de 70 à 80 % de phosphate tribasique de chaux. Malheureusement le tonnage disponible est faible.

Citons parmi les gisements de ce genre ceux du Djebel-Zaghouan et du Djebel-Reças ; pour ces derniers une exploitation assez active a fonctionné pendant quelque temps.

Conditions de vente du phosphate de chaux

Le prix de vente du phosphate est déterminé par sa teneur en phosphate tribasique de chaux, à raison d'un certain nombre de centimes par unité % et par tonne de 1.000 kilos. Le prix de l'unité est d'ailleurs plus élevé pour les phosphates de la première catégorie (de 63 à 70 %) que pour ceux de la seconde (de 50 à 63 %). Au mois d'avril 1900, le phosphate de la première catégorie se vendait dans les ports de la Méditerranée à raison de 0 fr. 73 l'unité. Le phosphate de la deuxième catégorie ne se cotait que 0 fr. 72.

Tous les phosphates expédiés d'Algérie et de Tunisie sont garantis à moins de 2 % de fer et d'alumine. La présence de ces deux substances est en effet pour le phosphate une cause importante de dépréciation.

MAIN-D'ŒUVRE DANS LES EXPLOITATIONS MINIÈRES

Dans toutes ces exploitations, aussi bien que dans la plupart des travaux de recherches effectués sur le territoire de la Régence, la direction technique est confiée à des ingénieurs français. Les chefs mineurs, les géomètres, sont également de nationalité française. Au-dessous des échelons les plus élevés de cette hiérarchie, il n'est plus possible de recourir au travail national et force est de s'adresser au travail européen d'abord, au travail indigène ensuite. Tous les travaux qui nécessitent quelques connaissances techniques, tels que l'abatage du minerai, les recherches, la conduite des fours, etc., sont confiés à des ouvriers européens. Ces ouvriers sont le plus souvent de nationalité italienne; ils viennent, pour la plupart, des mines de calamine que l'on exploite en Sardaigne et des soufrières de Sicile. Depuis peu, il s'est présenté quelques mineurs grecs venant des exploitations de calamine du Laurium.

Bien rarement les Arabes sont employés comme mineurs; on ne

rencontre guère pour pratiquer ce métier que quelques Kabyles venus des exploitations algériennes de Mokta-el-Hadid et de Kef-Oum-Theboul.

En revanche, tous les manœuvres, tous les trieurs, sont indigènes. Le roulage, le chargement et le déchargement du minerai, les transports à l'extérieur de la mine leur sont exclusivement confiés.

Dans ces diverses fonctions, ils se contentent de salaires généralement inférieurs de 30 à 40 °/₀ à ceux des ouvriers européens, mais le rendement de leur travail est réduit comparativement dans les mêmes proportions, de sorte qu'il n'y a d'autre avantage à leur emploi que celui de la facilité dans le recrutement. Encore cette facilité est-elle souvent illusoire, car l'indigène se fixe rarement à la mine et les services qu'il rend sont essentiellement temporaires. C'est d'ailleurs une remarque générale applicable aux exploitations minières et peut-être aux exploitations de tout genre du Nord de l'Afrique : le personnel ouvrier s'y trouve dans un état d'instabilité perpétuel ; il se déplace et se renouvelle constamment.

FORAGES ARTÉSIENS

C'est à l'industrie privée que sont dues les premières recherches d'eaux artésiennes en Tunisie.

Chacun se rappelle les vastes projets du Colonel Roudaire, qui avait rêvé de créer une mer intérieure africaine en amenant, par un canal percé à travers le seuil de Gabès, les eaux de la Méditerranée dans la vaste dépression des chotts tunisiens et algériens. L'entreprise était irréalisable et, malgré l'appui de Ferdinand de Lesseps, la Société fondée en 1882 pour la création de la mer intérieure ne put qu'aboutir à un échec complet. Mais cet insuccès eut au moins l'avantage d'appeler l'attention sur des régions peu favorisées par la nature et de donner naissance à des études géologiques importantes et à des recherches d'eau qui portèrent principalement sur la région de Gabès.

A la suite de ces études. on crut pouvoir entreprendre des forages artésiens dans la vallée de l'Oued-Melah, au Nord de Gabès.

Le premier puits, foré en 1885, a fait reconnaître à la profondeur de 90 mètres l'existence d'une nappe jaillissante. Le débit fut de 130 litres par seconde au début et, comme on ne s'attendait pas à une pareille abondance, on ne fut pas en mesure de maîtriser les entrainements de sable et de terre que le courant produisait; une dislocation de la colonne de tubage et des éboulements s'ensuivirent; le sol s'effondra subitement huit mois après le jaillissement des eaux, et il ne reste plus à l'emplacement du forage qu'une source dont le bassin à peu près circulaire a 20 mètres de diamètre et dont les berges ont 10 mètres de profondeur.

A la suite de cet essai un décret beylical du 22 novembre 1885 a accordé à M. F. de Lesseps l'autorisation de procéder à des recherches d'eaux artésiennes dans tout le gouvernement de l'Arad et la cession éventuelle, jusqu'à concurrence de 10.000 hectares, de 100 hectares de terrains domaniaux non bâtis, non complantés et non affectés à des services publics, par mètre cube de débit à la minute. Le prix de vente de ces terrains devait être calculé sur leur valeur avant la création des sources artésiennes et M. de Lesseps était en outre tenu de payer à l'Etat tunisien une redevance annuelle de un franc par hectare vendu.

Le seul résultat de la concession faite à M. de Lesseps a été le

Un atelier de forage artésien dans une oasis du Sud tunisien

forage de quelques puits artésiens dans le domaine de l'Oued-
Melah et la création de plantations de palmiers assez importantes.

Les puits sont actuellement au nombre de cinq ; ils donnent
un débit total de 170 litres par seconde. Ils ont respectivement
rencontré la nappe aux profondeurs de 90, 80, 97, 57 et 60 mètres.
La température de l'eau est uniformément de 23° ; le résidu fixe
est de 3 grammes par litre en moyenne.

Signalons encore à titre de renseignements le forage de Sidi-
Bechar, à 4 kilomètres au Sud de Gabès, entrepris en 1885 par
l'autorité militaire et abandonné à la profondeur de 120 mètres à
la suite d'un accident.

On avait espéré rencontrer vers 230 mètres la nappe de l'Oued-
Melah et faire bénéficier de son débit considérable les habitants
de Gabès et ceux des villages environnants.

ORGANISATION DU SERVICE
DES FORAGES ARTÉSIENS

En présence de l'importance des premiers résultats obtenus
dans la région de Gabès et en raison de l'intérêt tout spécial que
comportent, dans les pays comme la Tunisie, les recherches d'eau
destinée, soit à l'irrigation, soit à l'alimentation, le Gouvernement
tunisien résolut de donner une vive impulsion aux forages artésiens.
Ne pouvant compter sur les capitaux privés pour couvrir les frais
de recherches souvent infructueuses et devant porter sur des étendues de territoire considérables, il se détermina à exécuter lui-
même tous les forages nécessaires pour établir la profondeur et
la puissance des nappes artésiennes les plus intéressantes au point
de vue des besoins du pays.

Ces travaux furent confiés au Service des Mines qui, depuis
1886, dispose à cet effet du matériel nécessaire pour le fonctionnement simultané de trois ateliers de sondage actionnés par la
vapeur.

Les ateliers 1 et 2 ont sensiblement la même composition ;
l'outillage, qui provient de la maison Lippman de Paris, a été acquis
en 1887. Ces appareils permettent de faire des forages jusqu'à des
profondeurs de 250 à 300 mètres.

L'atelier n° 3 a été constitué en 1892 au moyen d'éléments hété-
rogènes provenant, les uns d'un ancien appareil du système Paulin
Arrault acquis en 1886, les autres d'achats faits partie à Tunis,
partie à la maison Lippman.

Ce troisième atelier est sensiblement moins puissant que les
deux premiers ; on ne peut guère espérer dépasser avec lui la
profondeur de 150 mètres.

En somme, malgré des différences de détail, tous ces appareils
appartiennent à un même type ; ce sont des appareils à percussion
avec tiges rigides en fer. Ce matériel possède l'avantage d'être
suffisamment robuste, d'un maniement facile et de donner des
résultats également satisfaisants dans toutes les natures de terrains.

À la tête de chaque atelier de sondages, se trouve un maitre-
sondeur français chargé de la direction technique et de la comptabilité de l'atelier ; il est assisté de deux chefs de poste européens ;
le personnel comprend en outre un nombre variable de manœuvres
(quatre par poste en général) le plus souvent maltais ou arabes.

FORAGES EXÉCUTÉS

Puits de Sfax

Un premier puits fut entrepris à Sfax en 1886, avec un diamètre
initial de 0ᵐ28 ; on rencontra, à la profondeur de 120 mètres,
une première nappe ne donnant qu'un débit de deux litres à la
seconde et trop chargée en sels pour pouvoir servir à l'alimentation
publique. Cette nappe fut traversée difficilement et le forage, continué jusqu'à 150 mètres, démontra que l'on se trouvait soit dans
le miocène inférieur, soit dans l'éocène supérieur. Ces terrains pouvaient fournir d'autres nappes ; un deuxième puits fut donc tenté
avec le diamètre initial de 0ᵐ38 et la possibilité de descendre à
300 mètres.

Ce second puits rencontra, à 111 mètres de profondeur, une
nappe dont les eaux jaillirent pendant deux jours, puis dont le
niveau baissa ; à 122 mètres, une seconde nappe donna cinq litres
par seconde, mais, dans ce cas encore, l'eau, quoique bue avec
avidité par les animaux, fut reconnue impropre à l'alimentation
de la population et le forage fut poursuivi ; il est descendu sans
succès jusqu'à 334 mètres et l'on a dû se résigner à remonter le

tubage qui ne permettait pas d'aller plus loin. On a effectué à 122 mètres un captage qui donne deux litres par seconde comme au premier puits.

Puits d'Houmt-Souk (Djerba)

Trois forages ont été effectués à Djerba en 1888, 1894 et 1895. Le premier forage a été commencé au diamètre 0^m33; les couches traversées appartenaient aux terrains d'atterrissements anciens, comme à Sfax; mais elles étaient plus ébouleuses et l'on dut rapidement employer des tubes de diamètre de plus en plus faible. Une petite source s'est fait jour à 110 mètres et a donné, par minute, dix litres d'une eau contenant huit grammes de résidu fixe par litre et complètement impropre à la boisson. Le forage a en conséquence été continué, d'abord avec une colonne de 0^m12 jusqu'à 180 mètres, puis sans tubage jusqu'à 200 mètres; à cette profondeur, le diamètre du trou de sonde était devenu trop faible et le travail dut être abandonné.

Cependant, l'intérêt qu'il y a à trouver dans le voisinage de l'agglomération d'Houmt-Souk des eaux propres à l'irrigation et, s'il est possible, à la boisson au moins pour les animaux, porta l'Administration à mettre en chantier un deuxième forage au début de 1894. Le diamètre initial de 0^m56 fut adopté pour ménager la possibilité de descendre à 300 mètres, malgré les éboulements de sable qui étaient à prévoir et qui commencèrent à la profondeur de 45 mètres. Dès lors des difficultés incessantes se produisirent : à 57 mètres, on constata une déchirure dans la colonne de 0^m51; cette déchirure toujours croissante empêcha le passage des colonnes de diamètre inférieur; un coude se produisit même, et on dut se résigner à abandonner le forage le 6 octobre 1894.

Un troisième sondage fut entrepris au commencement de 1895, on a dû se résoudre à employer des tubages d'une résistance exceptionnelle. Commencé avec un diamètre de 0^m56, il a atteint la profondeur de 246 mètres avec le diamètre de 0^m31. La nappe a été complètement dégagée des argiles qui l'obstruaient, dans les premiers jours de 1896. Son débit, qui n'était d'abord que de 100 litres, s'est élevé peu à peu et paraît devoir se maintenir à 140 litres. L'eau est salée et très ferrugineuse et donne à l'analyse un résidu fixe de 6 grammes par litre.

Puits de Zarzis

Deux forages ont été établis aux abords de cette intéressante localité. Le premier terminé en mars 1890, est situé au bord de la mer, à environ deux kilomètres au Nord de la douane.

Il a été commencé avec une colonne de $0^m 38$ et terminé avec un diamètre de $0^m 20$. Il a atteint la profondeur de 203 mètres, mais le captage a été fait à 196 mètres; une première nappe avait été rencontrée à 190 mètres.

Le débit du puits au niveau du sol était d'une trentaine de litres à la seconde; on a dû, pour agrandir la zone d'irrigation, relever de 11 mètres la cote d'émergence, ce qui a réduit le débit à 9 litres par seconde.

L'eau de ce puits, qui contient 4 grammes de sel marin par litre, ne convient qu'aux irrigations.

Un second puits a été terminé à Zarzis en juin 1891 ; il est très voisin de la ville, à l'alimentation de laquelle il doit contribuer malgré les 3 grammes de sel marin que renferme chaque litre d'eau. Le diamètre des colonnes de tubage varie de $0^m 36$ à $0^m 16$. Deux nappes ont été rencontrées, l'une à 203 mètres, l'autre à 223 mètres de profondeur; le forage a été poussé à 4 mètres plus bas.

Le débit est de 40 litres par seconde à 8 mètres au-dessus du sol; il permet, à raison de $0^{litre} 30$ par seconde et par hectare, d'irriguer environ 130 hectares.

Puits d'Houmt-Adjim (Djerba)

Ce forage, terminé en mai 1893, est celui qui a donné les résultats les plus remarquables. Il a été poussé à 232 mètres et le captage effectué à 229 mètres de profondeur. Les diamètres extrêmes de la colonne sont $0^m 56$ et $0^m 31$. La nappe a été très longue à se dégager ; il s'est produit deux remontées de sable abondantes. Malgré son degré de salure à 4 grammes et sa température de 33°, l'eau n'en est pas impropre à la boisson. Le débit est de 160 litres par seconde, à 5 mètres au-dessus du sol.

La dépense de premier établissement par litre à la seconde, relative à ce puits, est de 375 francs, chiffre remarquablement bas, qui correspond à environ un centime par mètre cube annuel.

Nous donnons ci-après une vue pittoresque du puits artésien d'Houmt-Adjim.

Puits de Mettouia

Sur la demande des habitants du village de Mettouia, désireux d'accroître le débit de la source qui irrigue leur oasis, débit qui s'élève à 20 litres par seconde, l'Administration a fait exécuter en 1894 un forage artésien qui a été poussé jusqu'à 63 mètres. Deux nappes ont été captées, l'une à 47 mètres, l'autre à 57 mètres. La colonne ne comporte que les deux diamètres de 0^{m}41 et 0^{m}36. Le débit est de 28 litres par seconde au niveau du sol.

Puits d'El-Maïder

Sur une pétition présentée en 1891 par un certain nombre de notables de Médenine qui demandaient la création d'un puits artésien dont ils offraient de supporter les dépenses « dans les mêmes conditions que les gens de Zarzis », l'Administration a fait exécuter un forage sur les bords de la sebkha d'El-Maïder.

Les frais ont été imputés sur le budget du Service des Travaux publics qui a fourni le matériel et un maître-sondeur, mais l'exécution des travaux a été confiée à l'autorité militaire ; celle-ci avait détaché dans ce but un officier ayant sous ses ordres deux sergents, deux caporaux et quatorze hommes répartis en deux ateliers.

Après différentes vicissitudes, la nappe jaillissante a enfin été rencontrée le 15 janvier 1895, à la profondeur de 245 mètres. Malheureusement le débit du puits ne dépasse pas 6 litres à la seconde ; les eaux en sont fortement salées et l'utilisation agricole en paraît difficile à plusieurs points de vue.

Puits d'Oudref

Ce forage entrepris le 21 novembre 1894 dans des conditions analogues à celui de Mettouia dont il est assez rapproché, fut terminé le 27 avril 1895 ; une première nappe, rencontrée à la profondeur de 26 mètres, a donné un débit de 5 litres par seconde ; une seconde nappe rencontrée, le 23 janvier 1895, à la profondeur de 45 mètres amena le débit total à 6 litres. Le forage fut ensuite prolongé jusqu'à la profondeur de 94 mètres, mais sans amener aucun débit supplémentaire.

Le puits artésien d'Houmt-Adjim (île de Djerba)

Puits d'Aïn-Zerigue (Gabès)

Les travaux d'installation ont commencé en novembre 1895 ; le premier coup de trépan fut donné le 2 janvier 1896. Le diamètre initial employé a été celui de 410 millimètres.

Après que le sondage eût traversé 123 mètres d'argiles gypseuses puis une formation argileuse, une première nappe fut mise à jour à 197 mètres. L'eau de cette nappe a donné à l'analyse un résidu fixe de 3 gr.50 par litre.

Une deuxième nappe fut rencontrée à 238 mètres. L'eau de cette seconde nappe ne contenait plus que 2 gr. 864 de résidu fixe.

Le débit cumulé des deux nappes est de 110 litres à la minute.

Le forage fut arrêté à la profondeur de 253 mètres dans les marnes et calcaires du crétacé supérieur, la recherche d'eaux artésiennes dans une formation calcaire paraissant trop aléatoire.

Puits d'Oudref n° 2

Ce petit forage fut entrepris en janvier 1898. Après avoir traversé 26 mètres de sables vaseux et gypseux, puis des argiles rougeâtres, le trépan pénétra, à la profondeur de 42 mètres, dans un banc de sables jaunes siliceux qui a donné une nappe jaillissante. Au bout de quelque temps le débit de cette nappe s'est fixé à 950 litres par minute à $0^m 55$ au-dessus du sol. L'eau contient 3 gr. 356 de résidu fixe par litre.

Puits de la Skira

Le premier coup de trépan a été donné le 12 novembre 1896. Après avoir traversé sur 210 mètres des argiles rouges et jaunes très gypseuses, une nappe fut rencontrée qui s'éleva jusqu'à $3^m 50$ au-dessous du plancher de manœuvre.

Le trépan pénétra ensuite dans des sables jaunes ; de fréquents éboulements vinrent ralentir la marche du sondage. Le 2 février 1898, la colonne arriva à la profondeur de 257 mètres. Cette profondeur ne put être dépassée et après deux mois d'efforts le forage fut arrêté le 7 mai 1898.

L'eau de la nappe recoupée à 210 mètres a donné à l'analyse chimique un résidu fixe de 11 gr. 650 par litre ; elles est absolument impotable et elle est trop séléniteuse pour être employée utilement aux irrigations ; le débit n'est d'ailleurs que de 15 litres par minute.

Région du Djerid

L'atelier n° 3 se trouve occupé dans le Djerid [1] depuis le milieu, de 1895. Il s'agit d'aller recouper la nappe artésienne qui alimente les sources de Tozeur, Nefta et El-Hamma.

Puits de Tozeur n° 1

Ce sondage a été commencé au mois d'août 1895 ; le premier coup de trépan a été donné le 3 septembre.

Le forage, commencé au diamètre initial de 410 millimètres, a été interrompu par de nombreux arrêts dont la plupart doivent être attribués à l'état défectueux du matériel et aux difficultés de transport dûes à l'éloignement.

Après avoir recoupé une série de petits bancs de sable et de graviers gypseux et une couche d'argile grise, le trépan recontra à $20^m 70$ une première nappe ascendante d'un débit insignifiant.

A la profondeur de 100 mètres, une deuxième nappe fut rencontrée le 27 septembre 1896. Le 20 octobre 1897, après avoir traversé des bancs puissants de sable alternant avec de petites couches d'argile, on arriva à la profondeur de $149^m 20$ qu'il fut impossible de dépasser en raison du déboitement de la colonne à 45 mètres de profondeur.

La combinaison des deux nappes a donné un débit de 100 litres par minute. L'eau, soumise à l'analyse chimique, a fourni un résidu fixe de 8 grammes par litre.

Puits de Tozeur n° 2

A la suite de l'insuccès du premier sondage de Tozeur, un deuxième sondage a été entrepris à environ 11 kilomètres au N.-O. de cette localité à une assez faible distance du chott Rharsa.

[1] Le Djerid ou Pays de la Palme est la région comprise entre les chotts Djerid et Rharsa. C'est là que se trouvent les belles oasis de Tozeur, Nefta, El-Hamma du Djerid, El-Oudiane.

Au 1ᵉʳ mai 1900, le trépan avait atteint la profondeur de 160 mètres sans avoir rencontré aucune nappe jaillissante.

Comme on le voit, le rendement de l'atelier du Djerid est très faible; en 56 mois on n'a fait que 310 mètres de forage, soit environ 5ᵐ 50 par mois. Les causes de ce mauvais rendement sont multiples : en premier lieu la composition hétérogène de l'outillage rend les accidents fréquents ; ils sont en outre longs à réparer en raison de l'éloignement de tout centre. En second lieu, il y a de nombreuses difficultés pour le recrutement du personnel : pendant l'été il est nécessaire d'arrêter le travail en raison de la chaleur excessive qui fait déserter tout le personnel européen ; pendant l'hiver au contraire, au moment de la récolte des dattes, il est parfois difficile de trouver des manœuvres indigènes.

Région du Sahel

L'allure synclinale des terrains pliocènes et miocènes dans la région comprise entre Sousse et Monastir avait fait espérer que des forages artésiens pourraient y être entrepris avec succès. Cet espoir a malheureusement été déçu.

Sondage de Sousse

Ce sondage a été commencé le 15 mai 1898 avec un diamètre initial de 360 millimètres; jusqu'à 152 mètres le trépan est resté dans une formation argilo-sableuse. A cette profondeur une nappe ascendante d'un débit insignifiant a été recoupée. Le forage a été poursuivi ensuite sans succès jusqu'à la profondeur de 200 mètres.

Sondage de M'nara

Ce sondage, situé à environ 20 kilomètres au S.-E. de Sousse, a été commencé en août 1897 avec le même diamètre de 360 millimètres; il a pu être poussé jusqu'à la profondeur de 304ᵐ35 sans qu'aucune nappe ascendante ait été recoupée.

SONDAGES DANS LE NORD DE LA RÉGENCE

Sondage de La Manouba n° 1

Ce sondage a été entrepris en août 1899 à la requête de M. Bonnet, propriétaire à La Manouba. Dès septembre 1897, celui-ci avait commencé des recherches d'eaux artésiennes dans sa propriété. Deux premiers sondages entrepris avec un diamètre de 12 centimètres durent être arrêtés à 50 mètres de profondeur. Un troisième sondage entrepris avec un diamètre de 15 centimètres put atteindre la profondeur de 80 mètres, mais cette profondeur ne put être dépassée. C'est alors que M. Bonnet s'adressa à la Direction des Travaux publics.

Le Service des Mines reprit le sondage en commençant par l'élargir au diamètre de 260 millimètres jusqu'à la profondeur de 80 mètres. Le forage fut ensuite continué dans les conditions ordinaires. Il a été arrêté à la profondeur de 158 mètres sans avoir rencontré de nappe ascendante.

Sondage de La Manouba n° 2

Non découragé par cet échec, M. Bonnet a proposé à l'Administration une subvention de 3.000 francs pour l'exécution d'un nouveau forage qui serait commencé à un diamètre permettant d'atteindre des profondeurs de 250 à 300 mètres.

Ces conditions ont été acceptées : le nouveau sondage, entrepris au diamètre de 46 centimètres, a atteint la profondeur de 130 mètres dans le courant du mois de juin 1900.

STATISTIQUE DES FORAGES ARTÉSIENS

Le tableau que nous donnons ci-après pages 70 et 71 permet d'embrasser d'un coup d'œil tous les renseignements concernant les forages artésiens effectués à ce jour dans la Régence par le Service des Mines, les renseignements relatifs à l'utilisation des eaux provenant de ces forages étant réservés à une autre partie de cet ouvrage.

TABLEAU DES FORAGES ARTÉSIENS EXÉCU

DÉSIGNATION DES PUITS	DATE DE L'ACHÈVEMENN des travaux	DURÉE des TRAVAUX	PROFONDEUR		DÉBIT PAR SECON
			du CAPTAGE	du FORAGE	
			Mètres	Mètres	
SFAX, n° 1	27 juillet 1887	13 mois 1/2	120	150	2 litres au niveau du
SFAX, n° 2	15 septembre 1889	24 mois	122	334	2 litres au niveau du
HOUMT-SOUK, n° 1	23 janvier 1889	14 mois	146	202	1 litre 6 au niveau du
ZARZIS, n° 1	15 mars 1890	14 mois	196	203	9 litres a 11ᵐ au-dessus d
ZARZIS, n° 2	17 juin 1891	7 mois	223	227	40 litres à 8ᵐ au-dessus d
HOUMT-ADJIM	13 mai 1893	22 mois	229	232	160 litres à 5ᵐ au-dessus d
HOUMT-SOUK, n° 2	6 octobre 1894	5 mois 1/2	»	86	»
METTOUIA	20 septembre 1894	4 mois 1/2	47 et 57	63	28 litres au niveau du
OUDREF, n° 1	27 avril 1895	5 mois 1/2	26 et 45	94	6 litres au niveau du
EL-MAIDER	1ᵉʳ février 1895	19 mois 1/2	246	246,70	6 litres au niveau du
HOUMT-SOUK, n° 3	18 décembre 1895	11 mois	242	246	140 litres au niveau du
TOZEUR n° 1	11 août 1898	35 mois	100	149,20	1 litre 66 au niveau du
AIN-ZERIGUE (Gabès)...	20 novembre 1897	22 mois	198 et 238	254	20 litres au niveau du
OUDREF, n° 2	10 mars 1898	1 mois 1/2	38,50	42	16 litres à 0ᵐ55 au-dessus
LA SKIRA	7 mai 1898	17 mois	210	258,50	0 litre 25
SOUSSE	30 novembre 1898	7 mois	»	200,80	0 litre 08
M'NARA	18 juin 1898	10 mois	»	304,35	»
TOZEUR, n° 2	»	»	»	»	»
MANOUBA. n° 1	12 novembre 1899	6 mois	»	158,16	»
KAIROUAN .... MANOUBA, n° 2	»	»	»	»	»

TOTA

LE SERVICE DES MINES DE LA RÉGENCE

DU ...	NATURE DE L'EAU	PRIX de REVIENT	OBSERVATIONS
nes		Francs	
ɔ	Saumâtre	32.760	Sondage poussé sans succès à 150 mètres pour chercher une seconde nappe. Le tubage a été remonté à 120 mètres et le captage effectué. La nappe s'étant obstruée, on l'a dégagée à la dynamite, le 2 juillet 1890.
ɔ	Saumâtre	80.000	Sondage poussé à 331 mètres et ayant rencontré plusieurs nappes. Le tubage a été remonté et le captage effectué à 122 mètres ; arrêté à cette profondeur, le puits n'eût coûté que 24.000 francs.
4	Goût désagréable, chargée de sels divers	38.000	Sondage poussé à 202 mètres sans rencontrer de nouvelle nappe.
4	Salée à 4 gr. Na Cl.	39.000	Les indigènes ont contribué aux dépenses pour une somme de 6.000 francs. Rigole principale de distribution maçonnée sur 1.800 mètres.
5	Salée à 3 gr. Na Cl.	38.820	Une fontaine-abreuvoir près du camp militaire ; une fontaine-abreuvoir près de la route du Port.
3	Salée à 4 gr. Na Cl.	59.000	Température de l'eau : 33°.
8	»	17.000	Sondage suspendu à la suite d'un écrasement de la colonne, produit par la pression des sables.
8	Salée à 1 gr. Na Cl. peu magnésienne	11.400	Deux nappes captées. Les indigènes ont contribué aux dépenses pour une somme de 6.000 francs.
ɔ	Salée à 1 gr. 41 Na Cl.	9.200	Les indigènes ont contribué aux dépenses pour une somme de 6.000 francs.
7,37 5,39	Salée à 4 gr. 22 Na Cl. Salée à 2 gr. 51 Na Cl.	64.500	
2	Salée à 3 gr. 9 Na Cl.	59.900	
ɔ	Salée à 3 gr. 730 Na Cl. eau séléniteuse magnésienne	37.500	Sondage abandonné par suite d'un premier insuccès du captage de la nappe ascendante, de son trop faible débit et de la mauvaise qualité de l'eau.
3,500 2,864	Salée à 1 gr. 301 Na Cl. Salée à 1 gr. 105 Na Cl.	50.800	La deuxième nappe ne donne que 100 litres à la minute. Arrêté à la profondeur de 198 mètres, le puits n'eût coûté que 37.000 francs et eût été terminé en 13 mois.
6	Salée à 1 gr. 32 Na Cl.	5.410	
5	Salée à 6 gr. 884 Na Cl.	34.100	Sondage infructueux.
	»	20.660	Sondage infructueux.
	»	26.350	Sondage infructueux.
	»	»	Sondage en cours.
	»	13.440	Sondage infructueux.
	»	»	Sondages en cours.
s faites au 1ᵉʳ janvier 1900.....		637.840	

Un forage artésien en région désertique

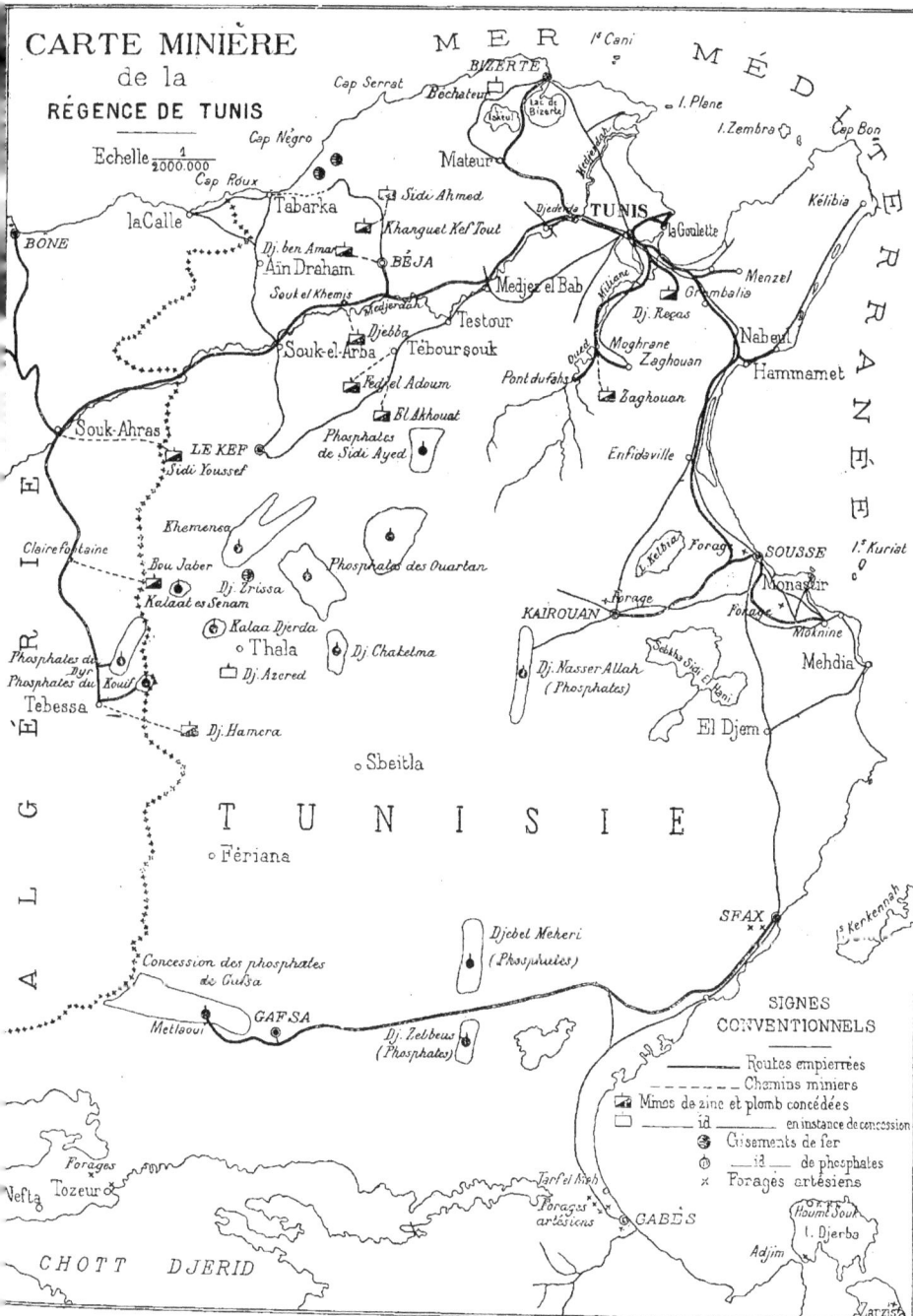

CARTE MINIÈRE
de la
RÉGENCE DE TUNIS

Echelle $\frac{1}{2.000.000}$

SIGNES CONVENTIONNELS

Routes empierrées	
Chemins miniers	
Mines de zinc et plomb concédées	
id en instance de concession	
Gisements de fer	
id de phosphates	
Forages artésiens	

Il montre que le total des dépenses faites s'élève à environ 638.000 francs pour une profondeur totale atteinte de 3.450 mètres et pour un débit par seconde de 432 litres.

Le prix de revient moyen réalisé est donc de 185 francs par mètre de forage et de 1.475 francs par litre à la seconde. Ces résultats pourraient être considérés comme insuffisants au point de vue purement industriel, et si l'on perdait de vue que l'Administration s'est proposée, dans l'exécution des travaux de ce genre, l'étude des nappes souterraines et nullement le rendement des capitaux dépensés.

Elle a recueilli des renseignements utiles à la colonisation, même quand les résultats obtenus sont négatifs et souvent elle a doté les populations indigènes de nouveaux et puissants moyens d'irrigation.

La carte minière de la page 73 indique les emplacements des principaux forages artésiens, ainsi que ceux des mines concédées et des gisements de phosphates.

SOURCES MINÉRALES ET ÉTABLISSEMENTS THERMAUX

SOURCES THERMALES

La Tunisie possède un grand nombre de sources minérales utilisées par la thérapeutique indigène. Les principales sources et en même temps les plus fréquentées sont :

Hammam-Korbous, Hammam-Lif, Hammam-M'siada, Hammam-Djedidi, Hammam-Zriba, Hammam-Ouled-Ali, Hammam-Biada, Hammam des Ouchtetas, Hammam du Kanguet-Kef-Tout, Hammam-Trozza, Bordj-Hammam, Hammam-Iskeul, El-Hamma du Djerid et El-Hamma de Gabès, belle source donnant 60 litres à la seconde.

Toutes ces eaux sont chlorurées sodiques ; leur température varie de 40 à 56 degrés.

Avant le Protectorat, ces sources alimentaient pour la plupart des établissements thermaux construits par les indigènes, mais en général fort mal entretenus et dont plusieurs tombaient en ruines. Le Service des Mines a cherché à améliorer cette situation fâcheuse et ses efforts ont principalement porté sur les points suivants :

Hammam-M'siada

La source a été captée et les eaux minérales, séparées des eaux superficielles, alimentent un petit établissement thermal construit en 1890.

Cet établissement comprend deux piscines et est exploité par la Municipalité de Béja.

Hammam-Lif

Le village d'Hammam-Lif est situé au fond du golfe de Tunis, au pied du Djebel-bou-Kornine. Les sources, au nombre de deux, dites Aïn-el-Bey et Aïn-el-Ariane, sortent du bas de la montagne. Elles sont chlorurées sodiques fortes : leur température est comprise entre 48 et 49 degrés.

Leurs débits réunis n'atteignaient pas 300 mètres cubes par

jour. En 1883, le Service des Mines a capté la source d'Aïn-el-Ariane en la recherchant en galerie dans l'intérieur de la montagne, à travers les anciennes galeries romaines. Le débit d'Aïn-el-Ariane a été ainsi triplé et le débit total porté à plus de 400 mètres cubes par jour.

Une partie des eaux fut concédée, le 2 janvier 1881, à un sieur Arnoux qui, le 2 février suivant, cédait ses droits à MM. de Castelnuovo et Mascaro. Ces derniers passèrent, le 9 juillet 1883, avec le Gouvernement tunisien, un acte leur concédant le droit de prélever sur la source d'El-Ariane, pendant une période de cinquante années, un volume d'eau de $0^{litre}57$ par seconde, à charge pour eux de construire et d'exploiter, dans des conditions déterminées, un établissement thermal. Il leur était fait en même temps, moyennant un versement de 90.000 francs, cession en toute propriété d'une partie d'un enchir domanial sis à Hammam-Lif.

En exécution de cette convention, les concessionnaires commencèrent la construction d'un établissement thermal important comprenant vingt cabines de bain, deux grandes salles de douches, un hammam et une piscine séparée pour les indigents.

Cette construction ne fut pas achevée et après avoir mis, le 8 février 1889, les concessionnaires en demeure de reprendre les travaux, le Gouvernement tunisien prononça la déchéance le 5 mai suivant.

A la suite de cette déchéance et conformément aux stipulations de la concession, l'achèvement et l'exploitation de l'établissement thermal furent mis aux enchères, le 28 janvier 1890, sur la mise à prix de 75.600 francs, montant de l'estimation des travaux faits. Cette adjudication n'ayant pas donné de résultats, il fut procédé, également sans succès, le 8 avril 1890, à une deuxième adjudication. Aux termes du décret de concession, l'établissement thermal revenait alors entièrement à l'Etat.

Les concessionnaires n'acceptant pas la déchéance intentèrent un procès à l'Etat. Ce procès aboutit à une transaction passée, le 22 juillet 1892, entre le Gouvernement et la Banque de Tunisie, substituée aux droits des concessionnaires. Aux termes de cette transaction, la Banque abandonnait toute revendication, moyennant le versement à son profit d'une somme de 180.000 francs, montant d'une nouvelle estimation des travaux faits. Par une convention en date du même jour, le Gouvernement et la Banque procédaient à un échange de terrains moyennant le versement par cette dernière d'une soulte de 180.000 francs et la réserve à son profit d'un droit de préférence pour la concession et l'exploitation de l'établissement thermal.

Une des sources, Aïn-el-Bey, sourdait dans un ancien palais domanial où il existait des thermes en assez mauvais état, mais suffisants cependant pour les baigneurs dont le nombre était assez restreint. Ce palais ayant été remis en toute propriété au Bey, il ne reste plus à la disposition des malades que l'établissement connu sous le nom de Fondouk et une piscine établie par les soins du Service des Mines et destinée spécialement aux indigènes nécessiteux.

La Banque de Tunisie obtint alors, par arrêté du 10 novembre 1893, l'autorisation à titre précaire d'installer un petit établissement de bains alimenté par les eaux d'Aïn-el-Ariane.

Cet établissement a pu fonctionner, dès 1894, dans des conditions qui constituent un très notable progrès.

Le décret du 30 juin 1895 est venu transformer en concession ferme l'autorisation précaire de 1893. Cette concession a été accordée à la Société « Hammam-Lif-Tunis » qui s'est substituée à la Banque de Tunisie. La concession, gratuite pendant une période de vingt ans, peut être renouvelée pendant deux périodes de dix ans chacune moyennant des redevances annuelles fixées respectivement à 2.000 et à 3.000 francs ; la construction d'une piscine et d'un appareil à douches est imposée au concessionnaire ; elle a été réalisée au commencement de 1896. La concession fixe les prix maxima des bains, douches et bouteilles d'eau ; elle réserve l'usage gratuit de la piscine et des douches à un certain nombre d'indigents et de militaires ; elle règle le contrôle de l'Administration sur le service intérieur de l'établissement. Elle comporte un certain nombre de cessions et rétrocessions d'immeubles, parmi lesquels l'ancien établissement thermal ; enfin elle met à la charge de la Société Hammam-Lif-Tunis la construction et l'entretien des rues et canalisations d'eau potable destinée à desservir les terrains cédés le 22 juillet 1892 à la Banque de Tunisie.

Hammam-Korbous

Le village de Korbous se trouve sur la côte orientale du golfe de Tunis dans une région montagneuse d'accès difficile.

Les eaux thermales qui y sourdent jouissent d'une grande réputation en Tunisie et, malgré les difficultés du voyage et le peu de ressources qu'offre le village, un grand nombre d'indigènes y vont chaque année suivre un traitement.

A Korbous même, les sources sont au nombre de quatre, mais deux seulement présentent de l'importance : l'Aïn-Amar ou Aïn-Kebira sourd au milieu du village dans un bassin grossièrement elliptique de $4^m 50$ de superficie ; son débit est d'environ 3 litres par seconde.

L'Aïn-Schwa sourd un peu en contrebas de la première. Le point d'émergence se trouve dans un petit bassin presque carré recouvert d'une voûte en maçonnerie. Le débit paraît être d'environ 2 litres par seconde.

La température de l'eau des deux sources est sensiblement la même et voisine de 55°.

Les eaux de Korbous sont très fortement minéralisées (résidu fixe 10 gr. 82 par litre) ; elles sont chlorurées sodiques avec une proportion élevée de sulfates alcalins ; elles contiennent aussi du brôme et de l'acide phosphorique. Elles sont souveraines contre la scrofule, la goutte et la syphilis.

Il existe à Korbous un petit établissement contenant une dizaine de baignoires très primitivement installées. En outre un certain nombre de maisons particulières possèdent des piscines alimentées par les eaux des sources. Ces maisons sont louées aux baigneurs à des prix souvent assez élevés.

A 1.800 mètres environ au Nord du village de Korbous, sur le bord de la mer, sourd une autre source, l'Aïn-Fakroun. Cette source est de toutes celles des environs de Korbous celle qui paraît avoir le plus fort débit. Mais en raison de son éloignement du village elle n'est que peu utilisée. Toutefois une petite étuve a été construite au-dessus du point d'émergence des eaux.

Les eaux de Korbous ont fait l'objet de plusieurs demandes en concession qui n'ont pas encore abouti. La nécessité primordiale de rendre facile l'accès du village constitue une assez lourde charge pour la concession. D'autre part, la détermination des droits de

l'Etat sur les terrains voisins des sources ainsi que la reconnaissance des droits d'usage existants sur ces sources ont été longues
et compliquées.

Il est à espérer qu'on pourra prochainement mettre en valeur
ces eaux précieuses pour le traitement des maladies chroniques.

Hammam-Djedidi

Cette source, située sur la route de Zaghouan à Hammamet,
à 22 kilomètres de cette dernière localité, émerge en deux groupes
principaux distants d'environ 100 mètres l'un de l'autre. Le débit
du premier groupe est d'un litre par seconde ; celui du second
groupe est de deux à trois litres ; il subit d'ailleurs des intermittences. La température des eaux est de 65 degrés ; elles sont chlorurées faibles et doivent sans doute à leur thermalité la vogue dont
elles jouissent. Hammam-Djedidi ne possède qu'un établissement
assez délabré que les Arabes verraient avec plaisir restaurer.

El-Hamma de Gabès

Les travaux de restauration du captage romain de cette source
thermale et l'aménagement d'un petit établissement de bains ont
été exécutés en 1896 ; ils ont coûté une quinzaine de mille francs.

SOURCES MINÉRALES FROIDES

Aïn-Garci

Quelques sources minérales froides se rencontrent aussi en
Tunisie. On peut citer celle du Djebel-Garci, près d'Enfidaville,
dont les eaux, légèrement gazeuses et ferrugineuses, sont très
agréables au goût.

Sa température est de 20° ; elle est fortement diurétique ; les
indigènes n'en boivent pas d'autre et s'en trouvent fort bien.
Cette eau serait, par ses propriétés, semblable à l'eau de Saint-
Galmier.

Les Romains avaient aménagé cette source qui, du reste, est
d'un assez faible débit : un litre à la seconde. Les travaux romains

consistent en une longue galerie voûtée de $1^m 50$ de haut sur $0^m 80$ de large, pénétrant dans la montagne sur une longueur de 10 mètres environ.

En sortant de la source, l'eau était dirigée par un conduit de pierre de taille à ciel ouvert, d'environ 150 mètres, dans une grande piscine restaurée grossièrement par les Arabes et qui devait primitivement servir de bain. On y voit encore les escaliers qui permettaient aux baigneurs de sortir de la piscine et de rentrer dans les cellules dont on aperçoit les vestiges autour de cet édifice.

D'après certains archéologues, cette localité assez importante serait l'ancienne Adjectel.

ÉTABLISSEMENTS INSALUBRES, INCOMMODES ET DANGEREUX

Le Service des Mines est chargé en Tunisie de la surveillance des établissements insalubres, incommodes et dangereux qui sont soumis aux dispositions du décret du 16 mai 1897.

Ce décret divise les différents établissements en trois classes d'après le degré d'insalubrité ou d'incommodité qu'ils présentent. Les établissement des deux premières classes ne peuvent être autorisés que par un arrêté du Directeur général des Travaux publics, après une enquête de *commodo* et *incommodo* dont la durée est fixée à un mois et qui, pour les établissements de la première classe, est ouverte dans toute l'étendue du Contrôle civil; pour ceux de la deuxième classe dans la localité seulement où se trouve l'établissement.

Quant aux établissements de la troisième classe, ils ne peuvent être autorisés qu'avec la permission du Premier Ministre pour les localités non érigées en communes ou celle des Présidents de Municipalité pour les localités érigées en communes ou dotées de Commissions municipales. Si toutefois ils se trouvent à une distance de plus de 200 mètres des lieux habités, ils peuvent être installés après une simple déclaration.

Le décret du 16 mai 1897, n'a pas eu d'effet rétroactif et tous les établissements préexistants, déclarés dans un délai de trois mois à dater de la promulgation du décret, ont été considérés comme autorisés *ipso facto*.

La nomenclature des établissements insalubres, incommodes ou dangereux, telle qu'elle se trouve annexée au décret du 16 mai 1897, est moins étendue que celle qui est en vigueur en France. A diverses reprises l'opinion publique ou les particuliers ont réclamé son extension.

Cette nomenclature n'est d'ailleurs pas limitative. Le décret du 16 mai 1897 prévoyait en son article 6 que le Directeur général des Travaux publics pouvait faire suspendre momentanément la formation d'un établissement nouveau qui, n'étant pas compris dans la nomenclature précitée, paraissait cependant de nature à y être placée. La classification définitive de l'établissement en cause devait ensuite être réglée par décret.

Le décret du 10 mars 1900 est venu modifier, sur ce point, le décret de 1897. Dorénavant les additions à la nomenclature des établissements insalubres ou dangereux peuvent être faites par arrêtés du Directeur général des Travaux publics, insérés au *Journal Officiel*. La première application qui ait été faite de cette nouvelle disposition a été la classification des dépôts d'alcool au nombre des établissements dangereux.

TRAVAUX DIVERS DU SERVICE DES MINES

Dépôts de dynamite et d'explosifs

Les dépôts de dynamite et d'explosifs ne figurent que pour mémoire dans la nomenclature des établissements insalubres et dangereux. Les conditions dans lesquelles ils pourront être installés et exploités doivent faire l'objet d'un décret spécial actuellement en préparation. Pour le moment les autorisations d'installer des établissements de cette nature sont données par arrêtés du Résident Général, le Service des Mines étant appelé à donner son avis sur la rédaction de ces arrêtés.

Appareils à vapeur

L'emploi de la vapeur est libre en Tunisie. Toutefois un assez grand nombre de propriétaires d'appareils à vapeur demandent à faire éprouver leurs chaudières. A cet effet, le Service des Mines est muni de manomètres étalons. Les chaudières sont éprouvées dans les conditions et avec les surcharges rendues réglementaires en France par le décret du 30 avril 1880.

Les agents du Service des Mines prêtent également leur concours à la réception du matériel roulant, locomotives et wagons des Compagnies de chemins de fer effectuée par le Service du Contrôle.

Laboratoire de Chimie

Un Laboratoire de Chimie, à la tête duquel se trouve un contrôleur des Mines adjoint, assisté d'un préparateur, fait des analyses à la requête des différents Services de la Direction générale des Travaux publics, à l'exclusion de celles demandées par des particuliers.

Les analyses exécutées de la façon la plus courante sont des analyses de minerais de zinc, plomb et cuivre, des analyses de phosphates de chaux, enfin des analyses d'eau et de matériaux de construction.

RENSEIGNEMENTS GÉOLOGIQUES SUR LA TUNISIE

Le Service des Mines est chargé de la réunion de tous les documents relatifs à la géologie de la Tunisie.

La seule carte géologique actuellement existante est une carte au $\frac{1}{800.000}$ dressée par M. Aubert, Ingénieur au corps des Mines et le premier Chef du Service des Mines de la Régence. Elle est le résultat de tournées effectuées par son auteur de 1884 à 1889. Une notice d'environ 90 pages l'accompagne.

Cette carte, bien qu'ayant été rapidement exécutée, peut être considérée comme très exacte dans son ensemble; elle renferme cependant quelques points qu'il importe de relever :

1° Il existe dans le Nord et le Centre de la Régence un assez grand nombre de pointements d'un mélange de marnes bariolées et de gypses avec quelques bancs de dolomie. Cette formation se trouve en contact tantôt avec le crétacé inférieur, tantôt et plus souvent avec les calcaires blancs du sénonien (crétacé supérieur). Dans sa carte, M. Aubert l'a indiquée comme appartenant au gault (base du crétacé moyen). En réalité ces terrains doivent être rattachés aux fameux gypses éruptifs de l'Algérie reconnus par M. Marcel Bertrand comme appartenant au trias. Il n'existerait pas dans toute la Tunisie de terrains d'un âge supérieur à ceux-là ;

2° Dans le Sud de la Régence, où le faciès lagunaire est très développé, certaines masses de gypse blanc, notamment celle du Djebel-Zebbeus et du Djebel-Meheri, ont été rattachées par M. Aubert au crétacé moyen alors qu'en réalité elles appartiennent à l'éocène inférieur. On trouve en effet subordonnés à ces gypses des bancs de calcaires coquilliers et des couches de phosphates. En général, les gypses éocènes sont dans le Sud de la Régence assez faciles à distinguer des gypses cénomaniens. Ceux-ci sont le plus souvent colorés en rouge, probablement par des traces d'oxyde de fer. Ils sont en outre beaucoup moins massifs que les gypses éocènes qui se présentent en gros bancs blancs avec reflets verdâtres.

En même temps que M. Aubert travaillait à la confection de sa carte, d'autres géologues exploraient de leur côté la Régence et mettaient libéralement à sa disposition les résultats de leurs recherches; il convient de mentionner en première ligne MM. L. Mesle, Rolland et Thomas, tous les trois attachés, en qualité de géologues, à la mission d'exploration scientifique de la Tunisie et M. Pomel, l'un des directeurs du service de la carte géologique de l'Algérie qui, d'une excursion rapide dans toute la région du littoral entreprise immédiatement après l'établissement du Protectorat, rapporta des résultats d'une valeur capitale.

Enfin, pour clôturer la liste des géologues qui se sont occupés de la Tunisie, il convient de citer M. Pervinquière, préparateur du cours de Géologie à l'Université de Paris qui, pendant les trois années 1898, 1899 et 1900, a exploré les Contrôles civils du Kef, de Maktar et de Thala. De cette exploration M. Pervinquière a rapporté les éléments pour l'établissement d'une carte géologique au $\frac{1}{200.000}$ qui sera éditée prochainement.

Nous allons donner ci-après quelques indications sommaires sur la géologie de la Tunisie.

Tectonique

Dans le Nord et dans le Centre de la Régence les plissements principaux, prolongement des plis de l'Aurès et de l'Atlas saharien, ont une direction générale S.-O. N.-E. Cette orientation se manifeste par la remarquable forme en crémaillère du rivage méditerranéen de la Tunisie, le long duquel le cap Rosa, le cap Roux, la pointe de Tabarka, le cap Serrat, le ras Zebib, la pointe de Porto-Farina, et, à l'Est du golfe de Tunis, le ras Fartass et le cap Bon forment une série de redans correspondant à des affleurements de grès durs.

Les plissements sont en général très simples, les plis couchés ou renversés faisant presque complètement défaut. Par contre, quelques grandes failles longitudinales se sont produites ; la plus importante et la plus connue est celle de Zaghouan qui se prolonge sur environ 60 kilomètres de longueur et qui met en contact le jurassique avec l'éocène supérieur.

En outre des plissements principaux dont nous venons de parler, on trouve la trace, dans le Centre de la Régence, d'une seconde série de plissements perpendiculaires aux premiers dont l'existence se manifeste par la forme en dôme de bon nombre de montagnes

tunisiennes. Les causes qui ont provoqué ces plissements ont continué à se faire sentir jusqu'après le dépôt du calcaire nummulitique,
mais l'époque de leur grande intensité semble remonter à un âge
plus reculé que celui des plissements S.-O. N.-E.; ce sont en effet
les terrains les plus anciens (jurassique et crétacé supérieur) qui
se sont trouvés les plus affectés.

Dans le Sud de la Régence les plissements principaux au lieu
d'être dirigés S.-O. N.-E., sont dirigés franchement E.-O.; tel est
par exemple le cas pour la chaîne du Seldja et du Metlaoui, ainsi
que pour les chaînes des Chotts.

Enfin, à l'Est et au S.-E. de la Tunisie, se trouve une série de
plis orientés S.-N.; c'est à ce système de plissements qu'appartiennent le Djebel-Zebbeus, le Djebel-Mcheri, le Djebel-Gouleb et les
chaînes de Sidi-bou-Gobrine et du Nasser-Allah. C'est également
à un anticlinal de miocène dirigé S.-N. que correspond la pointe
de Monastir.

Dans toute l'étendue de la Régence, mais principalement dans
le Centre, des phénomènes d'érosion très importants se sont produits.
Nous avons déjà eu l'occasion de signaler ce fait que souvent les
points culminants correspondent à des fonds synclinaux. Nous
citerons en particulier le dyr du Kef (1.100^m), le Kalaât-es-Senam
(1.250^m) et le dyr de Tébessa (1.520^m).

Stratigraphie

Trias. — Le terrain le plus ancien connu en Tunisie est le trias.
Nous avons déjà dit que de récentes études entreprises en Algérie
avaient en effet montré que c'était à cet étage géologique qu'il
fallait rapporter les marnes bariolées, dolomies et gypses, autrefois considérés comme éruptifs, qu'on trouve en abondance dans le
Nord de la Tunisie. Cette formation se rencontre notamment au
Djebel-Djaffa près de Medjez-el-Bab, de part et d'autre de la Medjerda à hauteur de la station de l'Oued-Zargua, Fedj-el-Adoum, au
Djebel-Kebbouch, au Djebel-Saâdin, enfin près de Souk-Ahras
en Algérie.

Le trias est en général inculte ou couvert de maigres forêts, on y
trouve peu de sources ; les eaux en sont d'ailleurs séléniteuses et
magnésiennes. Au point de vue économique, le trias présente une

certaine importance en raison des exploitations de gypse qui s'y trouvent.

Jurassique. — Le jurassique se présente formant une série de dômes isolés dans le Nord et le Centre de la Régence. Les plus importants sont ceux du Bou-Kournine, du Djebel-Reças, du Djebel-Zaghouan, du Djebel-Djouggar. Ces massifs calcaires ont une grande importance économique. Ils servent de réservoirs à d'abondantes sources. Nous citerons en particulier les sources de Zaghouan et de Djouggar qui ont été captées pour l'alimentation de Tunis.

Crétacé inférieur. — Le *néocomien* se rencontre uniquement dans le N.-E. de la Tunisie. Il est en général marneux. Il contient toutefois quelques bancs calcaires qui sont exploités à la ferme Potin près d'Hammam-Lif pour la fabrication de la chaux hydraulique.

L'*aptien* à faciès urgonien est assez répandu dans le Centre et l'Ouest de la Régence, où il constitue une série de dômes souvent très réguliers, s'élevant d'une façon isolée au milieu de la plaine. Nous citerons en particulier le Djebel-bou-el-Hanèche, le Djebel-Azered, le Djebel-Hamera et le Djebel-Slata.

Les calcaires aptiens sont en général très fossilifères ; ils contiennent outre des orbitolines, de nombreuses ammonites pyriteuses, des oursins de la famille des spatangoïdes, des térébratules et des gasteropodes.

Crétacé moyen. — Le *gault* est représenté dans l'Ouest de la Tunisie par des marnes noires schisteuses remarquablement infertiles contenant quelques rares spécimens de l'Ammonites Inflatus.

Dans le Sud un système de grès blancs et jaunes, en général siliceux, entremêlés de marnes bariolées et de gypse a été rattaché par M. Aubert à cet étage. En fait de fossiles, on n'y trouve que des débris d'huîtres indéterminables.

Le *cénomanien* est très répandu en Tunisie, dans le Nord où il est peu puissant, et dans le Centre où il est représenté par un système marno-calcaire contenant entre autres fossiles, l'Acanthoceras Mantelli, de nombreux oursins et un grand nombre d'huîtres ; entre autres l'Ostrea Syphax, l'Ostrea Flabellate, l'Ostrea Delletreï.

Dans tout l'Ouest de la Tunisie le cénomanien est couvert de forêts de pins d'Alep.

Dans le Sud le cénomanien est gypseux.

Crétacé supérieur. — Le crétacé supérieur est représenté en Tunisie par une alternance de calcaires blancs et de marnes grises ou bleuâtres. Les calcaires du crétacé supérieur renferment, par endroits, en abondance, des inocérames. Ils sont en général incultes ou couverts de forêts de pins d'Alep. Les marnes sont, au contraire, assez fréquemment cultivées.

Eocène inférieur. — Nous avons déjà eu l'occasion, en parlant des phosphates, de dire quelques mots de la constitution de l'éocène inférieur en Tunisie.

Dans le Centre et le Nord l'étage débute par des marnes brunes puissantes, très fertiles. Nous avons déjà dit qu'une partie de ces marnes paraissent devoir être rattachées au danien.

Dans le Centre ces marnes sont surmontées par le niveau phosphaté; puis viennent une quarantaine de mètres de calcaires à silex bien lités et enfin une puissante assise de calcaire nummulitique surmontée elle-même par endroits, par des marnes à Ostrea Bogharensis.

Dans le Nord, les couches des phosphates manquent ou sont très réduites.

Dans le Sud, nous l'avons déjà dit, l'éocène a un faciès beaucoup plus lagunaire. Les couches de phosphates sont surmontées par des calcaires coquilliers et par de puissantes assises de gypse.

Il existe partout dans l'éocène inférieur un remarquable niveau de sources au contact des marnes de la base et des calcaires supérieurs.

Eocène supérieur. — L'éocène supérieur est gréseux dans son ensemble. On en rencontre quelques lambeaux dans le Centre de la Tunisie; mais il forme surtout deux bandes importantes : l'une s'étend au Sud des massifs jurassiques du Djouggar et de Zaghouan depuis le Djebel-bou-Mourra jusqu'au Cap Bon; la seconde, beaucoup plus considérable, dans les Nefzas et en Khroumirie. Nous avons déjà dit que c'est dans cette formation que se trouvent les importants gisements de fer des Nefzas.

En Khroumirie, les grès de l'éocène supérieur sont couverts de forêts. Les essences qui y poussent sont le chêne-liège et le chêne-zéen.

Miocène. — Le miocène est représenté par des grès et des marnes à Ostrea crassissima.

C'est ce dernier terme qui constitue la majeure partie des terres arables de la presqu'île du Cap Bon. Dans les environs de Monastir quelques bancs de lignites, sans grand intérêt d'ailleurs, se trouvent intercalés au milieu des marnes. Ces mêmes bancs de lignite se retrouvent plus puissants aux environs de l'Enfida. Des recherches ont été entreprises pour déterminer s'ils sont ou non exploitables.

Pliocène. — Le pliocène comprend en Tunisie deux termes bien distincts :

1° A l'intérieur on trouve une formation d'origine clysmienne et par suite essentiellement variable de poudingues, de limons, et d'argiles de couleur rouge. Les géologues algériens ont cru pouvoir la rattacher à l'oligocène. Comme on la trouve en Tunisie surmontant des termes franchement miocènes, elle doit sans hésitation être classée dans le pliocène ;

2° Sur la côte, notamment dans la presqu'île du Cap Bon et aux environs de Monastir et de Mehdia, on trouve une formation de grès tendre, entièrement constitué par des débris de coquilles (molasse). Cette formation surmonte des argiles bariolées.

Quaternaire. — Le quaternaire comprend également deux termes, le premier s'étendant jusqu'au travertin d'eau douce qui est si répandu en Tunisie, le deuxième renfermant les alluvions et dépôts postérieurs au travertin.

Le premier de ces deux termes ne se rencontre bien visible que dans le Sud de la Régence. Il est constitué par un ensemble de grès rouges ou jaunes très friables et d'argile bleuâtre ; le tout est couronné par une carapace calcaire qui protège la formation contre l'érosion.

Dans le Nord le tuf calcaire repose directement sur les terrains anciens, le crétacé supérieur en général. Il est absolument infertile ; aux environs de Tunis, là où il n'est pas trop épais, des colons crèvent la couche de tuf pour aller planter dans la formation sous jacente.

Le quaternaire récent est répandu dans la plupart des vallées et donne naissance à des terres en général fertiles, bien que de qualité inégale en raison de sa nature essentiellement variable.

En résumé le Service des Mines de la Tunisie a dans ses attributions : la préparation de la législation minière, toutes les questions concernant les mines, les carrières, les eaux artésiennes et leur recherche, les sources minérales et les établissements thermaux. Il est également chargé des établissements insalubres, incommodes ou dangereux ; enfin il assure le fonctionnement d'un laboratoire d'analyses et la surveillance des dépôts d'explosifs et des appareils à vapeur. Il centralise les études et les matériaux de la carte géologique de la Tunisie.

Ces attributions sont exercées par un Ingénieur Chef du Service, ayant sous ses ordres trois contrôleurs et plusieurs agents de bureau. Il est à prévoir que ce personnel devra être à bref délai notablement renforcé, pour suffire au développement sans cesse croissant du nombre des demandes en permis de recherches.

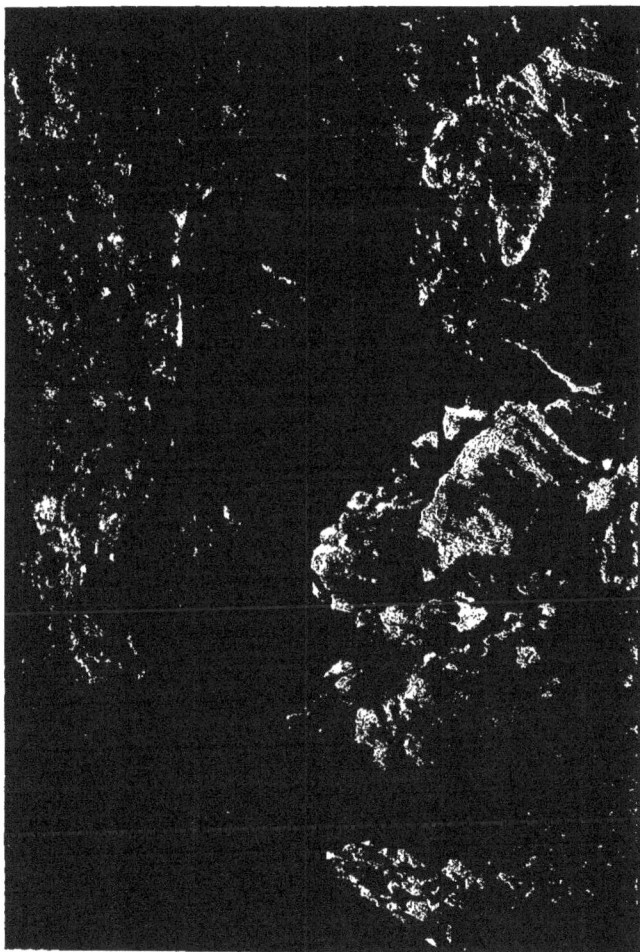

Un chantier de mines en Tunisie

CHAPITRE IV

SERVICE TOPOGRAPHIQUE

ATTRIBUTIONS ET ORGANISATION DU SERVICE TOPOGRAPHIQUE

Les attributions du Service Topographique de la Régence de Tunis et son organisation sont définies par le décret du 18 décembre 1899, qui a résumé et codifié divers décrets antérieurs.

Aux termes de ce décret, le Service Topographique est chargé de procéder aux travaux de reconnaissance, de bornage, de triangulation, d'arpentage et de lotissement nécessaires à l'application de la loi foncière ; il prête son concours aux divers services publics : Domaines, Forêts, Colonisation, etc., ainsi qu'à l'Administration des Habous.

Ce service est placé sous la haute direction du Directeur général des Travaux publics, qui exerce à cet égard les pouvoirs à lui conférés en matière de travaux publics par les décrets du 4 septembre 1882 et du 25 juillet 1883.

La plus importante des attributions de ce service consistant à assurer l'application de la loi foncière de 1885, en ce qui concerne la consistance matérielle des immeubles qu'elle régit, nous donnerons, tout d'abord, quelques renseignements sommaires sur le fonctionnement de cette loi.

PRINCIPES DE LA LOI FONCIÈRE

Régime foncier musulman. — La législation musulmane et les coutumes locales en Tunisie correspondent à une organisation foncière très imparfaite.

Le droit des détenteurs du sol est constaté au moyen de titres rudimentaires fournissant des indications peu précises sur les origines de la propriété, ainsi que sur les consistances matérielle et juridique de l'immeuble.

Pour suppléer au titre absent ou perdu, l'usage permet la rédaction d'actes de notoriété. Ainsi deux titres peuvent exister pour un même immeuble et l'acheteur, après avoir traité sur la foi du premier, n'est jamais sûr de n'être pas évincé par un tiers pouvant invoquer une acquisition antérieure, consommée en vertu du second.

De plus, la législation locale admet un grand nombre de droits réels, de charges occultes, qui, grevant la propriété, en réduisent singulièrement les bénéfices. A côté de l'usufruit et des servitudes on rencontre plusieurs variétés de baux à long terme et en particulier l'enzel, location perpétuelle de l'immeuble moyennant une redevance fixe. L'acheteur peut craindre encore des clauses de résolution fréquentes, résultant soit d'une vente à réméré, soit d'un contrat d'antichrèse, formes habituelles en Tunisie du gage immobilier. Aucun mode de publicité n'avertit les tiers de l'existence de ces droits réels.

Enfin la description des limites, qui ne figure pas toujours sur le titre arabe, est le plus souvent incomplète ou ambiguë, et laisse place à toutes les contestations.

Loi foncière de 1885. — La loi foncière du 1er juillet 1885 met à la disposition de tout acquéreur ou propriétaire d'immeubles une procédure simple, peu coûteuse, qui lui permet d'asseoir sa propriété, de la purger de toutes les charges et droits réels qui ne seraient pas révélés en temps utile. Elle donne lieu à l'établissement d'un titre de propriété rédigé en langue française, contenant l'énumération de toutes les charges, servitudes ou droits réels qui peuvent grever l'immeuble.

Les limites de la propriété sont définies par un bornage et figurées sur le plan qui reste annexé au titre de propriété.

Le propriétaire qui désire placer son immeuble sous le régime de cette loi doit en requérir *l'immatriculation*.

La réquisition d'immatriculation est publiée dans les marchés, affichée en l'auditoire de la justice de paix et insérée au *Journal Officiel*. Il est ensuite procédé à un bornage provisoire à une date portée dans la même forme à la connaissance du public au moins 20 jours à l'avance. La date de la publication au *Journal Officiel* de la clôture du bornage fait courir le délai de deux mois imparti aux oppositions, à peine de forclusion.

Le dossier de l'affaire, contenant le procès-verbal du bornage provisoire, le plan et tous les documents relatifs aux oppositions, est soumis au Tribunal mixte.

Ce tribunal juge sans appel. La loi lui donne le pouvoir de trancher toutes les contestations en admettant ou rejetant l'immatriculation des immeubles ou de leurs parties contestées. Le jugement d'immatriculation ordonne, s'il y a lieu, la rectification du bornage et du plan. Il ordonne l'inscription des droits réels dont il a reconnu l'existence.

Le Conservateur de la Propriété foncière procède à l'immatriculation en rédigeant le titre et en l'inscrivant au registre foncier.

Une copie du titre est délivrée au propriétaire; une copie du plan y est annexée.

ORGANISATION
DU SERVICE TOPOGRAPHIQUE

La loi foncière avait confié au juge de paix l'exécution du bornage provisoire et remis à un règlement d'administration publique le mode d'établissement du plan; ce plan devait seulement être dressé « selon le système métrique, par un géomètre assermenté ».

Le Gouvernement du Protectorat ne pouvait arrêter ce règlement sans prendre l'avis de l'Administration française compétente, celle des Contributions directes, dont dépend le Service du Cadastre. Aussi, en même temps que le Directeur général des Travaux publics désignait un de ses Ingénieurs pour préparer la création du nouveau Service et en prendre ensuite la direction, un Vérificateur spécial du Cadastre était délégué par l'Administration métropolitaine pour collaborer à la rédaction des règlements et au recrutement du personnel. Cette étude, entreprise dans les premiers mois de 1886, a conduit aux résultats ci-après.

Principes. — Les méthodes techniques à prescrire devaient permettre de rétablir en tout temps les bornes disparues ou les limites contestées. Il fallait donc prévoir le rattachement des opérations à un réseau de points fixes et la conservation des résultats des mesurages.

Triangulation générale. — Le Service Géographique de l'Armée avait déjà prolongé dans la partie Nord de la Régence, la triangulation de premier ordre du territoire algérien pour déterminer la longueur du parallèle Oran-Tunis. Il offrait d'étendre ces opérations à toute la Tunisie et de compléter le réseau géodésique par l'adjonction de triangles de deuxième et troisième ordres.

Ces points devaient servir à la fois au rattachement des plans d'immatriculation du Service local et à l'exécution par le Service Géographique d'une carte régulière au $\frac{1}{50.000^e}$. L'opération fut décidée et entreprise avec la participation financière du Gouvernement tunisien.

La question du réseau des points fixes était ainsi résolue.

Plans périmétriques. — Restait l'exécution des opérations de détail pour chaque propriété isolément. Tout en assurant à ces opérations la précision indispensable, il fallait procéder avec la plus grande économie. C'est ainsi que les limites de cultures des immeubles étendus n'offrant pas d'intérêt pour la question de propriété, les opérations obligatoires furent limitées au périmètre des immeubles et aux détails intérieurs fixes et durables, comme les constructions ou les plantations permanentes. Cette condition appelait tout naturellement l'emploi des cheminements périmétriques.

Ces cheminements devaient être rattachés soit aux points de la triangulation générale, soit à des points trigonométriques établis en remplissage du canevas géodésique.

Instruments. — Pour assurer la conservation des résultats des mesurages, il fallait proscrire l'emploi de méthodes purement graphiques. La boussole ne parut pas présenter des garanties suffisantes de précision.

C'est ainsi que s'imposait la méthode des cheminements au tachéomètre avec calcul des coordonnées des stations ; pour les mesurages des côtés de cheminement et pour le lever des détails la chaîne et la stadia furent également autorisés.

Tenue uniforme des pièces du lever. — Dans une organisation nouvelle, entièrement à créer, il convenait d'imposer aux Agents toutes les mesures de nature à faciliter la surveillance, à fournir aux opérateurs eux-mêmes des moyens de contrôle efficaces, ne permettant pas à une erreur de passer inaperçue, à rendre impossible toute tentative de fraude par altération des résultats des observations, en même temps qu'à faciliter et assurer la conservation des pièces du lever. Des règles précises furent donc posées pour la tenue à l'encre sur le terrain des registres d'observation et des croquis, l'emploi de notes séparées étant interdit et les pièces déposées aux archives devant être toujours les pièces originales tenues directement sur le terrain au moyen d'une encre indélébile.

Rétributions des Géomètres. — Les rétributions des Géomètres devaient, comme le surplus des frais d'immatriculation, être à la charge directe des propriétaires. Ces rétributions furent réglées par l'établissement d'un tarif unitaire, véritable série de prix applicable à tous les travaux exécutés par les agents : tant par point trigonométrique, tant par sommet de cheminement, tant par hectomètre de base mesuré, tant par point de détail.

Vérification. — Pour assurer l'exécution des dispositions prescrites, il fallait astreindre les Géomètres à des vérifications régulières et à une surveillance constante, avec les sanctions nécessaires. Ce but fut atteint par l'institution d'un corps de Vérificateurs rétribués à traitement fixe. Les frais généraux, mis forcément à la charge du budget, devaient lui être remboursés par les propriétaires, au moyen d'un versement au Trésor, calculé à raison de 30 % des rétributions des Géomètres.

Ces dispositions furent consacrées par le décret du 21 avril 1886 (précédé, sous la signature de son S. Exc. le Premier Ministre, d'un rapport relatif à l'organisation générale du Service Topographique). Un arrêté du Directeur général des Travaux publics portant la même date réglait les détails relatifs au même objet et notamment le recrutement et les obligations du personnel. Un décret du 1ᵉʳ mai 1886 fixait le tarif des rétributions des Géomètres. Enfin un arrêté de même date réglait dans le plus grand détail les méthodes techniques d'opération.

Ces premiers documents qui visaient seulement les propriétés rurales furent ensuite complétés, le 16 juin 1886, par un nouveau décret et un nouvel arrêté relatifs aux propriétés urbaines.

Des mesures étaient prises à la même époque pour l'utilisation des plans que les propriétaires avaient déjà fait établir.

Ces divers textes viennent d'être abrogés à la suite d'un travail de codification et remplacés par un décret du 18 décembre 1899 et un arrêté du 28 décembre 1899, complétés eux-mêmes par une instruction générale du Directeur général des Travaux publics en date du 31 décembre 1899 [1].

PERSONNEL

Recrutement. — Pour recruter son personnel, le Service Topographique ne pouvait pas, comme la plupart des Services du Protectorat, recourir aux cadres d'un service similaire de la Métropole ou des colonies voisines. En France il n'existait aucun service d'Etat présentant quelque analogie avec le Service Topographique ; trois départements seulement refaisaient leur cadastre et employaient en tout une vingtaine de géomètres. En Algérie le Service auxiliaire des Levés généraux venait d'être licencié, et ses meilleurs éléments étaient entrés dans la réorganisation toute récente du service régulier de la Topographie. Il était donc impossible d'emprunter un nombre suffisant de géomètres à aucun des cadres existants.

Dans la nécessité d'un recrutement direct le concours s'imposait. Ce concours dût être ouvert non seulement aux citoyens ou sujets français et aux sujets tunisiens, mais aussi aux étrangers, les traités alors en vigueur garantissant aux nationaux des diverses puissances les mêmes avantages qu'aux Français. En fait, parmi 25 candidats qui prirent part aux épreuves, il se trouva 3 Suisses, 1 Belge et 1 Anglais, et ces deux derniers abandonnèrent le concours pendant la durée des épreuves. Les autres candidats comprenaient des Géomètres du Cadastre de France, des Géomètres de la Topographie algérienne et des Levés généraux, des Agents secondaires des Ponts et Chaussées, des Agents-voyers et des Géomètres libres.

La Commission d'examen se composait du Chef du Service, du Vérificateur spécial du Cadastre de France revenu à Tunis avec cette nouvelle mission et de deux Agents supérieurs des Ponts et Chaussées. Des épreuves écrites de rédaction et de calcul loga-

---

(1) Ces documents réglementaires sont réunis dans une brochure intitulée : *Règlements du Service Topographique*, Picard et Cie, éditeurs, Tunis, 1900.

rithmique, puis des interrogations orales sur les matières du programme, furent suivies de l'exécution par chaque candidat d'un plan d'épreuve de 300 hectares levé sous la surveillance active de la Commission.

Neuf candidats furent déclarés admissibles, nommés par décret le 30 octobre 1886 et assermentés quelques jours après.

Ce personnel restreint, malgré deux démissions qui se produisirent presque immédiatement, suffisait à assurer le service pendant les premières années. Le petit nombre des agents permettait d'ailleurs au Chef du Service d'exercer, au début, la surveillance particulièrement active qui était nécessaire. Les Géomètres n'étaient familiarisés, pour la plupart, ni avec le maniement du tachéomètre, ni surtout avec les méthodes de calcul réglementaires; l'exécution du plan d'épreuve avait constitué une première mise au courant insuffisante pour la plupart des Géomètres et il fallait intervenir fréquemment dans le détail de leurs opérations. Des élèves admis dès l'année 1888, suivirent la voie normale d'un examen purement théorique et d'un apprentissage pratique pendant le stage et fournirent deux nouveaux Géomètres en 1889 et 1891.

Après la réforme de la loi foncière qui eut lieu en 1892 et qui eut surtout pour but la réduction du tarif des frais d'immatriculation, en présence d'un afflux de réquisitions qui quintuplait la besogne, un large accroissement du personnel devenait nécessaire ; il fallut recourir de nouveau à l'admission directe de géomètres de profession, prévue à titre temporaire par le décret du 21 avril 1886. Le recrutement par la voie régulière était d'ailleurs maintenu.

Les demandes d'emploi étaient rangées dans deux catégories. Si le candidat ne possédait aucune pratique d'arpentage, et si son âge et ses antécédents paraissaient promettre une certaine facilité d'assimilation, il était admis à subir les examens d'élève, puis envoyé, pour faire un stage, près d'un géomètre assermenté. Si au contraire le candidat justifiait avoir exécuté déjà des opérations plus ou moins analogues à celles du Service, il était immédiatement muni d'instruments et employé, à titre d'essai, comme Géomètre auxiliaire.

Les opérations étrangères à l'immatriculation avaient pris, en même temps que l'application de la loi foncière, un développement assez sérieux. Dans l'impossibilité d'affecter à ces opérations aucun des Géomètres assermentés dont le concours était nécessaire pour

IMMATRICULATION FONCIÈR

(grand

Propriété dite : *Allegro*
Titre N° 3992

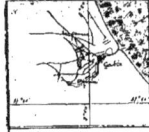

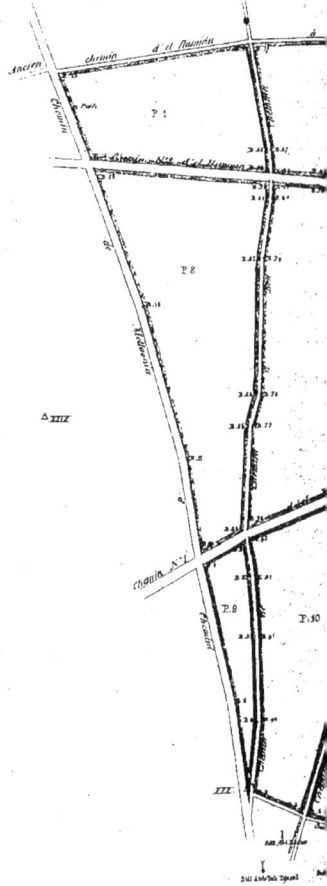

Contenances

T N° 1	.	15 19 00
2	.	16 56 00
3	.	7 93 00
4	.	22 12 00
5	.	52 00
6	.	52 00
7	.	58 16 00
8	.	15 00 00
9	.	6 49 00
10	.	18 89 00
11	.	26 28 00
Total		172 15 00

LÉGENDE

– PLAN DE PROPRIÉTÉ RURALE

ropriété)

RÉGENCE DE TUNIS
SERVICE TOPOGRAPHIQUE

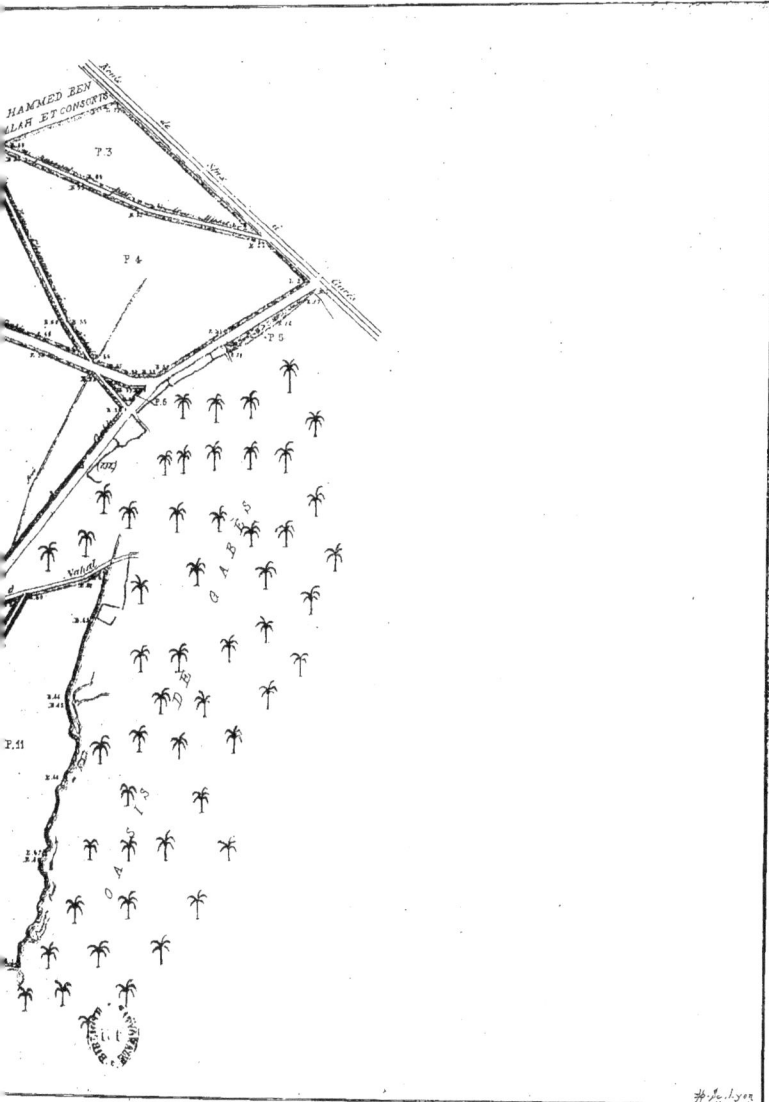

Extrait des minutes du Service Topographique
L'Ingénieur-Chef du Service

l'immatriculation, la collaboration des Géomètres auxiliaires était tout indiquée. Ceux-ci pouvaient ainsi être vus à l'œuvre, jugés et classés ; les meilleurs étaient mis au courant du service de l'immatriculation et assermentés ; les moins bons étaient licenciés successivement à la fin de leurs travaux d'essai.

On reconnaîtra combien cette sélection était nécessaire en présence du chiffre des admissions définitives. De mars 1892 à mars 1899, il a été employé successivement 36 auxiliaires ; de ce nombre 8 seulement ont pu être assermentés et 4 conservés au Service des Domaines.

Le recrutement par la voie des élèves a donné des résultats beaucoup plus satisfaisants.

L'expérience faite pour le recrutement du personnel des Géomètres en Tunisie a montré l'importance capitale des garanties morales et du caractère des agents, et le rôle secondaire des capacités techniques antérieures. Il est plus facile d'inculquer les connaissances nécessaires à des jeunes gens doués de souplesse et de bonne volonté que de tirer parti de praticiens exercés, quand leurs prétentions dépassent leur mérite, et lorsqu'ils restent plus attachés à leur routine et à leur indépendance qu'attentifs à l'enseignement de méthodes nouvelles pour eux.

Organisation actuelle. — Le personnel du Service Topographique se compose : 1° d'un Chef du Service ; 2° d'un Chef-adjoint ; 3° d'Agents du Service actif, Vérificateurs, Géomètres et Élèves Géomètres ; 4° d'Agents de Bureau, Chef de Bureau et Commis.

Le Chef du Service Topographique, le Chef-adjoint, les Vérificateurs et les Géomètres sont nommés par décrets. Les autres Agents sont nommés par arrêtés du Directeur général des Travaux publics.

Les Vérificateurs sont pris parmi les Géomètres.

Les Géomètres sont pris parmi les Élèves Géomètres qui ont justifié de leur aptitude aux divers travaux du service dans les conditions arrêtées par le Directeur général des Travaux publics.

Les Élèves Géomètres sont nommés à la suite d'un concours dont les conditions sont arrêtées par le Directeur général des Travaux publics. Les demandes sont soumises à l'examen du Directeur général des Travaux publics qui arrête définitivement la liste des candidats admis à concourir. Si sa demande est accueillie favorablement, le candidat est informé de la date à laquelle il devra se présenter devant la Commission d'examen.

La Commission d'examen comprend le Chef du Service Topographique, président, le Chef-adjoint, un Professeur de l'Université et deux Vérificateurs. Ces trois derniers membres sont désignés par le Directeur général des Travaux publics.

Les épreuves du concours portent sur les matières suivantes :

1° Écriture lisible et très courante ;

2° Principes de langue française ;

3° Arithmétique : numération décimale, les quatre règles, preuves de ces opérations, nombres décimaux, fractions, extraction des racines carrées, système légal des poids et mesures, règles de trois simple et composée, proportions et progressions ;

4ᵉ Logarithmes : définition des logarithmes et usage des tables ;

5° Algèbre : addition et soustraction des polynômes ; équation du premier degré à une ou plusieurs inconnues ;

6° Géométrie : les quatre premiers livres ;

7° Trigonométrie rectiligne : lignes trigonométriques, relations entre les lignes trigonométriques d'un arc, principales formules trigonométriques ;

Usage des tables de sinus, relations entre les côtés et les angles des triangles, résolution des triangles ;

8° Dessin graphique et lavis.

La durée du stage en qualité d'Élève Géomètre est fixée à un an. A l'expiration de ce délai, les Élèves doivent justifier devant une commission spéciale, désignée par arrêté du Directeur général des Travaux publics, qu'ils possèdent les connaissances nécessaires pour effectuer toutes les opérations de triangulation et d'arpentage, qu'ils sont suffisamment familiarisés avec les méthodes employées pour le lever des plans et qu'ils connaissent les principales dispositions des lois concernant le régime foncier en Tunisie. Ils sont tenus d'exécuter, en outre, le lever d'un plan d'épreuve comprenant au moins trois cents hectares (300 h.). S'ils subissent ces épreuves avec succès, ils sont déclarés admissibles au grade de Géomètre et pourvus d'emploi au fur et à mesure des besoins du service. Dans le cas contraire ils sont immédiatement licenciés. Toutefois leur stage peut être prolongé d'un an par le Directeur général des Travaux publics, sur la proposition du Chef du Service. A l'expiration de cette seconde année ils subissent de nouveau les mêmes épreuves ; dans le cas où le résultat en serait encore négatif, ils sont définitivement licenciés.

En France, le service dit *du renouvellement ou de la revision et de la conservation du cadastre*, institué par décret du 9 juin 1898, recrute son personnel actif suivant les mêmes principes : concours d'admission purement théorique à l'emploi d'Élève Géomètre, stage pratique, examen professionnel d'admission à l'emploi de Géomètre.

Les conditions d'admission, la composition des commissions d'examen, le programme des connaissances exigées présentent également la plus grande analogie avec les indications qui précèdent.

A la date du 1er janvier 1900, le personnel du Service Topographique se compose d'un Chef du Service, de 5 Vérificateurs, 38 Géomètres et 7 Elèves Géomètres. Il se répartit, au point de vue de l'origine, de la façon suivante :

    1 ancien Elève de l'Ecole Polytechnique (Chef du Service) ;
    11 anciens Géomètres du Cadastre français ;
    2   —   —   —   suisse ;
    2   —   —   du Service auxiliaire et des Levés généraux d'Algérie ;
    2 Agents du cadre permanent des Ponts et Chaussées ;
    3   —   auxiliaire   —   —
et 30 Agents d'origines et professions diverses.

Classement. — Le personnel des Vérificateurs, Géomètres et Commis est réparti en plusieurs classes. L'avancement a lieu exclusivement au choix.

Le classement des Géomètres est fait par une Commission spéciale présidée par le délégué du Directeur général des Travaux publics, et comprenant le Chef et le Chef-adjoint du Service ; les Vérificateurs y siègent avec voix consultative. Il y a deux classes de Géomètres principaux qui remplissent en cas de besoin les fonctions de Vérificateur, et trois classes de Géomètres ordinaires.

La tête de la liste constitue une sorte de tableau d'avancement pour les nominations aux emplois de Vérificateur, la queue constitue une désignation anticipée pour les licenciements possibles en cas de manque de travail.

L'expérience a montré que, bien que dépourvu de sanction pécuniaire, le classement exerce sur les Agents une influence considérable et constitue un moyen d'action des plus sérieux.

Localisation du personnel. — La dispersion des opérations qui s'était manifestée dès la mise en vigueur de la loi foncière persistait après la réforme de 1892. En observant de confier autant que possible au même Géomètre les opérations de la même région, certains centres fournirent à un ou plusieurs Géomètres un travail continu et purent être dotés d'un de ces Agents à résidence fixe. Ainsi, en 1893, il existait déjà des Géomètres en résidence à Bizerte, à Sousse et à Sfax.

La localisation du personnel à la date du 1ᵉʳ janvier 1900 est la suivante :

La ville de Tunis et sa banlieue forment deux circonscriptions de vérification occupant 2 Vérificateurs et 9 Géomètres en résidence à Tunis.

Le Contrôle de Bizerte forme une circonscription de vérification occupant un Géomètre faisant fonctions de Vérificateur en résidence à Bizerte, 3 Géomètres en résidence à Bizerte et 1 Géomètre en résidence à Mateur.

Les Contrôles de Sousse et Kairouan forment une circonscription de vérification occupant 1 Vérificateur en résidence à Sousse, 3 Géomètres en résidence à Sousse et 1 Géomètre en résidence à Enfidaville.

Les Contrôles de Sfax, Gabès, Gafsa et Tozeur forment une circonscription de vérification occupant 1 Géomètre faisant fonctions de Vérificateur en résidence à Sfax, 4 Géomètres en résidence à Sfax et 1 Géomètre en résidence à Gabès.

Pour le surplus du territoire, les Vérificateurs résident à Tunis; mais les Géomètres sont en résidence fixe au centre de leurs opérations, à Grombalia, Zaghouan, Tebourba, Medjez-el-Bab, Béja, Teboursouk, Le Kef et Souk-el-Arba. Toutefois, plusieurs Géomètres ne sont affectés spécialement à aucune région, mais portés successivement, selon les besoins, dans les régions les plus chargées.

Quant aux Elèves Géomètres, il sont détachés pour leur stage pratique, soit auprès d'un Vérificateur, soit auprès d'un Géomètre, selon les besoins du service ou de leur instruction pratique.

Bureaux du Service Topographique.— Tous les travaux exécutés par le personnel actif sont l'objet dans les bureaux du Service d'un collationnement attentif ayant pour but de s'assurer de la régularité des opérations aux points de vue technique et juridique, et de la concordance absolue des limites communes à plusieurs propriétés. Les Agents de bureau s'occupent également du report de l'emplacement des propriétés sur les cartes du Service Géographique, des copies, réductions ou reproductions des plans, du classement, de la conservation et de la communication des archives.

Toutes les pièces de lever et de calcul, tous les plans minutes sont conservés dans les archives du Service, ainsi que les copies de tous les procès-verbaux de bornage. Ces documents sont indispensables pour fournir aux administrations et aux particuliers les renseignements concernant les propriétés immatriculées, pour reconstituer en tout temps les limites des propriétés, pour exécuter ultérieurement de nouveaux travaux de lever, soit sur les propriétés immatriculées, soit sur les propriétés contiguës ou voisines.

L'installation du personnel de bureau et du matériel d'archives nécessite l'emploi de vastes locaux.

A Tunis, deux étages de l'aile Nord du Palais de Justice actuellement en construction (1100 mètres carrés environ) sont réservés au Service Topographique qui pourra y installer, dès le 1er octobre 1900, ses bureaux et ses archives.

Les intéressés pourront trouver un jour réunis dans ce même bâtiment les trois Services qui concourent au fonctionnement de la loi foncière : Conservation foncière, Tribunal mixte et Service Topographique.

Les archives des circonscriptions de vérification de Bizerte, Sousse et Sfax sont confiées aux Vérificateurs de ces régions, assistés d'un ou plusieurs employés de bureau.

MÉTHODES ET INSTRUMENTS DE LEVERS

Levers réguliers

Plans d'immatriculation des propriétés rurales. — Les plans des propriétés rurales, dont nous donnons deux spécimens page 104 et 112, sont levés au moyen de cheminements polygonaux appuyés sur un réseau trigonométrique et rapportés au moyen du calcul des coordonnées.

Ils sont rattachés à la triangulation générale de la Tunisie. Cette triangulation est complétée par l'introduction de nouveaux points trigonométriques, toutes les fois que les points établis ne sont pas en nombre suffisant pour assurer l'exactitude des opérations ultérieures.

Les triangulations exécutées par les Géomètres pour la détermination de ces points sont rattachées à la triangulation générale.

Les calculs des coordonnées sont rapportés à une origine unique pour les triangulations d'une même région.

Dans les parties du territoire où la triangulation générale de la Tunisie n'a pas encore été effectuée, les Géomètres exécutent, pour les propriétés d'une contenance supérieure à 200 hectares, des triangulations particulières, en prenant comme origine des coordonnées l'un des principaux points de la propriété.

Les cheminements polygonaux, servant au lever du périmètre et à celui des détails intérieurs des propriétés doivent partir d'un point trigonométrique ou d'un point polygonal, dont la position a déjà été déterminée, pour aboutir à un autre de ces points.

Lorsque les mesurages sont effectués à la chaîne ou avec des règles, les angles et les sinuosités du périmètre, ainsi que tous les détails, sont levés, soit au moyen de perpendiculaires abaissées sur les lignes d'opérations, soit au moyen d'alignements ou d'intersections.

Outre les cotes indispensables pour le rapport de chaque point, le Géomètre relève en outre une cote au moins permettant de contrôler la position du point sur le plan.

Dans les opérations exécutées au tachéomètre les angles et les sinuosités du périmètre, ainsi que les détails, sont levés par la méthode de rayonnement ; tous les points fixes font l'objet d'un contrôle analogue à celui qui vient d'être indiqué.

Les plans des propriétés rurales présentent tous les détails planimétriques nécessaires à la reconstitution sur le terrain des limites des immeubles.

Outre les signes de limite, qui constituent la partie la plus importante du lever, on figure sur le plan tous les objets naturels ou artificiels qui se trouvent à proximité du périmètre, les cimetières, les constructions et les plantations ou cultures arbustives. On figure encore les cours d'eau traversant la propriété, les sources, les ouvrages d'utilité publique.

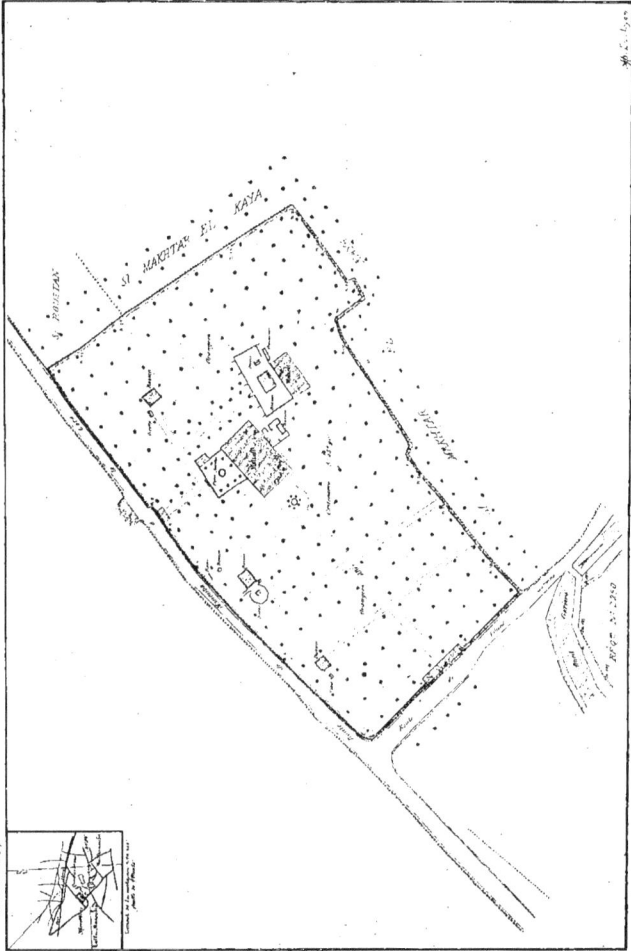

IMMATRICULATION FONCIÈRE — PLAN DE PROPRIÉTÉ RURALE

(petite propriété)

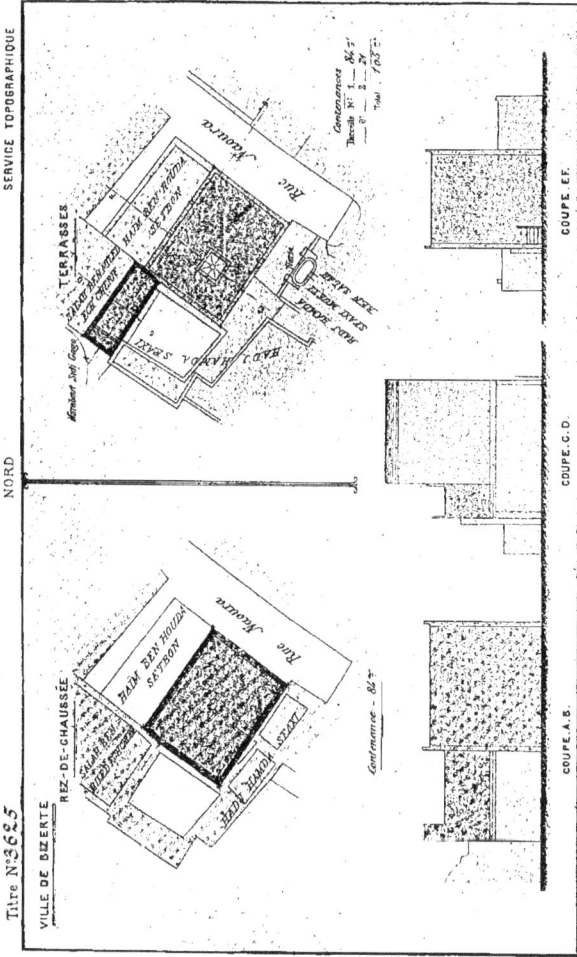

IMMATRICULATION FONCIÈRE — PLAN DE PROPRIÉTÉ URBAINE

Propriété dite: *Salvo Bizerte*

Titre N°3625

VILLE DE BIZERTE

RÉGENCE DE TUNIS
SERVICE TOPOGRAPHIQUE

NORD

REZ-DE-CHAUSSÉE

TERRASSE

COUPE. A.B.

COUPE. C.D.

COUPE. E.F.

Echelle - 1:200

Extrait des minutes du Service Topographique
l'Ingénieur-Chef du Service

LÉGENDE

Si le nouveau plan touche ou avoisine des plans déjà levés, il est effectué un rattachement par des opérations régulières.

La Commission extraparlementaire du cadastre en France a adopté les mêmes méthodes de lever [1].

Plans d'immatriculation des propriétés urbaines. — Les plans des propriétés urbaines, dont nous donnons un spécimen à la page qui précède, présentent tous les détails planimétriques et altimétriques nécessaires à la reconstitution sur le terrain des limites de l'immeuble. Ils sont rattachés à plusieurs points invariables situés sur la voie publique.

Lorsqu'il existe un réseau de points fixes pour l'ensemble de la ville, les plans sont rattachés aux points de ce réseau qui se trouvent à proximité.

Le Géomètre lève les principaux détails intérieurs, ainsi que les principales lignes visibles sur les terrasses ou toitures.

Tachéomètre

Description. — Les conditions particulières des levers de plans d'immatriculation conduisaient à un programme spécial pour l'étude de l'instrument à employer.

Chaque Géomètre devant exécuter tout le travail relatif à l'immeuble isolé sur lequel il opérait, il fallait chercher à réaliser un instrument qui pût servir à la fois aux mesurages d'angles de la triangulation et à ceux des cheminements, tout en restant suffisamment léger et portatif pour le lever des détails.

Ce programme fut étudié par le colonel Goulier, qui réalisa le type primitif du tachéomètre remis aux sept premiers Géomètres.

Cet instrument comprend un tronc à trois vis calantes écartées de l'axe de 65 millimètres, avec un cercle répétiteur horizontal destiné à la mesure des angles azimutaux; le limbe a un diamètre

---

(1) Les levers cadastraux seront appuyés sur une triangulation spéciale dérivant de la grande triangulation, dite de l'Etat-Major, qui sera revisée et complétée en temps utile.

Toutes les bornes-repères seront rattachées directement à la triangulation générale, soit par une triangulation subsidiaire, soit par un cheminement.

Les instruments, procédés ou méthodes à employer dans les opérations cadastrales devront fournir les mesures nécessaires pour rétablir, à toute époque, les limites des îlots de propriété, telles qu'elles existaient au moment du lever.

Toutes les mesures destinées à déterminer géométriquement la position des limites des îlots ou celle des points fixes, naturels ou artificiels, utilisés comme repères, devront comporter la preuve de leur exactitude. *(Art. 22 et 23 de l'avant-projet de loi sur la réfection ou la recision et la conservation du cadastre.)*

de 11 centimètres; la division centésimale des deux verniers donne les 5 minutes et permet d'apprécier la minute. L'alidade porte un montant unique qui supporte l'axe horizontal, autour duquel tourne le cercle répétiteur vertical; ce cercle porte la lunette et est destiné à la mesure des angles verticaux; il est divisé de la même manière que le cercle horizontal et son diamètre est aussi de 11 centimètres.

La lunette peut faire une révolution complète autour de l'axe horizontal; elle a une longueur de 28 centimètres avec un grossissement de 16 fois. Le tronc porte un tube horizontal dans lequel se meut une aiguille aimantée, à bouts relevés. L'un des bouts est vu directement par l'oculaire du tube; l'autre bout est vu renversé à travers une demi-lentille. Un fil vertical donne l'axe du tube magnétique, avec lequel on peut bissecter les deux pointes de l'aiguille. Cette disposition sert à orienter l'instrument.

Un seul niveau sphérique, de 15 millimètres de diamètre, est disposé sur le limbe. La lunette est munie d'un verre gravé, donnant un rapport stadimétrique de 2 centimètres par mètre avec un verre anallatique.

Cet instrument, construit par les frères Brosset, coûtait 565 fr.

Il suffisait aux observations d'angles de triangulation jusqu'à 5 ou 6 kilomètres de côté. Mais le niveau sphérique était tout à fait insuffisant; et il fallut. dès la seconde campagne, adapter sur le cercle vertical un niveau cylindrique d'une sensibilité de 30 secondes.

Aucun des axes n'était réglable; les Géomètres se plaignaient aussi du manque de fixité de l'axe horizontal qu'ils attribuaient au défaut de symétrie de l'instrument. Le poids de la lunette n'était pas suffisant pour amener une flexion appréciable du montant unique qui le supportait, mais l'influence d'un léger choc sur ce montant pouvait être plus sensible que pour un instrument symétrique, et, l'axe horizontal étant réglé par construction, il était impossible de le rectifier sur le terrain. C'est pourquoi le Chef du Service Topographique se décida en 1889, au moment de commander de nouveaux instruments, à revenir au double montant. La lunette fut en même temps améliorée et son grossissement porté à 21 fois.

L'instrument ainsi modifié et actuellement en service donne

satisfaction à tous les Agents. Il pèse avec sa boîte 9 kilogrammes et coûte 700 francs.

Mode d'emploi. — Le mode d'emploi du tachéomètre est indiqué en détail dans le règlement du Service Topographique [1].

Le Géomètre commence par observer tous les angles de la triangulation. Les points sont signalés au moyen de jalons ordinaires de 2ᵐ 50, avec un diamètre de 4 centimètres, peints en rouge et en blanc et munis de petits drapeaux. Quand les côtés dépassent 2.000 mètres, on emploie des balises de 3 ou 4 mètres avec un diamètre de 8 centimètres. Chaque angle est mesuré plusieurs fois, par réitération, dans la position directe et dans la position inverse de la lunette ; chaque série doit se refermer à moins d'une minute sur la direction initiale. Les directions de chaque série ne doivent pas différer de plus d'une minute. Les moyennes sont faites sur la station. Le registre est tenu directement à l'encre sur le terrain.

Quand les observations de la triangulation sont terminées, le Géomètre passe aux cheminements ; il exécute ordinairement un cheminement ou un groupe de cheminements, en observant les angles, mesurant les côtés et relevant les détails, avant de passer au groupe suivant.

Le Géomètre parcourt une première fois le cheminement avec ses deux aides pour jalonner et repérer les sommets polygonaux.

Les observations d'angles viennent en second lieu. Chaque angle est mesuré deux fois dans chacune des positions de la lunette.

Puis le Géomètre exécute le premier chaînage des côtés. Reprenant le cheminement en sens contraire, il exécute le second chaînage des côtés, avec lever des détails.

Dans les terrains accidentés ou couverts de broussailles, il est avantageux d'employer la stadia du tachéomètre, tant pour le lever des détails que pour le mesurage des côtés. Dans ce cas, le Géomètre, après avoir jalonné et repéré ses sommets, passe une seule fois avec l'instrument. De chaque station, il donne un coup de mire sur le sommet précédent et sur le sommet suivant, et il relève en même temps tous les points de détail qu'il peut viser de la station.

Les Géomètres atteignent facilement la précision imposée pour

---

[1] *Règlements du Service Topographique,* Picard et Cⁱᵉ, éditeurs, Tunis, 1900.

les mesurages de longueur à la stadia et qui est déterminée par les tolérances suivantes :

d étant la différence tolérable entre deux mesurages de la même longueur, D la distance entre les points :

$d = \frac{D}{1.000} + 0,20$ en terrain facile et quand les pentes n'atteignent pas 5 grades ;

$d = \frac{D}{500} + 0,20$ en terrain difficile ou pour les pentes supérieures à 5 grades.

Calculs. — Le calcul de la triangulation est fait dans un imprimé spécial. Le principe de la méthode est l'emploi des tours d'horizon et des chaînes, qui permet des compensations rigoureuses par un calcul simple.

Les coordonnées des points trigonométriques sont calculées à 5 décimales dans un imprimé spécial. Les côtés n'ayant jamais 10.000 mètres on obtient les coordonnées au décimètre.

Les cheminements sont calculés d'un point trigonométrique à l'autre. Les observations subissent une première compensation en angles. La tolérance de fermeture est, en minutes centésimales, $3'\sqrt{n}$ pour un cheminement de n sommets. L'erreur de fermeture tolérable est répartie également entre les angles ; les coordonnées sont ensuite calculées avec les angles corrigés et les longueurs brutes. La deuxième compensation se fait sur les coordonnées ; les erreurs de fermeture constatées sur les coordonnées, lorsqu'elles sont tolérables, sont réparties proportionnellement aux projections des côtés de cheminement sur les axes des coordonnées.

Rapporteur tachéométrique Piat

Le rapport des points levés à la chaîne est rapide et n'offre aucune difficulté. Il n'en est pas de même des points levés au tachéomètre. Si les opérations sur le terrain sont moins longues qu'à la chaîne lorsque le Géomètre dispose de bons porte-mires, le travail de cabinet pour le rapport des points est long et fastidieux. Il faut en effet commencer par réduire à l'horizon toutes les distances qui figurent au carnet. Les tables spéciales dressées pour donner directement la distance réduite à l'horizon sont incommodes. Quant à la règle à calculs qui donne plus rapidement que les tables le résultat de la réduction, son usage est fatigant pour la vue.

Le Chef du Service, M. Piat, essaya, en 1887, de simplifier le rapport des points levés au tachéomètre, sans compliquer les opérations sur le terrain et sans apporter de modifications coûteuses au tachéomètre employé.

Au rapporteur à corne, à bord rectiligne gradué, qui servait au rapport des points après le calcul de réduction, il substitua un rapporteur à révolution complète en métal permettant de faire ce rapport mécaniquement et sans aucun calcul.

Cet instrument se compose :

1° d'un cercle fixe en métal portant une graduation centésimale complète ;

2° d'un cercle mobile concentrique au précédent, évidé, et muni d'un diamètre qui forme règle sur le papier ; ce cercle porte une graduation calculée de telle sorte que le cosinus de l'angle réel compris entre un point quelconque de la graduation et l'origine (qui se trouve placée sur le diamètre servant de règle) est égal au cosinus carré de l'angle qui se lit sur cette graduation ;

3° d'un secteur mobile autour du centre des deux cercles précédents et dont un bord rectiligne est gradué à une échelle déterminée ;

4° d'une équerre qui peut glisser le long du diamètre du cercle mobile et dont le bord perpendiculaire à ce diamètre forme règle sur le papier.

Les trois données de tout point levé au tachéomètre par rayonnement sont : son azimut, son angle de pente et la distance lue sur la stadia. La distance réelle au point de station, réduite à l'horizon, est égale à la distance précédente multipliée par le cosinus carré de l'angle de pente.

Dès lors le fonctionnement du rapporteur Piat se conçoit très facilement.

Après avoir placé le centre de l'instrument au point du papier qui correspond au point de station, on oriente le diamètre origine du cercle fixe suivant la direction Nord-Sud. On fait tourner le cercle mobile de manière à amener l'origine de sa graduation en regard de la division du cercle fixe qui correspond à l'azimut du point à reporter. On amène l'extrémité du bord rectiligne du secteur en regard de la division du cercle mobile qui porte inscrit l'angle de pente donné par le carnet. On amène par glissement le bord de l'équerre sur la division linéaire du bord du secteur qui correspond à la distance donnée par le carnet. Le pied de l'équerre donne alors sur le papier la position du point cherché.

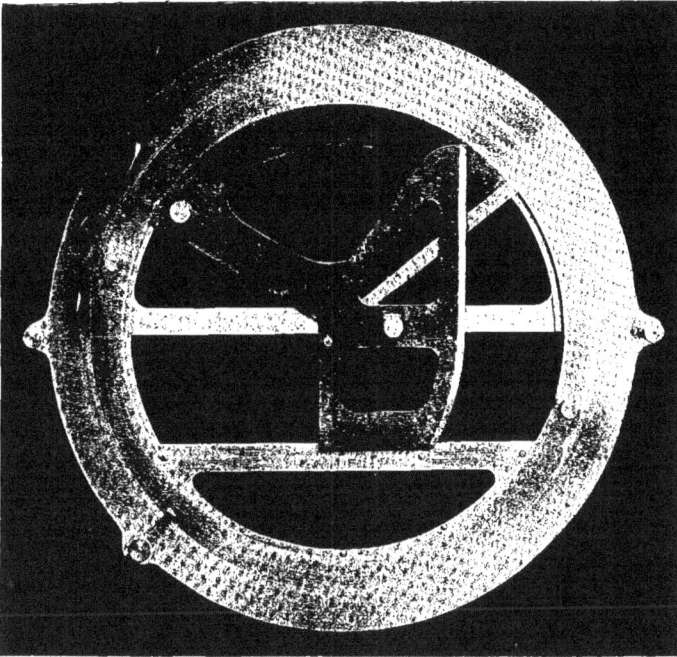

Rapporteur tachéométrique Piat. — Nouveau modèle

Il suffit donc de *trois mouvements* pour appliquer directement sur le papier le point résultant des *trois données* du carnet.

L'usage de cet instrument a entièrement atteint le but cherché. Tout calcul de réduction est supprimé ; de plus le rapport est moins long qu'avec le rapporteur ordinaire.

Le premier modèle, médaillé en 1889 à l'Exposition universelle, était disposé pour l'échelle unique du $\frac{1}{5.000}$; il avait un diamètre de 20 centimètres, était en maillechort, pesait 950 grammes et coûtait 105 francs.

Un nouveau modèle, permettant le rapport aux trois échelles décimales par la permutation de trois secteurs, figure à l'Exposition universelle de 1900. Ce modèle en aluminium, dont nous donnons plus haut la reproduction, a un diamètre de 29 centimètres; il pèse 500 grammes et coûte 150 francs. Il a été récompensé par une grande médaille de la Société de Topographie de France [1].

Inverseur Davin

Pour les besoins du Service ou pour satisfaire aux demandes des Administrations et des particuliers, les plans dressés par les Géomètres sont reproduits à plusieurs exemplaires. Il est établi, à l'encre de Chine et sur papier transparent, un calque du plan, qui est reproduit ensuite à l'aide d'un procédé héliozincographique.

M. Davin, chef dessinateur du Service Topographique, a réalisé un inverseur par symétrie permettant d'obtenir directement sur zinc le négatif du plan minute.

Principe et mode d'emploi. — L'inverseur consiste essentiellement en un losange articulé ABCD. Les articulations A et C sont montées sur deux chariots qui se meuvent sur une règle glissière fixe E F. Les sommets B et D sont toujours placés symétriquement par rapport à la règle E F.

Un curseur avec poignée conductrice adapté en B permet de suivre tous les détails du dessin placé d'un côté de la règle E F; un traceur glissant librement dans un manchon fixé en D décrit sur une feuille de zinc placée de l'autre côté de la règle la figure symétrique par rapport à EF du dessin à reproduire. Il suffit ensuite de fixer le trait, dessiner les écritures à l'encre lithographique, encrer et tirer.

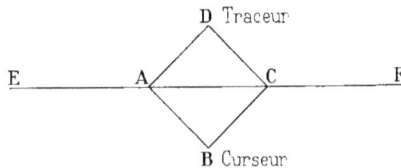

Pour les plans dressés en plusieurs feuilles qu'il est nécessaire de réduire en un plan d'assemblage, on attelle en B l'inverseur à

(1) Les deux modèles ont été construits par la maison Barthélemy de Paris.

un pantographe et on obtient en D, directement et réduit à l'échelle voulue, le négatif du dessin placé sous le curseur à poignée conductrice G du pantographe.

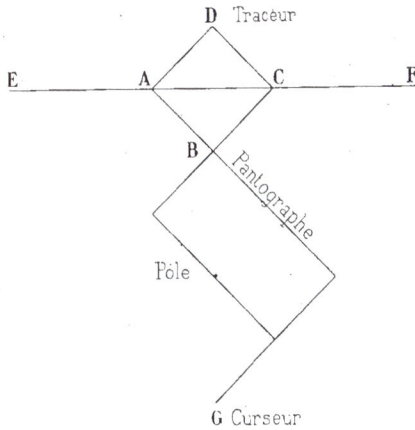

Les deux reproductions ci-après représentent le modèle construit par la maison Coradi, soit pour l'emploi isolé, soit pour l'emploi avec pantographe.

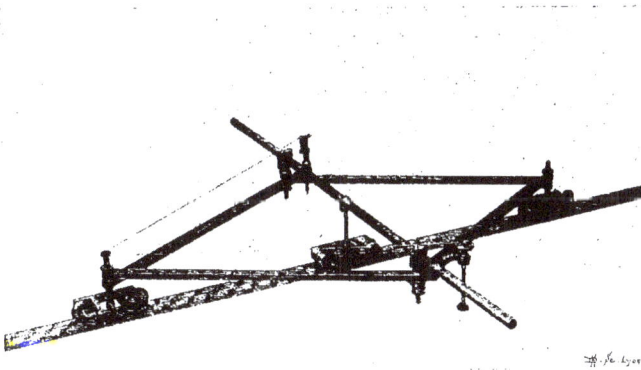

Parallélogramme inverseur Davin

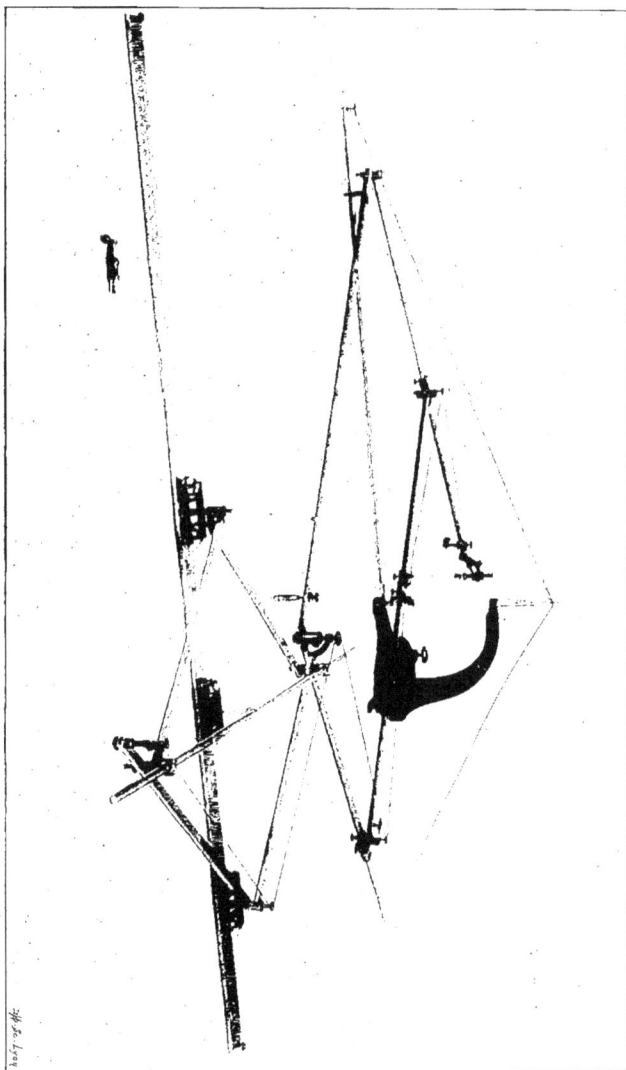

Pantographe et parallélogramme inverseur

Levers expédiés — Boussole de reconnaissance

Les croquis visuels annexés aux procès-verbaux de bornage provisoire, les croquis de constitution d'enzel pour les immeubles habous, les croquis de reconnaissance d'immeubles domaniaux ou habous sont en réalité le résultat de levers expédiés, mais complets. Pour ces levers expédiés, l'emploi d'un instrument aussi exact que le tachéomètre n'est pas nécessaire.

Les Géomètres trouvent avantage à substituer la boussole au tachéomètre tout en conservant la stadia.

La boussole à stadia est conforme au type courant du commerce; l'aiguille a 11 centimètres de long. La boîte carrée, en acajou, porte sur le côté une lunette avec stadia. La division de la mire est de 1 centimètre; les lectures peuvent se faire au moyen de deux fils jusqu'à 450 mètres.

Voici comment opère le Géomètre pour les reconnaissances. Il accompagne l'indicateur qui, selon la coutume indigène, suit toujours les sinuosités de la limite. Le Géomètre s'arrête à tous les sommets importants du périmètre ; il y place sa boussole ; son aide est resté avec la mire sur la station qu'il vient de quitter. Le Géomètre fait une visée sur la mire, prenant ainsi la direction arrière du cheminement et la distance stadimétrique. Puis il fait un signal à son aide et celui-ci vient se placer au point qu'il quitte. Tous les sommets importants du périmètre forment ainsi les sommets du cheminement. Les sinuosités sont indiquées à vue dans les croquis. Les bornes qui ne forment pas station ou les détails un peu importants font l'objet de coups de mire par rayonnement ou intersection.

Les cheminements sont exécutés sans contrôle, avec un mesurage unique de chaque direction et de chaque côté. Le Géomètre a soin seulement de recouper des principales stations, soit un ou plusieurs points fixes bien apparents, soit les stations déjà traversées, quand il les reconnaît à distance, et au besoin en y renvoyant un homme.

Un canevas d'ensemble est indispensable si la propriété à reconnaître est très étendue. Ce canevas peut être obtenu, soit par amplification d'une carte déjà existante, soit par une triangulation trigonométrique en partant d'une base mesurée à la chaîne ou au cordeau.

Un certain nombre de levers expédiés, établis dans ces conditions, ont été comparés à des plans réguliers. L'erreur probable de ces levers a atteint 2 à 3 % pour les longueurs, soit 4 à 6 % pour les contenances. Les contenances résultant de reconnaissances sont données à 10 % près.

Boussole Hossard

Un autre procédé de lever encore plus rapide, qui dispense de l'emploi d'instruments apparents, consiste dans l'usage de la boussole Hossard, qui tient dans la main, et des mesurages au pas.

La longueur de l'aiguille de cette boussole est de 48 millimètres; la visée se fait dans une petite glace fixée à l'intérieur du cercle de la boîte et portant un trait : ce trait doit coïncider avec l'image de l'objet visé et avec celle d'un style dressé sur la partie inférieure de la boîte, en regard du zéro de la graduation. Les visées ne peuvent se faire à une certaine distance que sur des objets assez volumineux : un jalon cesse de se bien voir à partir de 60 mètres.

Quelques Géomètres emploient, pour le mesurage au pas, un compte-pas ordinaire, aux lectures duquel il suffit d'appliquer un coefficient individuel.

Les Géomètres emploient surtout la boussole Hossard pour l'établissement des projets de triangulation.

Rapporteur Therminarias

Pour le rapport des plans de levers expédiés, les Géomètres utilisent souvent un rapporteur construit par la maison Richer, de Paris, sur les indications de M. Therminarias, Vérificateur du Service Topographique.

Ce rapporteur est en celluloïd et par suite transparent; le limbe et la ligne de foi sont biseautés; le limbe est divisé en quarts de grades et muni de deux chiffraisons supplémentaires en sens inverse l'une de l'autre; la ligne de foi est graduée pour deux échelles décimales.

Cet instrument est d'un emploi commode; sa précision est suffisante pour les levers expédiés.

IMMATRICULATION

RÉGIME ANTÉRIEUR A 1892

La loi foncière avait été mise en vigueur le 14 juin 1886.

Les Géomètres nommés à la suite d'un concours ouvert en août purent donc entrer immédiatement en campagne.

Les premières réquisitions s'étaient dès l'abord réparties sur des points très divers du territoire. Sous le n° 1 figurait un immeuble de 3.000 hectares dans la presqu'île du Cap Bon; les n°ˢ 2 et 7 étaient à Mornag, le n° 3 à Tebourba, le n° 5 à Souk-el-Khemis, le n° 9 à Zaghouan, le n° 10 à Sousse, le n° 11 à Souk-el-Arba, les n°ˢ 4, 14 et suivants à Tabarka. Ainsi se manifestait immédiatement la dispersion des opérations qui n'a cessé de persister depuis.

En présence de la dispersion des immeubles à immatriculer, et du petit nombre de chacun d'entre eux dans les régions un peu éloignées de Tunis, tous les Géomètres furent laissés en résidence dans cette ville. Ils se rendaient sur l'immeuble pour exécuter les mesurages, puis revenaient à Tunis effectuer les calculs et le rapport de leurs plans. Cette combinaison présentait l'avantage de permettre au Chef du Service d'exercer une surveillance constante sur les travaux de cabinet des Géomètres, insuffisamment rompus aux méthodes réglementaires.

Bornage provisoire. — La loi n'avait pas prévu l'assistance du Géomètre au bornage provisoire. Mais en préparant l'instruction aux juges de paix sur l'application de la loi foncière le Procureur de la République reconnut « que la présence d'un Géomètre du Service Topographique était nécessaire pour faciliter la détermination des limites et préparer les premiers éléments du plan ».

Il fut donc prescrit au juge de paix, « avant de fixer la date du bornage, de s'assurer si un Géomètre du Service Topographique aurait la possibilité de se joindre à lui ». Ce magistrat procédait ensuite aux publications légales de la date ainsi fixée.

L'exécution matérielle des opérations du bornage, dirigées par le juge de paix sous sa responsabilité, était assurée en fait par le Géomètre; celui-ci dressait en outre un croquis, qui servait de base à la rédaction du procès-verbal établi par le juge de paix. Cette pièce jointe au dossier de l'immatriculation était remise au Conservateur de la Propriété foncière ; copie en était laissée au Service Topographique.

Plan. — La clôture du procès-verbal publiée au *Journal Officiel* fait courir le délai imparti aux oppositions. C'est autant que possible pendant ce délai que s'exécute le plan qui doit servir d'abord à l'instruction de l'affaire par le Tribunal mixte, puis être annexé au titre de propriété.

En 1886, la triangulation générale était à peine commencée.

Les plans levés isolément ne pouvaient être rattachés à aucun point déterminé mathématiquement, et leur orientation ne pouvait être faite que par des moyens astronomiques. Après quelques tâtonnements, il fallut écarter les visées solaires et celles des astres voisins de l'équateur. Une instruction provisoire arrêta les méthodes d'observation et de calcul pour l'orientement d'une ligne du plan au moyen de l'étoile polaire. L'heure favorable aux visées était indiquée à l'avance au Géomètre ; le résultat des observations était transmis au Chef du Service, qui le contrôlait et faisait établir les calculs, puis délivrait au Géomètre l'orientement nécessaire pour commencer les calculs des coordonnées.

L'exécution des premiers plans nécessita une surveillance particulièrement active. Le plan d'épreuve n'avait pas suffi à familiariser les Géomètres avec l'usage d'un instrument nouveau pour la plupart d'entre eux. Les méthodes de calcul surtout leur étaient à peu près inconnues ; il fallait intervenir fréquemment dans le détail de leurs opérations.

Mesures d'instance du Tribunal mixte. — Le Tribunal mixte avait commencé à fonctionner en 1886 et son premier jugement porte la date du 12 avril 1887.

Dès le début, de nombreuses expertises, des bornages complémentaires, avec ou sans la présence du juge de paix, étaient exécutés par les Géomètres ou les Agents supérieurs, conformément aux mesures préparatoires prescrites par le Tribunal.

Le jugement définitif une fois rendu, il ne restait au Service Topographique qu'à calculer les contenances des terrains à immatriculer et à dresser la copie du plan à annexer à la copie du titre remise entre les mains du propriétaire.

RÉFORME DE 1892

La loi foncière avait posé en principe que les immatriculations ne devaient rien coûter au Trésor et que le propriétaire devait, non seulement supporter les rétributions des Agents de l'immatriculation, mais encore rembourser à l'État les frais généraux des Services publics dont l'action lui profitait.

Dès la mise en vigueur de la loi foncière, avant même qu'il eût été possible de se rendre compte des frais qui devaient résulter pour les propriétaires de l'application des tarifs adoptés, l'opinion publique et la presse s'étaient émues de l'élévation des dépenses.

Les propriétaires protestaient surtout contre le chiffre total du versement qu'on exigeait d'eux et qui comprenait le montant des droits fiscaux arriérés et des dépenses qui s'y appliquaient. C'est ainsi qu'une propriété immatriculée sous le n° 15 a payé 7.200 francs de droits fiscaux, alors que les frais d'immatriculation ne s'élevaient qu'à 780 francs environ. Presque tous les propriétaires dont les titres n'étaient pas réguliers au point de vue fiscal renonçaient à l'immatriculation plutôt que de verser les sommes considérables qui leur étaient réclamées. L'un d'eux aurait dû payer 25.200 francs de droits, outre 2.160 francs de frais d'immatriculation ; un autre 12.000 francs de droits, outre 1.800 francs de frais.

Aussi les demandes d'immatriculation étaient-elles peu nombreuses et l'on ne tarda pas à reconnaître que les bienfaits de la loi foncière seraient en grande partie perdus si l'État n'était pas appelé à contribuer aux dépenses de l'immatriculation.

La bonne assiette de la propriété, le bon ordre en matière immobilière, la certitude dans la perception des impôts, enfin le développement de la colonisation justifient amplement d'ailleurs les sacrifices que le budget peut être appelé à faire de ce chef.

Une Commission fut instituée par arrêté résidentiel du 18 novembre 1890 dans le but de rechercher les moyens de donner satisfaction aux justes réclamations des propriétaires sur la perception des droits fiscaux et de diminuer en même temps, dans la mesure du possible, les frais de toute sorte.

Les décrets des 15 et 16 mars 1892 consacrèrent, sans modifications notables, un projet complet de réforme préparé par cette Commission.

Sans revenir sur l'ensemble de la réforme, exposée dans le rapport de M. Massicault qui figure en tête de l'édition officielle de la loi foncière[1], nous insisterons seulement ici sur les points qui portaient modification aux attributions du Service Topographique.

D'abord l'exécution des bornages fut remise à ce Service. L'initiative de cette mesure est due au Président du Tribunal mixte. Ce magistrat avait constaté que le pouvoir de conciliation en matière de bornage attribué par la loi aux juges de paix n'était pas effectivement exercé ; le bornage provisoire était ainsi devenu une opération purement matérielle. Le même magistrat avait remarqué de plus, que de nombreux bornages provisoires exécutés par des Géomètres comme délégués des juges de paix, ou des bornages complémentaires ordonnés en cours d'instance, étaient effectués dans des conditions très satisfaisantes. Il lui avait donc paru possible, pour réaliser une économie et simplifier en même temps les rouages, de remettre au Chef du Service Topographique le soin de fixer et de faire exécuter tous les bornages provisoires par des Géomètres assermentés.

En même temps l'assistance obligatoire et gratuite du Cheikh fut substituée à la présence facultative et rétribuée du Caïd. La comptabilité et le payement des indemnités allouées, pour formalités et publications, aux Caïds et Greffiers, furent centralisés au même Service.

Cette dernière mesure était motivée par la réforme radicale du mode de règlement des frais. Avant la réforme, toutes les dépenses étaient payées par le Conservateur de la Propriété foncière sur une consignation versée à l'avance entre ses mains par le requérant ; le Conservateur versait même au budget un forfait de 30 °/₀ des dépenses du Service Topographique, destiné à couvrir le Trésor des frais généraux de ce Service. Depuis 1892 les dépenses d'immatriculation sont payées entièrement sur un article spécial du budget, et remboursées partiellement au Trésor par les proprié-

(1) Challamel, éditeur, Paris, 1893.

taires au moyen d'une taxe calculée d'après le barème très simple
ci-après :

BARÈME

du remboursement partiel au Trésor de l'Etat, par les propriétaires,
des frais d'immatriculation

1° CONTENANCES :

De   0 à   100 hectares.....   1 fr. par hectare
De 100 à   500   —   .....   100 fr. et 0 fr. 75 par hectare en plus des   100 premiers
De 500 à 1.000   —   .....   400 fr. et 0 fr. 50   —   —   500   —
A partir de 1.000   —   .....   650 fr. et 0 fr. 25   —   —   1.000   —

2° En plus 3 pour mille de la valeur vénale de l'immeuble.
Le minimum de la perception est de 30 francs.

Résultats de la réforme. — Cette modification d'attributions,
jointe au développement considérable de l'immatriculation produit
par la réforme, devait transformer complètement le fonctionnement
du Service Topographique. Dès la promulgation des décrets de
mars 1892, l'on voyait s'établir un mouvement correspondant au
dépôt de 400 réquisitions par an, et la contenance des 350 premières affaires dépassait sensiblement 100.000 hectares. Le nombre
des réquisitions dépassait 500 en 1894 et 600 en 1896. Le chiffre
annuel moyen de 650 à 700 paraît aujourd'hui fermement établi.

TABLEAU PAR ANNÉE
des réquisitions d'immatriculation déposées

ANNÉES	NOMBRE	CONTENANCE déclarée	VALEUR déclarée
		HECTARES	FRANCS
1886............................	23	13.432	1.373.280
1887............................	15	4.862	414.257
1888............................	33	24.735	1.090.417
1889............................	44	10.515	915.339
1890............................	45	38.107	1.710.997
1891............................	34	6.955	1.022.727
1892............................	293	88.515	7.676.605
1893............................	467	252.056	13.198.059
1894............................	501	38.799	10.334.640
1895............................	571	157.868	13.209.934
1896............................	621	43.674	10.089.497
1897............................	568	21.332	12.438.849
1898............................	666	28.810	9.674.701
1899............................	714	62.531	8.566.761
TOTAL.....	4.595	792.191	91.716.063

La carte de la Tunisie que nous donnons à la page 132 ci-après montre les emplacements des propriétés immatriculées ou en instance d'immatriculation ; les immatriculations comprennent la plus grande partie des immeubles acquis par les Européens dans le Nord et l'Est de la Tunisie.

Le plan de la ville de Tunis de la page 133 donne les mêmes renseignements pour cette ville ; le quartier européen presque tout entier est immatriculé.

Enfin le tableau statistique de la page 138 donne, pour chaque année et pour toute la Tunisie, les réquisitions déposées, les titres de propriété établis et leur répartition en propriétés rurales et propriétés urbaines, au triple point de vue du nombre, de la contenance et de la valeur vénale.

FONCTIONNEMENT DU SERVICE
DEPUIS LA RÉFORME DE 1892

Bornage. — Dans le plus bref délai possible après le dépôt de la réquisition, et au plus tard dans les dix jours, le Conservateur de la Propriété foncière fait insérer au *Journal Officiel* un extrait de la réquisition ; il envoie au Chef du Service Topographique un placard, extrait du *Journal Officiel*, reproduisant cette insertion.

Le bornage doit avoir lieu dans les quarante-cinq jours qui suivent cette insertion ; la date fixée par le Chef du Service Topographique est portée à la connaissance du public au moins vingt jours à l'avance par des avis de bornage adressés au juge de paix et au Caïd du territoire dans lequel se trouve l'immeuble, ainsi qu'au requérant ; l'avis de bornage est publié au *Journal Officiel*.

Au jour fixé, le Géomètre se transporte au lieu de rendez-vous, muni de l'extrait du *Journal Officiel*, des accusés de réception des avis de bornage et des titres déposés à l'appui de la réquisition ou de leur traduction française.

Le Cheikh, qui a reçu préalablement du Contrôleur l'ordre de prévenir individuellement les voisins, assiste aux opérations. Le Géomètre borne le périmètre général de l'immeuble d'après les indications du requérant. Il prend note des revendications totales. Il borne les revendications partielles d'après les indications des opposants. Les bornes sont en tous cas fournies par le requérant.

Dès que le bornage est terminé, le Géomètre établit son croquis
et son procès-verbal et les adresse au Chef du Service.

Tout en se rangeant à l'opinion du Président du Tribunal mixte
pour remettre aux Géomètres l'exécution du bornage, la Commission de 1890 n'était pas sans inquiétude sur les inconvénients possibles de cette substitution. Le représentant le plus autorisé de
l'administration locale avait exprimé la crainte que la qualité officielle du Géomètre ne fût pas suffisamment reconnue des indigènes,
et il avait demandé l'attribution à ces Agents d'un uniforme et d'une
marque distinctive.

Grâce à l'assistance du Cheikh et au choix minutieux des
Géomètres désignés pour les premiers bornages de chaque région,
aucun incident notable ne s'est produit la première année. En
sept années (mars 1892 à mars 1899) sur 3.882 bornages executés,
8 seulement ont été interrompus par une opposition violente
(menaces contre le Géomètre ou destruction en sa présence de
bornes plantées par lui)[1]. Le nombre d'interruptions dues à d'autres causes est également peu considérable. Les cas les plus fréquents consistent dans l'absence du requérant (116 affaires), le
manque de bornes (34 affaires), l'ajournement ou la suspension
des opérations (49 affaires) ; 4 bornages ont été renvoyés à la suite
de cas de force majeure (inondation ou cyclone) ; enfin 9 affaires
seulement ont subi un renvoi par suite d'une faute du Géomètre.

Dans deux affaires seulement des réclamations sérieuses ont
été formulées par les parties, au sujet de l'exécution même des
opérations ; le dossier a été rectifié par le Service Topographique.
Aucune réclamation n'a jamais été portée au Tribunal mixte et
les opérations du Service n'y ont jamais été discutées. On peut
donc dire que le service des bornages a été assuré avec une grande
régularité.

Le Géomètre dresse un procès-verbal de ses opérations, auquel
il annexe les certificats relatifs à la publicité. Il y joint un extrait
de la carte du Service Géographique montrant l'emplacement de
l'immeuble ; enfin, suivant le cas, il remet au Chef du Service
avec ce dossier, soit un plan régulier, soit un croquis, dit visuel,
de bornage.

---

[1] Les auteurs de menaces ont été poursuivis et punis judiciairement, soit en vertu de l'article
242 du code pénal français, soit en vertu des lois tunisiennes. Les auteurs de destruction de bornes
tombent sous le coup du décret du 3 juin 1891 sur la conservation des signaux et des bornes (voir
Loi foncière, Challamel, 1885, et Règlements du Service Topographique, Picard & Cie, 1900)

IMMATRICULATION FONCIÈRE

CARTE DE REPORT DES PROPRIÉTÉS IMMATRICULÉES

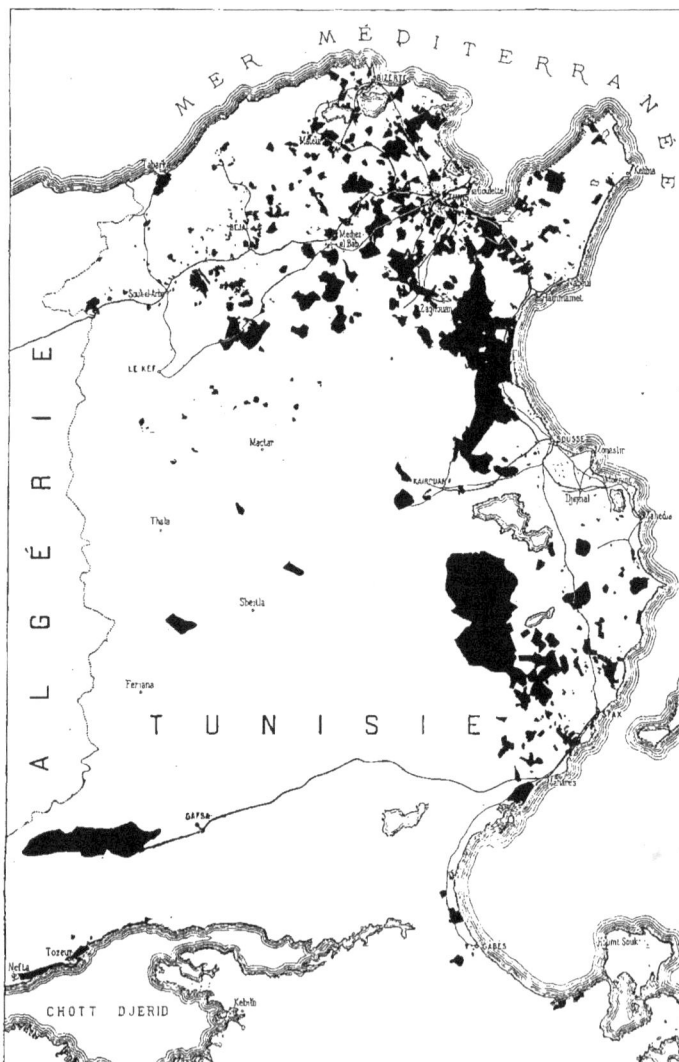

La teinte noire indique les propriétés immatriculées

VILLE DE TUNIS

PLAN DE REPORT DES PROPRIÉTÉS IMMATRICULÉES

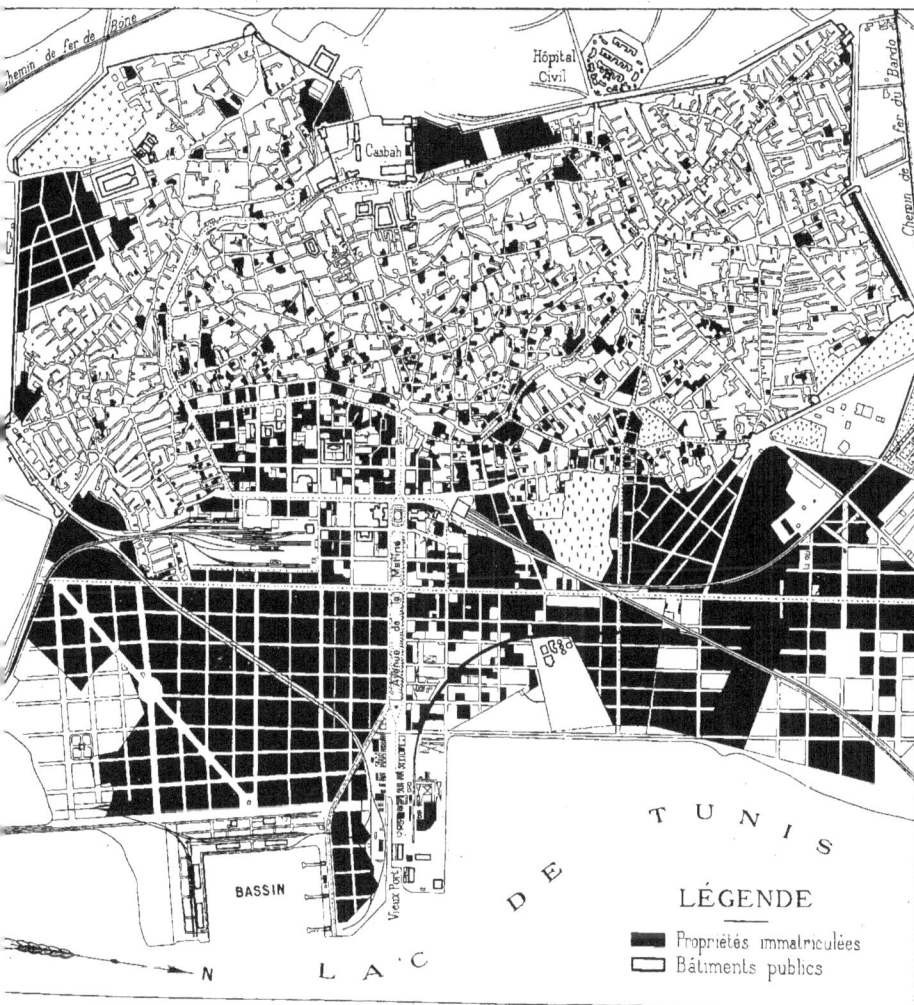

Le plan est établi immédiatement pour tous les immeubles urbains ou de faible contenance. Pour toute propriété dont le lever, exigeant un temps trop long, arrêterait la remise du dossier de bornage et la marche de la procédure, il est dressé un croquis visuel qui suffit à l'intelligence du bornage et aux premières formalités de la procédure.

Le dossier de bornage est transmis au Conservateur qui recueille d'autre part les dossiers des juges de paix et des Caïds relatifs aux oppositions et transmet le dossier complet au greffe du Tribunal mixte.

Plan. — Quelques plans, situés dans des régions pour lesquelles les documents de la triangulation générale ne sont pas encore parvenus au Service Topographique, sont encore exécutés sans rattachement et orientés comme nous l'avons dit plus haut.

Pour la plupart la triangulation générale fournit les bases d'opération. Les documents du Service Géographique donnent les coordonnées géographiques, longitude et latitude, de tous les points de la triangulation générale; il existe en moyenne un de ces points par 15 kilomètres carrés. Le Géomètre greffe sur cette triangulation générale une triangulation subsidiaire à mailles beaucoup plus serrées. L'ensemble du réseau fournit les repères sur lesquels s'appuient les cheminements établis pour le lever du périmètre, des revendications et des détails intérieurs.

Lorsque le projet de triangulation a reçu l'approbation du Chef du Service, les points trigonométriques sont bornés et il est procédé au mesurage des angles. Le Géomètre exécute ensuite les cheminements et le lever des détails. Le tachéomètre peut être utilisé à la fois pour le mesurage des angles de la triangulation et des cheminements et pour le lever stadimétrique des détails.

Pour passer aux calculs, le Géomètre commence par transformer en coordonnées planes les coordonnées géographiques, longitude et latitude, des points géodésiques sur lesquels il a stationné. L'origine des coordonnées lui est indiquée par le Chef du Service Topographique; elle reste la même autant que possible pour tous les levers d'une même région [1].

_____

[1] Ce système de transformation consiste à supposer le plan tangent à la terre à l'origine des coordonnées confondu dans le rayon des opérations avec la sphère osculatrice à la terre en ce point. Ce rayon est donc limité; en fait, il ne dépasse jamais 25 kilomètres.

Les coordonnées planes des points de départ ainsi connues, les calculs de triangulation s'achèvent en géométrie plane, par tours d'horizon ou par chaînes de triangles, sans aucune difficulté. La table de logarithmes employée est celle du Service Géographique de l'Armée. Pour les cheminements, on emploie les tables de Clouth qui donnent directement les projections des côtés de cheminement sur les axes de coordonnées.

Les contenances du plan sont calculées par le Géomètre, soit numériquement à l'aide des cotes du lever, soit graphiquement, soit à l'aide du planimètre. Le calcul par les coordonnées n'a pas semblé pratique, étant donné la forme généralement irrégulière des parcelles.

Le plan remis par le Géomètre est soumis au Vérificateur qui doit contrôler la position de $1/5^e$ des points de la triangulation, et de $1/10^e$ des points de détail, et refaire complètement le calcul des contenances.

Il est ensuite tiré des reproductions photographiques, dont un exemplaire est remis au Tribunal mixte.

On verra plus loin que les opérations courantes de rattachement fournissent des contrôles successifs de l'exactitude des plans anciens et que le résultat de ces vérifications indirectes est jusqu'à présent très satisfaisant.

Mesures d'instance du Tribunal mixte. — Lorque le dossier de l'immatriculation a été complété par l'adjonction du plan, le Tribunal mixte peut ordonner l'immatriculation ou, s'il existe des oppositions, passer à l'examen des litiges.

Le juge rapporteur se transporte ordinairement sur les lieux ; il est souvent assisté d'un Agent du Service Topographique pour lui indiquer l'application du plan sur le terrain et lui fournir tous renseignements utiles sur les questions matérielles. Fréquemment aussi le Tribunal délègue le juge de paix local assisté d'un Agent du Service Topographique pour faire l'application d'un titre, ou bien il désigne un expert parmi les Agents du Service.

Lorsque le Tribunal mixte a tranché les litiges, le bornage de l'immeuble est rendu conforme à sa décision ; le plan et les contenances sont également modifiés. Le dossier est transmis ensuite au Conservateur de la Propriété foncière avec deux exemplaires du plan définitif : le premier est annexé au livre foncier, le second à la copie du titre délivrée au propriétaire.

TABLEAU PAR ANNÉE

des titres de propriété délivrés

ANNÉES	NOMBRE total des titres	TITRES provenant de mutations partielles	TITRES DÉLIVRÉS à la suite de jugements d'immatriculation		
			NOMBRE	CONTENANCE définitive	VALEUR définitive
				H. A. C.	FRANCS
1886.........	»	»	»	» » »	»
1887.........	7	»	7	1.856 92 91	226.140
1888.........	37	17	20	7.277 55 39	1.246.845
1889.........	48	19	29	11.334 71 60	954.234
1890.........	66	15	51	18.071 02 83	966.915
1891.........	57	13	44	10.032 52 94	924.487
1892.........	49	15	34	6.811 00 90	1.440.576
1893.........	234	34	200	35.957 66 00	3.516.803
1894.........	347	81	266	13.785 77 43	5.592.561
1895.........	512	152	360	38.085 22 00	6.061.374
1896.........	587	234	353	28.397 38 00	12.198.359
1897.........	871	237	634	33.752 23 00	12.187.878
1898.........	923	255	668	113.517 87 15	15.166.773
1899.........	714	336	378	25.003 99 95	8.734.006
TOTAUX....	4.452	1.408	3.044[1]	343.883 90 10	69.216.951

Le tableau ci-dessus donne, par année, le nombre de titres établis à la suite de jugements définitifs du Tribunal mixte, avec la contenance et la valeur exactes des immeubles.

Le tableau ci-après indique la répartition de ces titres entre les propriétés rurales et les propriétés urbaines. Le développement de l'immatriculation des propriétés urbaines et l'importance de leur valeur vénale sont un indice certain de la puissance de l'immatriculation comme instrument de crédit foncier.

(1) Ces 3.044 titres ne concernent que 2.729 réquisitions d'immatriculation.

TABLEAU COMPARATIF DES IMMATRICULATIONS RURALES ET URBAINES

| ANNÉES | IMMATRICULATIONS RÉALISÉES | | | | VALEURS VÉNALES | | | | CONTENANCES | | | |
| | Propriétés rurales | | Propriétés urbaines | | Propriétés rurales | | Propriétés urbaines | | Propriétés rurales | | Propriétés urbaines | |
	Nombre	Pourcentage	Pourcentage	Nombre	Francs	Pourcentage	Pourcentage	Francs	Hectares	Pourcentage	Pourcentage	Hectares
1887	4	67 %	33 %	2	179.880	80 %	20 %	46.260	1.856.41	99.97 %	0.03 %	0.52
1888	16	80	20	4	1.185.945	95	5	60.990	7.274.65	99.96	0.04	2.99
1889	27	96	4	1	948.234	99.4	0.6	6.000	11.334.65	99.9995	0.0005	0.66
1890	33	75	25	11	732.132	76	24	234.783	18.066.21	99.97	0.03	4.82
1891	35	83	17	7	752.512	82	18	171.975	10.031.92	99.994	0.006	0.60
1892	23	66	34	12	830.050	58	42	610.517	6.866.43	99.93	0.07	4.57
1893	115	65	35	63	1.755.607	50	50	1.761.196	35.950.80	99.98	0.02	6.85
1894	145	59	41	101	1.878.826	34	66	3.713.735	13.776.93	99.94	0.06	8.84
1895	214	66	34	110	3.299.555	54	46	2.770.819	38.066.04	99.95	0.05	19.17
1896	209	63	37	126	10.758.844	88	12	1.439.515	28.368.85	99.90	0.10	28.52
1897	223	37	63	376	2.288.692	18	82	9.899.186	33.532.18	99.35	0.65	220.05
1898	246	45	55	303	4.786.126	32	68	10.380.647	113.378.29	99.99	0.10	139.57
1899	193	60	40	128	2.089.193	24	76	6.044.813	24.821.36	99.50	0.50	132.63
TOTAUX	1.483(1)	54	46	1.224(1)	31.476.605	45	55	37.740.346	343.314.72	99.84	0.16	569.10

(1) Les 2.727 immatriculations réalisées (1.483 + 1.244) ont donné lieu à la délivrance de 3.014 titres de propriété.

STATISTIQUE DE L'IMMATRICULATION FONCIÈRE
en Tunisie

Réquisitions déposées　　　　　Immatriculations réalisées　　　　　Titres délivrés

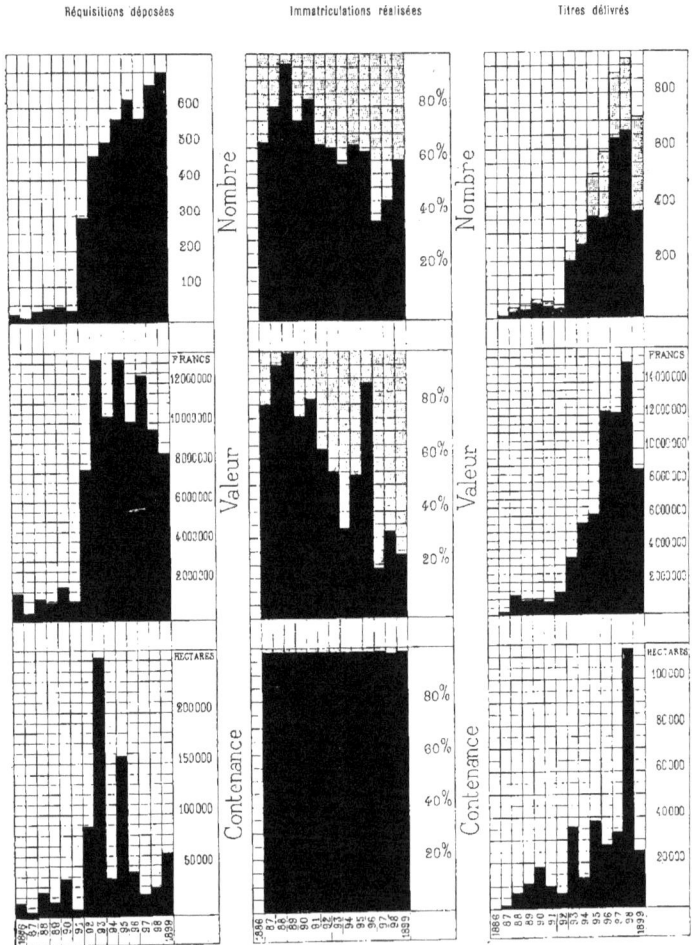

Le graphique ci-dessus indique au triple point de vue du nombre, de la valeur vénale et de la contenance : 1° dans la première colonne, les réquisitions d'immatriculation déposées; 2° dans la deuxième colonne, le pourcentage des propriétés rurales et des propriétés urbaines immatriculées (la teinte noire représente les propriétés rurales, la teinte grise les propriétés urbaines); 3° dans la troisième colonne, les titres de propriété délivrés (la teinte grise représente le nombre des titres provenant de mutations partielles).

DÉPENSES DES IMMATRICULATIONS

L'évaluation précise du prix de revient de l'immatriculation foncière est une opération assez délicate.

Dépenses avancées par l'Etat. — D'après les statistiques tenues par le Service Topographique, on connaît exactement les dépenses pour bornage, plans, voyages de Géomètres et indemnités diverses aux Caïds, Greffiers et Interprètes.

Pour obtenir le total des dépenses avancées par l'Etat, il faudrait ajouter aux dépenses que nous venons d'indiquer les frais généraux du Service Topographique et ceux du Tribunal mixte. On peut évaluer les frais généraux du Service Topographique incombant à l'immatriculation à 50 °/₀ des dépenses inscrites au budget pour le personnel et le matériel de ce Service. Le budget du Tribunal mixte étant compris jusqu'à ce jour dans celui de la Justice française, il est plus difficile d'évaluer les frais du Tribunal mixte. On peut les estimer approximativement à 50.000 francs par an.

Versement du requérant. — D'après les statistiques tenues par la Conservation foncière, on connaît exactement le versement du requérant qui se divise en deux parties : la première constitue le salaire du Conservateur ; la deuxième est versée au Trésor par ce dernier et vient en déduction des dépenses avancées par l'Etat.

Pour obtenir le total des dépenses à la charge du requérant, il faudrait ajouter au versement effectué par lui les frais de fourniture, de transport et de pose de bornes, qui sont très variables, ainsi que les frais des mesures d'instance ordonnées par le Tribunal mixte. On peut estimer par aperçu les frais de bornes à 0 fr. 75 par hectare.

Le dépouillement des dépenses faites pendant les quatre dernières années (1896 à 1899 inclus) a permis d'établir les moyennes qui figurent au tableau ci-après.

Décomposition de la dépense d'immatriculation

		Par hectare de propriété	Par 100 francs de valeur vénale
	Publicité, caïds, greffiers, etc.........Fr.	» 29	» 12
Frais	Bornage (géomètre et interprète)	» 42	» 17
avancés	Plans	1 19	» 49
par l'Etat	Voyages............................	» 43	» 18
	Frais généraux du Service Topographique	1 24	» 51
	— du Tribunal mixte	1 »	» 41
Salaire du Conservateur		» 36	» 15
	Total du prix de revient.....Fr.	4 93	2 03

Répartition de la dépense d'immatriculation
entre l'Etat et le requérant

	Par hectare de propriété	Par 100 francs de valeur vénale
Part à la charge du requérant (produit du barême)..Fr.	1 28	» 53
Part à la charge de l'Etat..........................	3 65	1 50
Dépense totale.....Fr.	4 93	2 03

En définitive, le prix de revient de l'immatriculation s'élève à
4 fr. 93 par hectare, soit 2 fr. 03 par 100 francs de valeur vénale,
dont 26 % environ à la charge du requérant. Le coût du plan
s'élève à 1 fr. 19 par hectare, soit 24 % de la totalité des frais
d'immatriculation. Si l'on songe que les plans levés dans ces
conditions correspondent à une précision de $\frac{1}{1.000}$, si l'on se rappelle que les pièces du lever, soigneusement établies et conservées,
permettent de rétablir en tout temps tout point contesté de la
limite et toute borne disparue, on reconnaîtra que ces prix sont
très bas, comparativement à ceux de tous les travaux similaires.

L'application du barême forfaitaire donnait lieu à une anomalie
que le décret du 11 juin 1895 a fait disparaître.

Les immeubles de grande contenance payant beaucoup moins à
l'hectare que les petits, le propriétaire de deux ou trois terres isolées
avait intérêt à les comprendre dans une même réquisition pour
payer, par exemple, la taxe afférente à l'immeuble de 1.000 hectares
au lieu de quatre fois la taxe correspondant à 250 hectares. Les
requérants n'y manquèrent pas. Non seulement ils prétendirent
comprendre dans un même immeuble et sous une même réquisition des parcelles situées à plusieurs kilomètres les unes des
autres, mais des propriétés éloignées entre elles de plusieurs myria-
mètres et jusqu'à des maisons situées dans des centres différents.

Ces groupements abusifs, inadmissibles au seul point de vue fiscal, avaient en outre pour effet de rendre la conduite des opérations presque impossible et la publicité illusoire.

Les opérations du bornage commençaient bien sur la première parcelle au jour et à l'heure indiqués par les publications ; mais en bornant successivement les autres parcelles, le Géomètre arrivait fréquemment sur certaines d'entre elles plusieurs jours seulement après l'ouverture des opérations ; des tiers de bonne foi pouvaient, après s'être trouvés sur leur limite au jour indiqué par les publications et même y être restés un ou deux jours, se retirer en croyant l'opération terminée sans avoir intéressé leur bien. Le Géomètre, arrivant après leur départ, pouvait exécuter sans opposition un bornage contraire à leur intérêt et constituant une véritable spoliation.

Pour mettre fin à cet abus, le décret du 11 juin 1895 disposa que les immeubles composés de plusieurs parcelles isolées paieraient la taxe résultant de l'application du barème à chaque parcelle isolément. Les propriétaires, n'ayant plus d'intérêt à des groupements artificiels, y renoncèrent aussitôt, et l'on ne vit plus comprendre sous une réquisition unique que des parcelles formant réellement un seul corps d'exploitation, connues comme telles par les tiers.

CONTACT DES IMMATRICULATIONS SUCCESSIVES

Localisation des immeubles. — L'une des principales difficultés de l'application du régime facultatif de la loi foncière consiste dans le danger des chevauchements d'immatriculations successives. Il arrive en effet que les bornes d'un premier bornage ont disparu, arrachées ou brisées au niveau du sol ou simplement masquées par la végétation ; le Géomètre effectuant une seconde opération n'est alors averti en rien, par l'état des lieux, de l'existence d'une immatriculation antérieure. Si les immeubles sont rattachés à la triangulation générale, on peut, au moment des calculs du nouveau plan, s'apercevoir des chevauchements des coordonnées. Mais cette constatation tardive survient au moment où la procédure est déjà fort avancée ; elle présente d'ailleurs encore de nombreuses chances d'erreurs, puisqu'elle repose sur la comparaison de nombres de 6 et 7 chiffres, tantôt positifs et tantôt négatifs.

Il est donc permis de craindre qu'au bout d'un délai plus ou moins long une immatriculation nouvelle vienne englober en tout ou partie un immeuble déjà immatriculé au nom d'un tiers.

Le cas a été résolu très simplement par le législateur australien. La loi de l'État dispose que la première immatriculation en date est seule valable. L'esprit français est moins accommodant, et les conflits de titres à craindre par suite de chevauchements de plans avaient été invoqués lors de l'établissement de la loi tunisienne par les adversaires du régime facultatif, comme constituant une réelle impossibilité pour l'application de ce régime.

Les cartes du Service Géographique permettent en Tunisie une localisation graphique très supérieure à tous points de vue à la localisation par coordonnées.

Dès 1886, il existait une carte au $\frac{1}{200.000}$, dite de reconnaissance, avec courbes de niveau, qui a été depuis revisée et publiée avec figuré de terrain à l'estompe. Malgré l'extraordinaire rapidité avec laquelle elle a été établie, cette carte est excellente, et les quelques erreurs qui ont pu s'y glisser n'ont jamais été suffisantes pour diminuer les services considérables qu'elle a rendus. Les premiers immeubles furent reportés sur cette carte.

Peu après paraissaient pour Tunis et ses environs les premières feuilles de la carte au $\frac{1}{50.000}$, document définitif, c'est-à-dire d'une exactitude absolue et d'une clarté parfaite. Les bornages des immeubles appartenant à ces régions y furent reportés.

Au fur et à mesure que sont publiées les feuilles de la carte au $\frac{1}{50.000}$ ou au $\frac{1}{100.000}$, on y reporte les bornages des immeubles situés dans les régions comprises sur ces feuilles. Au moyen de ces reports, le Géomètre qui va opérer dans une région déterminée connaît à l'avance l'existence et l'emplacement des immeubles déjà immatriculés dans la région. L'extrait de carte qu'il fournit lui-même avec le procès-verbal de son nouveau bornage est contrôlé par le Vérificateur, puis appliqué dans les bureaux du Service Topographique sur un exemplaire de la carte destiné à cet effet. Ce triple contrôle a permis jusqu'à présent d'éviter le danger des chevauchements.

Les échelles qui précèdent étant trop faibles pour permettre d'utiliser les cartes au report des immeubles urbains, on se sert pour ce report des plans de villes existants, réduits s'il y a lieu.

Rattachement des plans contigus. — Une seconde difficulté signalée par les adversaires du régime facultatif au Congrès de la propriété foncière en 1889 consiste dans le rapprochement de plans d'immeubles contigus levés séparément à des époques différentes. Une limite commune levée deux fois, même correctement, par deux opérations distinctes, peut différer sur les deux plans, dans la limite des tolérances. Ainsi une distance de borne à borne qui serait de 99^{m}90 sur l'un des deux plans peut être de 100^{m}10 sur l'autre ; les deux documents sont d'accord dans la limite des tolérances du Service, et deux opérateurs différents partant des points fixes de chacun des deux plans pour rétablir une borne commune tomberaient tous deux dans un même cercle de 0^{m}20 de rayon. Mais cette discordance, si faible qu'elle soit, dans deux titres d'immeubles voisins peut soulever des difficultés.

Pour éviter ce danger, il a suffi d'interdire le lever à nouveau de limites déjà fixées. Les limites fixées par une immatriculation antérieure doivent évidemment faire foi en faveur du premier immeuble immatriculé. Il suffit donc d'adopter pour le plan du second immeuble la limite commune telle qu'elle figure sur le premier plan en y rattachant simplement le lever des parties nouvelles.

Le rattachement donne lieu d'ailleurs à des mesurages de contrôle qui permettent de reconnaître s'il existe dans la limite du premier plan des erreurs dépassant la tolérance et de signaler ces erreurs. Ce cas se produit très rarement ; on verra plus loin comment se réparent les erreurs découvertes.

Assemblage des plans. — La troisième objection des adversaires du régime de la faculté consistait dans l'impossibilité prétendue de former un plan terrier ou cadastral au moyen de levers successifs.

Il a été procédé, à titre d'essai, au rapprochement et à l'assemblage de tous les plans ruraux du territoire de la commune de Tunis[1]. Les plans sont au nombre de 852 ; mais 331 des immeubles ainsi représentés proviennent de mutations partielles par lotissement. Il faut donc compter seulement 521 levers originaires et séparés ; de ce nombre 149 étaient rattachés directement à des points de la triangulation générale ; pour 357 autres, le rattache-

[1] Pour la partie urbaine, ce travail de rapprochement était inutile, tous les plans étant rapportés à une origine unique.

ment avait été fait à l'un des 149 plans précédents, comme il est dit ci-dessus ; enfin 15 plans, levés dans la partie montagneuse, n'avaient fait l'objet d'aucun rattachement. Tous ces plans sont à des échelles de $\frac{1}{200}$ à $\frac{1}{5.000}$, selon l'importance des immeubles.

Pour la première catégorie, leur rapport sur le plan cadastral au $\frac{1}{5.000}$ se faisait par coordonnées sans la moindre difficulté. Pour la seconde, le rapport s'est fait graphiquement après réduction au $\frac{1}{5.000}$ de chacun des plans ; la réduction sur papier transparent était placée sur le plan cadastral au moyen des points de rattachement empruntés aux plans de la première catégorie, et le périmètre piqué sur le plan cadastral. Pour les 15 derniers, il a fallu retourner sur le terrain pour exécuter au moyen de quelques cheminements le rattachement soit à des points de la triangulation générale, soit à des points fixes de plans déjà rattachés.

Les résultats obtenus ont été satisfaisants.

Erreurs matérielles. — Bien que toute opération exécutée conformément au règlement du Service donne un contrôle, c'est-à-dire « comporte par elle-même la preuve de son exactitude », et malgré la vérification soigneuse des plans, il peut subsister dans ces documents des erreurs matérielles ; celles-ci apparaissent forcément lorsque de nouvelles opérations ont lieu sur un périmètre déjà levé, soit pour un bornage complémentaire, soit pour le rattachement d'un nouveau plan, soit aussi pour un lotissement. On conçoit en effet que le nouvel opérateur ayant à planter une nouvelle borne dans une position déterminée par rapport à deux bornes anciennes s'aperçoit forcément d'une erreur du plan qui affecte cette partie. Il est alors absolument obligé d'en référer au Chef du Service pour agir ; autrement il lui faudrait apporter à ses propres mesurages des altérations de nature à faire cadrer ses opérations nouvelles avec les opérations erronées. Il en est de même s'il s'agit de rattacher un nouveau lever à des bornes existantes.

Ainsi les bornages complémentaires, les lotissements et les rattachements ont fourni autant de contre-vérifications partielles des plans existants.

Les erreurs matérielles sont réparées conformément à l'article 355 de la loi foncière, soit avec le consentement des parties, soit suivant jugement du Tribunal civil.

Lorsqu'il s'agit d'une faute d'écriture, de chiffre ou de dessin

découverte dans le mois qui suit l'établissement du titre, la rectification de l'erreur matérielle peut être obtenue par un jugement
du Tribunal mixte (décrets des 25 février et 19 mars 1897).

LOTISSEMENTS

Les mutations portant sur la totalité d'un immeuble immatriculé s'inscrivent à la Conservation foncière sans intervention du
Service Topographique. Ce Service, en effet, ne connaît les propriétés que par le numéro du titre et le nom donné à l'immeuble
lors de l'immatriculation ; il ignore le nom du propriétaire ou de
tout autre ayant droit.

Mais dans le cas de mutation partielle qui donne lieu à l'établissement d'un nouveau titre, le bornage du lot à détacher est exécuté
par le Service Topographique ; la limite du lotissement est reportée
sur le plan d'immatriculation et il est dressé un plan séparé de la
parcelle qui doit faire l'objet du nouveau titre[1].

Ce plan doit être présenté au Conservateur de la Propriété
foncière pour requérir l'inscription de l'acte de mutation et la délivrance du nouveau titre. L'intéressé doit donc s'adresser tout
d'abord au Service Topographique pour obtenir le bornage et le
plan de la parcelle à muter.

Assez fréquemment le propriétaire d'un immeuble exécute une
opération d'ensemble pour diviser la propriété en un certain nombre de parcelles desservies par des voies d'accès convenables. Les
parcelles sont ensuite mises en vente et mutées successivement.
L'opération préliminaire constitue un lotissement d'ensemble qui
peut être étudié et tracé sur le terrain par le propriétaire ou par
des agents à son choix, mais qui doit être borné par un Géomètre
assermenté. Après le bornage, il est dressé un plan de lotissement ;
des extraits de ce plan servent pour la mutation de chaque parcelle.

Il arrive plus fréquemment que le propriétaire d'un immeuble
immatriculé désire en aliéner une partie déterminée sans prévoir

---

(1) Lorsqu'un immeuble est divisé, soit par suite de démembrement, soit par suite de partage, il est
procédé au bornage de chacun des lots par un Géomètre assermenté qui rapporte cette opération sur
une expédition du plan. Il est établi un titre et un plan distincts pour chacune des divisions de
l'immeuble.

Toutefois, en cas de mutations partielles, il n'est pas nécessaire d'établir un nouveau titre pour la
partie de l'immeuble qui, ne faisant pas l'objet d'une transmission, reste en possession du propriétaire.
Le titre déjà délivré et le plan qui y est joint peuvent être conservés après avoir été revêtus des
mentions utiles. (Art. 46 de la loi foncière).

immédiatement un démembrement du surplus. Dans ce cas, le Géomètre borne seulement la parcelle à muter et en dresse un plan séparé ; cette opération de démembrement partiel reste comprise sous la rubrique générale de lotissement.

Ni la loi foncière, ni les règlements de 1886 n'avaient prévu le détail des opérations de lotissement, ni fait aucune mention des frais. Ceux-ci devaient naturellement être avancés par le requérant.

Les premières demandes de lotissement s'étant produites avant 1892, on adopta une procédure analogue à celle de l'immatriculation sous l'ancien régime. La demande de lotissement est formulée par écrit, soit par le propriétaire du titre, soit par l'acquéreur justifiant d'un droit réel sur la parcelle à muter. Jusqu'en juillet 1895 elle a donné lieu à l'établissement d'une évaluation provisoire dont le montant était consigné à la Conservation foncière.

Le Géomètre borne d'après les indications de la demande, en présence du requérant ou lui dûment appelé, dresse un procès-verbal et un plan de bornage. Ses opérations sont vérifiées par un Vérificateur et le dossier est transmis au Chef du Service qui fait exécuter les extraits ou reproductions à délivrer aux parties. Les mémoires du Géomètre, taxés par le Chef du Service, étaient payés par le Conservateur, et les frais de copie de plans versés au Trésor. Le supplément de la consignation était le cas échéant remboursé au requérant.

Par décret du 11 juin 1895 les paiements des Géomètres furent mis à la charge du budget du Service Topographique et compensés par un versement équivalent du Conservateur au Trésor ; cette simplification intérieure ne parut pas suffisante.

De même que les requérants d'immatriculations nouvelles se plaignaient, avant 1892, de ne pouvoir prévoir à l'avance le montant des frais à leur charge et s'étonnaient des écarts de dépense pour des cas analogues en apparence, de même les requérants de lotissements réclamèrent, soit contre des évaluations qu'ils trouvaient exagérées, soit contre des règlements définitifs dépassant des évaluations trop faibles. Les plaintes étaient d'autant plus vives que les frais de lotissement à la charge entière du propriétaire dépassaient souvent les dépenses à la charge du requérant pour l'immatriculation originaire, l'Etat ayant alors supporté la plus grande partie des frais.

Dans certains cas particuliers une difficulté spéciale augmentait

encore la dépense. Lorsque l'échelle du plan d'immatriculation
est suffisante, les parcelles à muter sont rapportées à peu de frais
sur une reproduction photographique du plan. Mais si le lotissement ne peut être figuré clairement à cette échelle, l'établissement
d'un nouveau plan devient nécessaire. Or l'échelle des plans d'immatriculation est réglée uniquement en vue de l'immatriculation ;
ainsi un immeuble de 50 hectares sera rapporté au $\frac{1}{5.000}$, échelle
largement suffisante pour déterminer la consistance matérielle de
l'immeuble avec sa délimitation périmétrique. S'il arrive que, le
terrain ayant augmenté de valeur, le propriétaire vende une parcelle
de quelques ares, il suffira souvent de planter deux ou trois bornes
pour permettre le lotissement ; l'opération du Géomètre sur le terrain durera une demi-journée. Mais il est impossible de figurer
clairement à l'échelle du $\frac{1}{5.000}$ une parcelle de quelques ares et d'en
calculer la contenance. Il faut donc rapporter à nouveau, d'après
les pièces de l'ancien plan, une partie au moins du plan d'immatriculation ; ce travail est plus coûteux que l'opération sur le
terrain et le propriétaire, qui a constaté le peu d'importance de
cette dernière et à qui l'on délivre un extrait de plan d'apparence
insignifiante, s'étonnera d'avoir à payer une soixantaine de francs,
alors que la première immatriculation lui en a coûté à peine qua-
rante.

Les réclamations se multipliant, il fallut aviser. Il ne pouvait
être question de demander à l'Etat en faveur des mutations partielles un sacrifice analogue à celui qu'il avait consenti en faveur
de l'immatriculation ; mais on pouvait essayer de trouver un barême
qui produisit pour l'Etat une recette totale équivalente à l'ensemble
des dépenses de lotissement, tout en uniformisant pour le propriétaire la dépense par parcelle, par borne ou par hectare.

Une statistique détaillée avait été tenue pour les 129 affaires
réglées avant le mois d'avril 1897. Elle permit d'étudier un barême
provisoire basé seulement sur la contenance à muter et le nombre
de parcelles ; ce barême fut essayé en l'appliquant d'abord aux
évaluations provisoires, le règlement définitif et le versement au
Trésor restant faits sur la dépense réelle. Après deux ans d'essai,
le barême, très légèrement modifié, fut arrêté par décret du 10
décembre 1899 (Journal Officiel du 23 décembre 1899), conformément au texte ci-après.

BARÊME

du remboursement au Trésor des frais de lotissement

Le montant du remboursement au Trésor, par les propriétaires, des frais de lotissement s'obtient en additionnant les trois taxes élémentaires ci-après :

1° Taxe par immeuble à morceler.................................Fn. 15 »

2° Taxe par lot créé .... 10 »

3° Taxe sur la contenance totale des lots créés :

De 0 à 30 hectares.. néant.

De 30 à 100 hectares, par hectare en plus des 30 premiers............ » 75

De 100 à 500 hectares... 52 50

    et 0 fr. 50 par hectare en plus des 100 premiers.

De 500 à 1.000 hectares.. 252 50

    et 0 fr. 25 par hectare en plus des 500 premiers.

De 1.000 hectares et au-dessus..................................... 377 50

    et 0 fr. 15 par hectare en plus des 1.000 premiers.

Les chiffres dudit barême sont augmentés de 50 %, dans le cas prévu par le paragraphe *b* de l'article 3 du décret.

Il n'est rien perçu lorsque le lotissement ne donne pas lieu à des opérations sur le terrain.

La majoration de 50 % prévue au barême correspond au cas où l'application de nouvelles limites est subordonnée à des calculs ou opérations préalables (dans le cas, par exemple, où le tracé des limites doit satisfaire à certaines conditions et réaliser pour chaque parcelle une contenance donnée).

Le tableau figuré à la page 136 ci-dessus indique le nombre de titres établis annuellement à la suite de mutations partielles ; il montre la rapidité avec laquelle se constitue la petite propriété par le morcellement des propriétés immatriculées.

TRAVAUX DIVERS DU SERVICE TOPOGRAPHIQUE

En dehors des travaux spéciaux pour lesquels il a été créé, le Service Topographique est aussi chargé d'assurer l'exécution de divers travaux que nous allons examiner.

DOMAINE PUBLIC

Le Service Topographique joue un rôle prépondérant dans la délimitation du domaine public. Cette délimitation s'effectue en Tunisie suivant les règles tracées par le décret du 26 septembre 1887.

La délimitation provisoire est tracée sur le terrain par une Commission spéciale composée de l'Ingénieur des Ponts et Chaussées, du Chef du Service Topographique ou de son délégué, d'un représentant de l'Administration locale et, s'il s'agit d'une délimitation du rivage de la mer, d'un Officier de Port.

La Commission plante, en présence des intéressés, les piquets marquant la limite provisoire et dresse un procès-verbal de ses opérations. Elle est assistée par un Géomètre du Service Topographique, qui exécute le plan comprenant le parcellaire des immeubles riverains et y reporte l'emplacement des piquets.

Le plan et le procès-verbal de la délimitation provisoire sont soumis à une enquête de dix jours. La Commission apprécie la valeur des observations consignées au registre d'enquête, retourne sur place s'il y a lieu, arrête définitivement ses propositions et les soumet au Directeur général des Travaux publics, qui, après examen, propose le décret beylical homologuant la délimitation.

Après la promulgation du décret, la limite est bornée définitivement et les piquets remplacés par des bornes maçonnées.

La première délimitation exécutée fut celle du lac de Tunis aux abords de cette ville. Elle permit de prévenir les difficultés qui n'auraient pas manqué de se produire de la part des riverains au moment où commençaient les travaux du port de Tunis ; l'établissement des chantiers sur les rives du lac et la prise de possession par l'administration des terrains gagnés sur le lac purent se faire sans incident. Cette première opération fut suivie de la délimitation du rivage du golfe de Tunis entre le lazaret de Carthage et le pont de Radès, puis du rivage du lac de Tunis à La Goulette, puis encore le rivage de la mer aux abords de Sousse.

Un peu plus tard, les travaux du port de Bizerte, qui allaient être concédés, nécessitaient la délimitation du rivage de la mer et du lac.

Des difficultés s'étant produites entre les riverains de la Medjerdah à Souk-el-Arba, à l'occasion d'extraction de terre à briques dans le lit ou sur les berges de ce fleuve, l'administration mettait fin à ces difficultés par la distribution d'autorisations régulières d'extraction sur le domaine public, préalablement délimité.

Puis ces opérations furent continuées en divers autres points, au fur et à mesure que l'intérêt s'en faisait sentir.

La délimitation de toutes les voies ferrées de la Tunisie est en cours d'exécution. Cette délimitation a pour but d'éviter tout empiètement des propriétés privées sur le domaine public du chemin de fer et de supprimer, pour l'avenir, la nécessité de faire opposition, au nom du domaine public, aux immatriculations des propriétés en bordure d'une voie ferrée.

La délimitation du domaine public a ainsi porté sur une longueur développée de 365 kilomètres.

Le Chef du Service Topographique ou son délégué ont rempli les fonctions de Secrétaire de toutes les Commissions de délimitation et introduit ainsi dans la procédure une régularité et une unité avantageuses.

RECONNAISSANCE DES BIENS HABOUS

Croquis de constitution d'enzel. — Location à long terme. — Plans d'échange. — On sait quelle fraction importante du territoire tunisien occupent les biens de mainmorte ou immeubles habous, légués par des testateurs à diverses œuvres du culte musulman, de bienfaisance ou d'utilité publique, et gérés par une administration spéciale qui en applique les revenus selon les volontés des testateurs.

L'aliénation des habous est interdite par la loi musulmane, mais divers modes de location à long terme, et notamment une location perpétuelle appelée enzel, se pratiquaient en Tunisie avant l'établissement du Protectorat. Avant même que la loi foncière fût mise à l'étude, quelques propriétaires européens possédaient ainsi des immeubles habous. Mais la constitution d'enzel au profit d'un Européen était hérissée de difficultés de toute sorte.

Un premier décret du 18 août 1885 disposa que la constitution d'enzel ne pourrait avoir lieu que par voie d'enchères publiques et régla la procédure à suivre ; puis il fut modifié et complété par un autre décret du 21 octobre suivant, avec un modèle de cahier des charges ; l'immatriculation était rendue obligatoire pour les enzélistes européens.

La loi foncière avait d'ailleurs précisé et défini les droits de l'enzéliste comme une véritable propriété foncière grevée d'une rente perpétuelle. Malheureusement, le cahier des charges ne contenait qu'une description de l'immeuble tout à fait insuffisante, et l'adjudicataire déclarait connaître parfaitement l'objet des enchères. Aussi vit-on se produire des difficultés nombreuses entre l'administration des habous et les enzélistes qui ne trouvaient pas après adjudication, un immeuble identique à celui qu'ils avaient visité avant les enchères. Pour mettre fin à cette situation et répondre aux plaintes de l'opinion publique, un décret du 22 juin 1888 décida que les constitutions d'enzel seraient obligatoirement précédées d'une reconnaissance avec croquis et calcul des contenances à 5 % près. Cette reconnaissance devait être exécutée par un Géomètre du Service Topographique. Ce décret simplifia encore la procédure ; il étendit à tous les enzélistes sans exception l'obligation de faire immatriculer l'immeuble adjugé.

Le décret du 31 janvier 1898 a réglé les conditions de la location à long terme, réglementé l'échange en nature et admis l'échange en argent.

Dans le cas de location, il y a mise aux enchères, et le croquis de l'immeuble est annexé au cahier des charges.

Pour l'échange en nature, l'estimation de l'immeuble habous à aliéner et celle de l'immeuble à recevoir en échange sont faites par une Commission comprenant deux amines (experts) indigènes, un délégué de la Djemaïa (Conseil d'administration des Habous) et un Géomètre du Service Topographique. Au cours de l'expertise le Géomètre dresse un croquis analogue au croquis de constitution d'enzel. Les deux croquis sont joints au dossier.

Pour l'échange en argent, qui s'effectue par voie d'enchères publiques, il est dressé un croquis de l'immeuble à échanger par un Géomètre du Service Topographique ; l'Administration des Habous fixe la mise à prix.

En vue de faciliter la colonisation et le peuplement de la Tunisie, un décret du 13 novembre 1898 autorise l'échange d'immeubles ruraux entre la Djemaïa et la Direction de l'Agriculture et simplifie dans ce cas la procédure d'estimation des immeubles.

Le Service Topographique a exécuté toutes les reconnaissances nécessitées par ces dispositions diverses.

Recensement. — Les opérations de constitution d'enzel et d'échange ont ainsi amené la reconnaissance d'une quantité appréciable d'immeubles habous.

Pour tout le surplus, les seuls renseignements relatifs à ces immeubles étaient compris dans un sommier tenu à Tunis et dans lequel chaque immeuble, quelle que fut son importance, occupait une ligne seulement ; les oukils (représentants) de l'administration dans chaque contrée devaient tenir de leur côté, à peu près dans la même forme, des registres du même genre.

Des renseignements aussi sommaires étaient tout à fait insuffisants, d'abord pour permettre à la Djemaïa une administration sérieuse des biens dont elle a la charge, et surtout pour fournir les renseignements préalables relativement aux cessions à enzel ou aux échanges.

L'immatriculation générale, à laquelle on avait songé un instant, aurait nécessité des délais et des dépenses considérables ; elle aurait, de plus, alarmé profondément l'opinion musulmane, particulièrement ombrageuse au sujet des biens de mainmorte et imparfaitement éclairée sur le caractère et les conséquences de l'immatriculation. Le seul fait de voir planter des bornes et exécuter des mesurages par des Géomètres européens aurait semblé l'indice d'une prise de possession par les infidèles. La substitution des titres français aux titres arabes n'aurait pas manqué de redoubler la défiance des musulmans. Des difficultés sérieuses auraient été à redouter.

Sur la proposition du Chef du Service Topographique, il fut décidé d'entreprendre une reconnaissance sommaire, suivie d'un lever expédié, en commençant d'abord sur une petite échelle, et en étendant progressivement les opérations. Le 14 juillet 1891, le Chef du Service Topographique était chargé par décret beylical de diriger cette opération ; elle était entreprise immédiatement.

Dans chacune des contrées où doit se faire la reconnaissance, le Conseil d'administration des Habous délègue un agent choisi parmi les plus intelligents et les plus éclairés ; cet agent possède aux yeux des indigènes la direction entière des opérations. Il indique au Géomètre les immeubles habous d'un ressort déterminé ; il se fait assister de l'oukil local et de tout indicateur dont il peut avoir besoin. En même temps que le Géomètre procède au lever expédié, le délégué des Habous recueille tous renseignements utiles ; il note la fondation bénéficiaire, les noms des personnes présentes, les tenants et aboutissants. Tous ces renseignements, contrôlés par le Géomètre, sont consignés dans les deux langues sur une fiche spéciale à chaque immeuble. Le Géomètre les fait suivre des indications relatives à l'emplacement et aux limites de l'immeuble, à la nature des cultures, à la qualité des terres, aux sources, puits ou autres particularités intéressant la valeur de la propriété. Le croquis de l'immeuble est reporté au verso de cette fiche. Celle-ci peut servir directement à la constitution d'enzel. Elle est en tout cas conservée en double par la Djemaïa et par le Service Topographique.

Il a été reconnu ainsi 6.058 immeubles, comprenant un total de 156.493 hectares.

Les dossiers de reconnaissance comprennent les minutes des croquis, les fiches complètes en double, le calcul des contenances à 5 % près et l'extrait de carte montrant l'ensemble de chaque groupe ; ils sont payés à forfait suivant le tarif ci-après. Ce tarif a été établi d'après les résultats des essais, de manière à assurer à un Géomètre actif une rémunération moyenne, tous frais d'aides et d'instruments déduits, de 16 francs par journée passée sur le terrain, et 12 francs par journée passée au bureau. Les frais de transport sont payés directement par l'Administration des Habous avec ceux de son délégué et restent en dehors du tarif.

Le recensement des biens habous est terminé pour toute la région Nord ; il est actuellement en cours pour la région de Kairouan. Le second tableau de la page 154 donne le détail des opérations effectuées à ce jour pour l'Administration des Habous.

Tarif des opérations de recensement des biens habous

CONTENANCE DES IMMEUBLES RECENSÉS	SOMMES payées AU GÉOMÈTRE	OBSERVATIONS
	fr.	
0 à 2 hectares	5	
2 à 5 —	6	
5 à 10 —	7	
10 à 15 —	8	
15 à 20 —	9	
20 à 200 —	9	Plus 0 fr. 30 par hectare en plus des 20 premiers
200 à 500 —	63	Plus 0 fr. 10 — — 200 —
au-dessus de 500 —	93	Plus 0 fr. 05 — — 500 —

STATISTIQUE
des biens habous reconnus

ANNÉES	CONSTITUTIONS D'ENZEL		LOCATIONS A LONG TERME		ÉCHANGES		RECENSEMENTS	
	Nombre de parcelles	Contenances	Nombre de parcelles	Contenances	Nombre de parcelles	Contenances	Nombre de parcelles	Contenances
		HECTARES		HECTARES		HECTARES		HECTARES
1889	14	1.620	»	»	»	»	»	»
1890	11	2.853	»	»	»	»	»	»
1891	24	2.741	»	»	»	»	»	»
1892	26	1.512	»	»	»	»	1.185	14.019 35
1893	16	2.013	»	»	»	»	638	1.302 34
1894	27	6.960	»	»	»	»	736	10.038 26
1895	20	850	»	»	»	»	590	18.600 11
1896	34	4.127	»	»	4	5 »	249	79.737 84
1897	42	6.853	»	»	2	5 60	1.042	3.300 88
1898	49	6.879	4	661	5	2.638 60	1.136	9.626 26
1899	38	14.151	1	181	9	406 50	482	19.868 00
Totaux	301	50.559	5	842	20	3.055 70	6.058	156.493 04

RECONNAISSANCE DES IMMEUBLES DOMANIAUX

Le Service Topographique a collaboré dans une très large mesure à la reconnaissance des immeubles domaniaux.

Les immeubles les plus importants et les plus éloignés ont été reconnus les premiers dans les conditions suivantes :

Un Agent du Service des Domaines, assisté d'un interprète et muni des titres et documents utiles, se rend sur les lieux, accompagné d'un Géomètre du Service Topographique. Le délégué du Service des Domaines reconnaît et indique au Géomètre la limite des propriétés. Celui-ci en dresse un lever expédié analogue à celui qui est établi pour les biens habous. Les fiches sont établies par l'Agent des Domaines ; les calculs des contenances sont exécutés, soit dans les bureaux du Service Topographique, soit par le Géomètre lui-même et au besoin sur le terrain.

Il a été reconnu ainsi, jusqu'au mois d'août 1893, 221.000 hectares ; la dépense du Service Topographique comprenant les frais de voyage s'est élevée à 13.124 francs, soit 0 fr. 059 par hectare. La rétribution et les frais de l'Agent du Service des Domaines ne sont pas compris dans ces chiffres.

Depuis 1893, les reconnaissances sont exécutées par le Géomètre assisté seulement d'un interprète. Les Géomètres chargés de ces reconnaissances, actuellement au nombre de six, sont placés sous les ordres du Chef du Service des Domaines. Les opérations comprennent, outre des reconnaissances, toutes les opérations d'estimation et d'allotissement préalables aux cessions ou transactions diverses qui interviennent, soit pour régulariser des droits d'enzel ou d'usage vis-à-vis des indigènes, soit pour mettre des terres domaniales à la disposition des colons.

Terres sialines de Sfax

Toutes les terres environnant Sfax, jusqu'à une distance supérieure à 50 kilomètres, sont soumises à un état juridique particulier. Propriété domaniale concédée en 1756 à un nommé Siala, sous certaines conditions, puis retirée aux héritiers du concessionnaire en 1871, elles ont fait l'objet d'occupations plus ou moins régulières de la part des Sfaxiens, qui y ont établi leurs jardins et planté la forêt d'oliviers qui environne la ville.

L'un des premiers actes de la Direction de l'Agriculture fut de prendre des mesures pour régulariser les occupations existantes et réglementer, dans l'intérêt de la colonisation, les occupations à venir. Tel fut le but du décret du 8 février 1892.

Les occupations antérieures au 23 mars 1871 ne sont pas discutées. Toute personne ayant occupé postérieurement à cette date une parcelle de terre sialine doit adresser à la Direction de l'Agriculture, dans le délai d'une année, une demande de régularisation, ou produire le titre qui a pu lui être délivré. Le prix de 21 fr. 50 par hectare, fixé par le décret de 1871, est abaissé à 10 francs. Les occupations nouvelles sont autorisées par la même Direction, moyennant un versement comptant de 5 francs par hectare, complantation dans un délai de quatre ans et second versement de 5 francs à la délivrance du titre définitif. Le concessionnaire reçoit, à son choix, soit un titre français sous le régime de la loi de 1885, soit un titre arabe notarié, avec extrait du plan du Service Topographique auquel incombent toutes les reconnaissances et levers de plans nécessaires.

Limite des occupations antérieures à 1871. — La première opération consistait à reconnaître la limite des occupations antérieures à 1871 qui ne sont pas discutées. Cette reconnaissance a eu lieu sur les indications des Amines (experts indigènes), qui distinguent avec une assez grande exactitude l'âge des oliviers d'après leur aspect, et qui font d'ailleurs appel à leurs souvenirs personnels ou à ceux de leurs anciens. Cette délimitation a été exécutée en moins d'un mois, elle a coûté 650 francs ; la longueur développée de la limite est de 64 kilomètres.

Parcellaire des occupations postérieures à 1871. — Pour vérifier le droit des occupants, il fallait posséder un parcellaire, au moins expédié, de toute la zone occupée de 1871 à 1892. Ce travail, entrepris en 1892, est aujourd'hui terminé.

Les limites des parcelles et les noms des occupants étaient indiqués au Géomètre par un Amine. Le lever expédié était exécuté, soit au tachéomètre, soit à la boussole à stadia, et payé au Géomètre à raison de 0 fr. 50 par hectare ; l'Amine recevait 9 francs par jour. Le parcellaire complet avec état de sections a été remis à la Direction de l'Agriculture, qui doit procéder à la vérification des titres produits et exiger des occupants sans titre une demande régulière.

Dans le cas où l'occupant réclame un titre foncier d'immatriculation, il est procédé pour la parcelle aux formalités ordinaires avec bornage et plan régulier. Si l'occupant demande un titre notarié arabe, l'immeuble reste sous le régime musulman ; l'extrait du lever expédié, reproduit par la zincographie, suffit alors pour servir d'annexe au titre, après application du numérotage des parcelles et des écritures en arabe.

Concessions nouvelles. — Les autorisations nouvelles peuvent également donner lieu, soit à une immatriculation, soit à la délivrance d'un titre arabe. Dans le premier cas, l'immatriculation est demandée au nom de l'Etat par la Direction de l'Agriculture. Il est délivré une autorisation de planter, contre le premier versement de 5 francs par hectare. La mutation de propriété au profit du concessionnaire doit être exécutée après complantation et contre le deuxième versement de 5 francs par hectare.

Lorsqu'il est demandé un titre arabe, les limites de l'occupation à autoriser sont bornées et il est dressé du bornage un plan régulier.

Tous les Européens qui ont demandé des concessions ont réclamé des titres français ; chacune de leurs affaires a donc donné lieu à une immatriculation.

Les demandes de concessions nouvelles avec titres arabes émanent surtout des indigènes musulmans.

OPÉRATIONS DIVERSES

En dehors des travaux de régularisation foncière ou de reconnaissance énumérés ci-dessus, le Service Topographique a exécuté diverses opérations pour le compte des Administrations publiques ou des particuliers.

Détails intérieurs d'immeubles. — Il convient de mentionner en particulier les plans de détails intérieurs des immeubles immatriculés, dressés à la demande et aux frais des propriétaires.

On peut citer à titre d'exemple les plans de deux propriétés : l'une près de Zaghouan comprenant 530 hectares en terrain moyennement accidenté avec des détails de culture assez chargés ; le plan d'immatriculation avait coûté 753 fr. 20, la dépense supplémentaire pour les détails intérieurs avec nivellement par courbes équidistantes de 2 mètres et à l'échelle de $\frac{1}{5.000}$ a atteint 1.279 fr. 50, soit un total de 2.032 fr. 60 ou 3 fr. 83 par hectare; l'autre propriété, sise aux environs de Kairouan, avec un terrain peu ondulé et peu de détails de culture, comprenait 6.846 hectares; le plan complet avec détails et nivellement a coûté 5.350 fr. 30, soit 0 fr. 78 par hectare.

Nivellement du lac Sedjoumi. — Une opération intéressante de nivellement a eu lieu dans le lac Sedjoumi, près Tunis, en vue d'un projet de dessèchement. Le lac étant complètement à sec en 1889, on a procédé à un nivellement complet de son fond très plat; ce nivellement a été figuré sur un plan au $\frac{1}{5.000}$ par des courbes à l'équi-distance de 0^m05. Le tracé de ces courbes a permis de calculer le volume des eaux correspondant à chaque niveau et fourni les bases d'une étude complète du régime du lac.

Plans de villes. — Enfin, le Service Topographique a exécuté les plans des villes de La Goulette, Kairouan, Gafsa et Tunis.

Pour cette dernière ville, une triangulation a été établie sur toute l'agglomération; elle comprend 39 points, dont 3 points de la triangulation générale du Service Géographique; 29 des points trigonométriques sont dans la ville arabe. Pour réduire au minimum les difficultés occasionnées par l'accès d'un Européen sur les terrasses qui dominent l'intérieur des maisons arabes, il a été prescrit au Géomètre d'éviter les allées et venues qui ne sont pas strictement indispensables. Il n'est monté ordinairement que deux fois sur chaque point; une première fois pour le placer et le jalonner, et une seconde fois pour les observations. Celles-ci comprennent le rattachement par angles et chaînages, avec emploi du fil à plomb, à des piquets de repèrement placés sur la voie publique. De cette manière, il n'est plus nécessaire d'accéder aux points trigonométriques pour l'exécution des cheminements et le lever des détails; les points trigonométriques ne sont pas repérés, les repères de la voie publique demeurant seuls pour le rattachement des opérations de détail. Ces repères sont constitués par des piquets en fonte de 0^m60 de longueur, enfoncés au niveau du sol et maçonnés entre les pavés ou dans la chaussée.

La triangulation de la ville de Tunis a coûté 2.150 francs, y compris un double de tous les repèrements et de l'état des coordonnées des points fixes. Les points trigonométriques étaient payés 30 francs, les points polygonaux 4 fr. 50 et le mètre courant de rue levé 0 fr. 24. Quant au détail intérieur des îlots, cours, passages, limites apparentes d'immeubles, il était payé à raison de 0 fr. 36 par point déterminé.

A partir de 1895, il a été établi pour le lever des cheminements et des détails un prix à forfait de 300 francs par hectare.

CARTE DE LA TUNISIE

Au moment de la mise en vigueur de la loi foncière, il n'existait aucune triangulation d'ensemble de la Tunisie.

Une pareille triangulation aurait présenté une très grande utilité pour les travaux du Service Topographique : elle permettait le lever sur des bases communes ou concordantes de tous les plans partiels et leur orientement exact ; elle rendait possible l'assemblage de plans levés isolément et à des époques différentes ainsi que l'établissement ultérieur d'un plan terrier de la Tunisie ; enfin par la constitution d'un réseau de points fixes, elle facilitait la recherche de l'emplacement précis d'une propriété dans les cas, assez fréquents en Tunisie, où il n'existe à proximité ni constructions, ni points de repère naturels.

La nécessité d'une triangulation générale était également évidente pour l'établissement d'une carte régulière de la Tunisie.

En présence de l'intérêt que comportait cette opération, des pourparlers furent engagés entre le Gouvernement tunisien et le Ministre de la Guerre de la République française ; aux termes de l'accord qui s'ensuivit, les opérations de triangulation devaient être effectuées par le Service Géographique de l'Armée et la dépense supportée, partie par le Gouvernement français, partie par le Gouvernement tunisien.

Par décret beylical du 10 janvier 1888, une subvention forfaitaire et annuelle de 30.000 francs, à imputer sur le budget de la Direction générale des Travaux publics, était allouée pendant les exercices 1888 à 1897 au Ministre de la Guerre de la République française pour l'exécution de la triangulation de la Régence.

Les opérations à effectuer pendant cette période de dix années, à raison d'environ 5.000 kilomètres carrés par an, s'appliquaient à tout le territoire de la Régence, à l'exclusion de la partie située au Sud du parallèle du Kef et à l'Ouest du méridien de Kairouan ; elles ont été commencées en 1888.

L'établissement d'une carte régulière était le complément obligé de ces travaux géodésiques; une carte à grande échelle était indispensable aux diverses Administrations et aux particuliers ; elle intéressait également au plus haut point l'autorité militaire. Ainsi que cela avait eu lieu pour la triangulation de la Régence, un nouvel accord intervint entre le Gouvernement français et le Gouvernement tunisien ; le Service Géographique de l'Armée fut chargé de l'exécution du travail et une nouvelle subvention annuelle de 20.000 francs, à imputer sur le budget de la Direction générale des Travaux publics, fut allouée au Ministère de la Guerre français par décret beylical du 27 décembre 1888, pendant les exercices 1889 à 1903 inclusivement.

La production annuelle correspondant à cette dépense n'étant que de deux feuilles, l'achèvement de la carte de la Régence eût demandé au moins soixante-dix ans et eût coûté environ 1.400.000 francs, non compris les frais de la triangulation. Il y avait donc un intérêt évident à accélérer ce travail, tout en cherchant à réduire les dépenses. Dans ce but le décret du 20 juillet 1893 fixa à 34.000 francs le montant de la subvention annuelle, la production correspondante étant portée à quatre feuilles.

Il aurait encore fallu, sous le régime de ce décret, une trentaine d'années pour achever la carte de la Régence, la dépense totale devant approcher de 1.200.000 francs. On fut donc amené à chercher à réaliser sur ce travail une économie sérieuse de temps et d'argent par l'adoption d'une échelle plus réduite, bien que très suffisante, surtout dans les régions encore peu fréquentées par les Européens. L'échelle du $\frac{1}{100.000}$ a été adoptée en France pour la carte publiée par le Service Vicinal et elle a été accueillie par le public avec une faveur marquée. Il n'était pas douteux que cette échelle conviendrait également très bien pour la carte de la Régence ; elle permet avec une exactitude sensiblement équivalente, d'assurer au travail une rapidité environ six fois plus grande que celle que comporte l'échelle du $\frac{1}{50.000}$ adoptée jusqu'à ce jour.

En continuant à publier au $\frac{1}{50.000}$ seulement les feuilles qui rattachent la partie déjà levée à l'Algérie et en employant le $\frac{1}{100.000}$ pour le restant du pays, on pouvait espérer terminer la carte de la Régence dans une dizaine d'années et réduire des deux tiers son prix de revient. C'est dans cet ordre d'idées qu'un nouvel accord a été conclu avec le Ministère de la Guerre et sanctionné par le décret beylical du 20 septembre 1895, qui abroge tous les décrets précédents sur la matière.

Aux termes de ce décret une subvention annuelle, de 64.000 fr. jusqu'en 1906 et de 34.000 francs en 1907 et 1908, est allouée au Ministère de la Guerre pour triangulation, levers et rédaction de la carte régulière de la Régence. La région qui s'étend au Nord d'une ligne brisée enveloppant Souk-el-Arba, Zaghouan et El-Djem sera publiée au $\frac{1}{50.000}$; la région au Sud de cette ligne sera publiée au $\frac{1}{100.000}$. En outre on établira au $\frac{1}{50.000}$ les environs des villes du Kef, de Gafsa, de Sfax et de Médenine.

Grâce au nouveau régime du décret du 20 septembre 1895, la carte de la Régence sera entièrement terminée dans une dizaine d'années ; elle aura coûté à la Tunisie, triangulation comprise, environ 1.200.000 francs. On peut estimer que les dépenses restant à la charge de la Métropole se seront élevées sensiblement au même chiffre.

Actuellement 50 feuilles au $\frac{1}{50.000}$, couvrant chacune 640 kilomètres carrés, ont été mises dans le commerce ; plusieurs autres sont à la gravure et sur le point d'être publiées. Les opérations de lever de la carte au $\frac{1}{50.000}$ seront achevées en 1903. Ces feuilles sont tirées en six couleurs ; elles forment le prolongement de la belle carte de l'Algérie, à la même échelle, qui est en cours de publication.

L'édition provisoire de plusieurs feuilles de la carte au $\frac{1}{100.000}$ a déjà paru et les tirages en couleurs seront mis très prochainement dans le commerce.

Ajoutons à titre de renseignements complémentaires que le Service Géographique de l'Armée a également dressé et publié une carte de la Régence à l'échelle de $\frac{1}{200.000}$ en trente-trois feuilles.

Le même Service a publié en 1895, après correction et mise à jour, une nouvelle édition de la carte de la Tunisie au $\frac{1}{800.000}$, dont le précédent tirage était épuisé.

Rappelons enfin, pour terminer la nomenclature des publications de ce genre intéressant la Tunisie, les belles cartes du Service Hydrographique de la Marine qui renferment la description complète des côtes de la Régence du cap Roux au ras Ashdir. Cette publication comporte quarante-six feuilles levées depuis 1882.

Le Service Topographique de la Régence de Tunis, créé en 1886 pour assurer l'application de la loi foncière de 1885, a, comme le montrent les pages qui précèdent, atteint d'une manière satisfaisante son but originaire. Il a, de plus, exécuté tous les travaux topographiques nécessaires aux diverses Administrations tunisiennes et contribué ainsi, dans la mesure de ses moyens, au développement économique du pays.

CHAPITRE V

—◆—

SERVICE DE LA NAVIGATION
ET DES PÊCHES MARITIMES

CHAPITRE V

SERVICE DE LA NAVIGATION
ET DES PÊCHES MARITIMES

NAVIGATION

HISTORIQUE DE LA NAVIGATION
SUR LES COTES TUNISIENNES

La Tunisie a de tout temps, grâce à sa position géographique, occupé un certain rang parmi les nations maritimes de la Méditerranée.

Sans remonter jusqu'à l'époque des pirates barbaresques dont l'existence était une sérieuse entrave aux relations commerciales, et par suite au développement même de la navigation maritime sur les côtes de la Régence, nous assignerons comme point de départ à l'essor de cette navigation le traité du 8 août 1830, entre la France et la Tunisie, par lequel le Bey de Tunis renonçait entièrement et à jamais à la guerre de course et abolissait l'esclavage des chrétiens.

La marine de guerre tunisienne

Avant d'aborder l'étude du trafic maritime depuis l'époque que nous venons d'indiquer, nous croyons intéressant de consacrer quelques lignes à la Marine de guerre beylicale, dont la période de développement la plus remarquable remonte à la même date.

Jusqu'en 1840, cette marine ne comprenait guère que quelques petites corvettes, quelques bricks et des chebecs.

En 1841, le Général Mahmoud ben Ayed offrit au Bey le premier vapeur tunisien, le *Ben-Zeïd*, qui devait s'échouer un an plus tard sur la plage de la Mamoura pour ne plus en sortir.

I

Le 9 mai 1841 était mis en chantier à La Goulette la frégate *Ahmedia* dont les dimensions devaient être les suivantes :

Longueur	60 mètres
Largeur au maître-bau	14 —
Creux	$7^m 50$
Déplacement	1.690 tonneaux

C'est seulement le 5 janvier 1853, sur les ordres formels d'Ahmed-Bey, que la frégate fut lancée. L'ingénieur Gaspari chargé des constructions navales de la Régence ne put jamais obtenir le cuivre nécessaire au doublage de la carène et lorsqu'on voulut, en 1868, procéder à l'armement, on s'aperçut que la coque était littéralement coupée par les tarets. La frégate fut dépecée en 1869.

En 1845, Louis-Philippe, pour reconnaître la cession gracieuse consentie à la France par le Bey du terrain de la chapelle Saint-Louis à Carthage, offrit à Ahmed-Bey le vapeur *Dante* qui naufragea dès son arrivée à La Marsa. Le Gouvernement français envoya en remplacement le vapeur *Minos* qui fut remis au Bey le 1ᵉʳ juillet 1848.

Ahmed-Bey conçut dès lors le désir de posséder une marine de guerre à vapeur. Il fit acheter en France, en 1854, les vapeurs *Charlemagne* et *Africain*, en Italie, la *Toscana*. Ces navires prirent respectivement les noms de *Bégi*, *Mansour* et *Béchir*. Il commandait en même temps à Bordeaux une corvette à hélice, la *Sadikia*, et un aviso, l'*Assed*, destiné à servir de yacht beylical. Ces deux bâtiments furent livrés en 1855, peu après la mort d'Ahmed-Bey.

Son successeur, Mohamed Sadok, fit acheter en Italie la *Chedlia* et en France la *Mahrezia*. Un petit remorqueur, le *Hassen*, complétait cette flotte dont la durée fut des plus éphémères.

Le *Minos*, le *Bégi*, la *Chedlia* et la *Mahrezia* furent vendus vers 1864. La *Sadikia* partie en 1878 pour le Japon fut, dit-on, saisie et vendue en cours de voyage. Le *Mansour*, l'*Assed* et le *Hassen* furent vendus en 1885.

Si la totalité de ces navires n'eut jamais à jouer le moindre rôle militaire, quelques-uns d'entre eux prirent une part importante au mouvement commercial du pays. Souvent en effet la marine de guerre tunisienne concourrait au transport de la dîme des céréales et des huiles qui se prélevait en nature.

En dehors de ces navires, il existait dans la darse de La Gou-

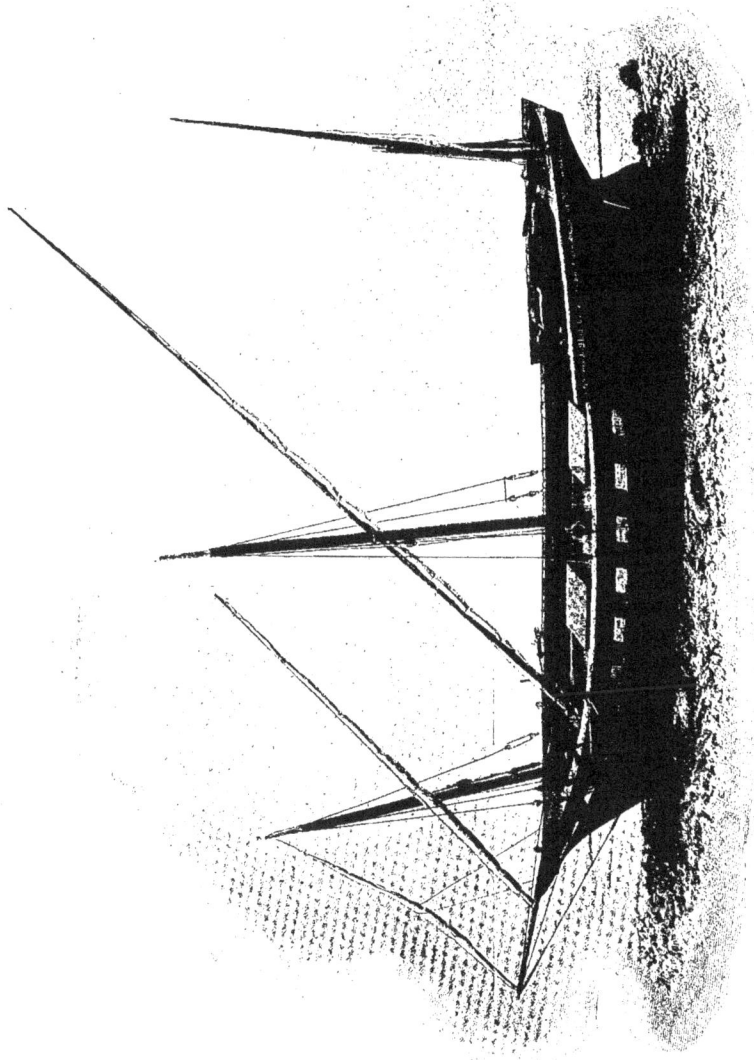

Chebec tunisien (anciens corsaires) — Longueur, 25^m; largeur, 6^m 30; creux, 2^m 50

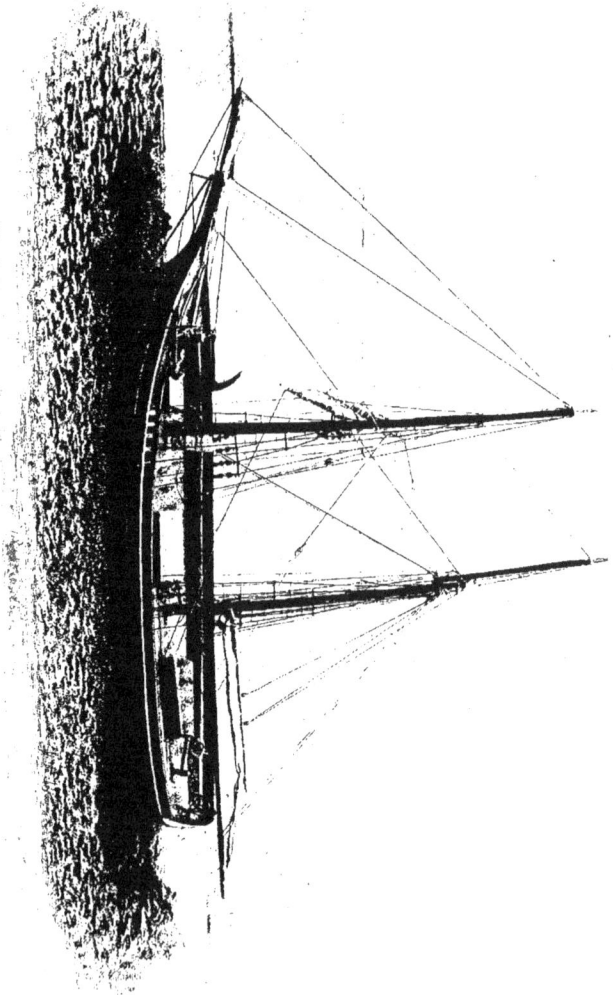

Brick-goélette tunisien — Longueur, 30ᵐ; largeur, 8ᵐ; creux, 4ᵐ

lette une dizaine d'embarcations de gala qui servaient à transporter en rade les consuls étrangers et les hauts fonctionnaires de la ville. Ces embarcations furent démolies sur place en 1884.

Il ne restait à cette époque qu'une baleinière et le canot de gala de S. A. le Bey, qui lui avait été offert par la Compagnie anglaise péninsulaire, en reconnaissance du secours apporté à un de ses paquebots par un des navires beylicaux. Le canot de S. A. le Bey fut vendu en 1891 à la Société française des Pêcheries de Tabarka; il a été remplacé par le canot qui existe actuellement et qui a été livré par l'arsenal de Toulon. De même, la baleinière fut vendue aux enchères et remplacée par une nouvelle qui se trouve également à La Goulette.

Lorsque le général Khéredine était Ministre de la Marine, l'arsenal de La Goulette avait reçu une certaine impulsion; des ingénieurs et des mécaniciens français étaient chargés de la direction des travaux. En 1883, époque où l'amiral Chekir cessa ses fonctions de Capitaine de Port, les magasins de l'arsenal étaient encore bondés de matériel, d'effets d'habillement et d'une quantité innombrable de fusils à piston et d'instruments de musique, le tout en mauvais état.

Une partie de ce matériel disparut, l'autre fut vendue aux enchères.

La marine marchande tunisienne

L'essor éphémère de la marine de guerre tunisienne ne doit pas retenir notre attention au détriment de l'étude de la marine de commerce dont le développement remonte à peu près à la même époque, c'est-à-dire au 8 août 1830, date du traité abolissant la course et l'esclavage des chrétiens dans la Régence.

A partir de cette date qui ouvrait une ère nouvelle pour la navigation, les navires étrangers s'aventurèrent plus fréquemment sur les côtes barbaresques et les navires tunisiens firent leur apparition dans les ports de la Méditerranée. Mais bien avant le traité de 1830 la Tunisie possédait les nombreux types de navires, tous à faible tonnage, que l'on rencontre encore de nos jours sur ses côtes.

C'étaient : le *chebec*, descendant de la célèbre *caravelle*, aux mâts peints en bleu, à la grande ligne blanche peinte au-dessus de la flottaison ; le *carèbe*, de moindre tonnage, à qui son faible tirant d'eau permet partout l'accostage ; le *loude*, plus petit que le carèbe, mais de la même famille, cantonné dans les eaux de Sfax et de Djerba ; le *sandal*, aux lignes fines, généralement peint en noir, que l'on rencontre surtout, aujourd'hui, dans la région de Djerba.

Carèbe tunisien — Longueur, 15ᵐ: largeur, 5ᵐ; creux, 1ᵐ50

Tous ces navires tunisiens, et d'autres encore qui fréquentent les côtes de la Régence, sont décrits avec les détails les plus complets et les plus intéressants dans un ouvrage paru en 1888 intitulé : *les Caboteurs et Pêcheurs de la côte de Tunisie*, par P. A. Hennique, capitaine de frégate. Cet ouvrage est illustré de nombreuses planches. Nous donnons nous-même, pages 167, 168, 170 et 171 quelques vues des principaux types de navires tunisiens.

Les chebecs à voile latine, plus légers que les autres navires, bien que d'un tonnage supérieur, se livraient au trafic maritime entre la Tunisie et l'Algérie, d'une part, et la Tripolitaine et l'Egypte, d'autre part. Mais leur principale affectation était la piraterie.

Les autres navires faisaient le cabotage sur les côtes de la Régence jusqu'à Tripoli.

Sandal des îles Kerkennah — Longueur, 10ᵐ; largeur, 2ᵐ50; creux, 0ᵐ80

Dès 1840, on vit sur les principales rades de la Régence, La Goulette, Sfax, Sousse, des navires de toutes les nations apportant les produits de leur pays pour y charger ceux de la Régence : céréales, dattes, huiles, laines et peaux, os, etc.

Les Djerbiens, à la fois bons marins et bons commerçants, n'hésitèrent pas à construire des bricks, des bricks-goélettes et des chebecs, variant de 25 à 150 tonnes de portée; ils entreprirent le cabotage des ports de la Méditerranée et jusque dans la mer Noire;

ils achetèrent à l'Étranger des bricks de 120 à 150 tonneaux et, vers 1850, leur flotte commerciale comptait une soixantaine de navires armés au cabotage, non compris les nombreux bateaux de faible tonnage attachés au trafic des ports tunisiens.

C'est en 1840 que se créèrent à Sfax les premiers chantiers de construction : ils livraient des bricks-goélettes et des goélettes de 100 à 150 tonnes de portée, des chebecs de 20 à 50 tonnes, des karebs de 10 à 30 tonnes, des loudes et des sandals de 2 à 4 tonnes. ·

Les Kerkenniens et les Sfaxiens, suivant l'exemple des Djerbiens, se livrèrent activement à la navigation maritime en Méditerranée.

Vers 1855, la Tunisie possédait, indépendamment des petits navires affectés au trafic local, une flotte commerciale de plus de 100 navires, d'un tonnage assez élevé pour l'époque.

La Goulette, qui était le port le plus important de la Régence, n'avait construit que quelques chebecs, lorsque des constructeurs italiens et maltais s'y établir, en 1864, en même temps qu'à Sfax, et commencèrent à livrer des mahonnes de 5 à 40 tonnes de portée.

Mahonne tunisienne — Longueur, 15ᵐ; largeur, 4ᵐ50; creux, 1ᵐ40

La flotte tunisienne, malgré l'apparition de la vapeur, resta et est encore exclusivement composée de voiliers. Elle a surtout décliné à partir de 1880, commencement du développement de la navigation à vapeur sur les côtes tunisiennes. Il n'était pas rare à cette époque de voir sur nos rades de véritables flottilles : la lenteur des trans-actions, le manque d'outillage dans les ports et surtout l'obligation d'employer pour le chargement en rade le matériel de servitude, généralement insuffisant, de la douane : tout contribuait à allonger le séjour des navires dans les ports et à donner parfois l'illusion d'un mouvement commercial intense, bien que le chiffre des trans-actions fut en réalité assez modeste.

Les affrètements entre la Tunisie et l'Étranger se faisaient alors en cueillette, les capitaines se mettant en relations directes avec les chargeurs pour fixer au mieux la composition du chargement et la date de départ du navire : ils étaient ainsi amenés à joindre à leurs connaissances nautiques des notions commerciales assez développées.

A ce point de vue comme à tous les autres, la situation fut profondément modifiée par l'introduction de la vapeur et par la création des lignes régulières de navigation. Le fret, qui était antérieurement de 25 francs la tonne en moyenne entre la Tunisie et les différents ports de la Méditerranée, tomba à 10 et même à 5 francs ; sur la côte tunisienne, il tomba de 10 francs à 4 fr. 50 en moyenne.

Dès lors la décadence des voiliers tunisiens alla en s'accentuant ; les navires perdus ou usés ne furent plus remplacés ; les chantiers de Sfax et de Djerba ne livrèrent plus que des loudes, des sandals, des barques de pêche, tous de faible tonnage. Les chantiers de La Goulette eux-mêmes ont été atteints par l'ouverture des grands ports de Bizerte, Tunis, Sousse et Sfax, munis d'un outillage complet. Ils ne construisent plus de mahonnes, intermédiaires désormais inutiles entre les rades et la terre.

C'est ainsi que la flotte tunisienne, qui comptait, nous l'avons dit, plus de 100 navires de fort tonnage, est aujourd'hui réduite à une quinzaine de bricks et de goélettes, mal entretenus et en mau-vais état. On peut assigner à cette flotte la composition approxi-mative ci-après :

11 bricks goélettes.....jaugeant ensemble	550	tonneaux
4 goélettes........... —	160	—
23 chebecs........... —	460	—
74 loudes........... —	220	—
45 mahonnes......... —	450	—
38 sandals.......... —	110	—
10 tartanes.......... —	150	—
891 barques de pêche... —	1.650	—

Soit au TOTAL

1096 navires........... —	3.850	—

La navigation à vapeur étrangère sur les côtes de la Tunisie

Après avoir indiqué d'une manière sommaire l'historique de la marine marchande tunisienne et montré la cause de sa décadence, il ne sera pas inutile de donner quelques renseignements plus détaillés sur cette cause elle-même, c'est-à-dire sur le développement de la navigation étrangère à voile et surtout à vapeur sur les côtes tunisiennes.

C'est en 1844 que le premier bâtiment de commerce à vapeur fit son apparition dans les eaux de la Régence. Ce fut sous le règne de Charles-Albert, roi de Sardaigne, que fut créé un service mensuel entre Gênes et Tunis.

En 1847, la Compagnie *Bazin et Périer* de Marseille fut chargée par le Gouvernement français d'établir une ligne bimensuelle entre Marseille et Tunis avec escales, à l'aller comme au retour, à Philippeville (Stora) et à Bône. La durée du trajet de Marseille à Tunis était alors de 160 heures. Ces bateaux ne transportaient guère que des marchandises de valeur et des passagers, le trafic de la presque totalité des marchandises restant acquis aux voiliers.

En 1849, la Compagnie *Touache* prit la succession de la Compagnie Bazin et Périer.

En 1855, la Compagnie des *Messageries impériales*, aujourd'hui *Messageries maritimes*, devint adjudicataire des lignes postales entre Marseille, l'Algérie et la Tunisie. La ligne Marseille, Philippeville, Bône, Tunis devenait hebdomadaire ; la vitesse des paquebots passait de 7 nœuds à 10 nœuds ; leur tonnage augmentait et les installations des passagers devenaient plus confortables.

Cet état de choses resta sensiblement stationnaire jusqu'en 1871. Le 1ᵉʳ juillet de cette année, la Compagnie *Valéry frères* succéda aux Messageries maritimes. L'escale de Philippeville était supprimée et remplacée par celle d'Ajaccio ; la vitesse des paquebots était portée à 11 nœuds et demi, ce qui réduisait à 90 heures la durée du trajet entre Marseille et Tunis. Cette amélioration commença à faire sentir ses effets sur les transports du commerce et le trafic des voiliers baissa sensiblement.

En 1873, fut inauguré par le paquebot *Mohamed-es-Sadok* le service à 13 nœuds entre Marseille et Tunis ; toutefois la durée totale du trajet ne fut pas réduite : les escales de Bône et d'Ajaccio furent allongées. La lenteur des opérations dans les ports et le développement du trafic rendaient cette mesure absolument nécessaire.

En 1879, sur la demande de M. Roustan, notre consul général à Tunis, la Compagnie Valéry établit un service côtier entre Tunis et Tripoli, avec escales à Sousse, Monastir, Mehdia, Sfax et Djerba. Cette ligne était en correspondance dans les deux sens avec le service Marseille-Tunis.

En 1880, la même Compagnie entreprit avec succès le transport des pélerins entre Tunis et Djeddah, service jusqu'alors monopolisé par les Anglais.

C'est à la date du 1ᵉʳ juillet 1880 que la *Compagnie générale transatlantique* succéda à la Compagnie Valéry dans le service des lignes de la Tunisie et de l'Algérie qu'elle étendit jusqu'en Italie et à Malte. Cette île se trouvait ainsi reliée par un service hebdomadaire à Syracuse, à Tunis et à Tripoli.

Après l'établissement du Protectorat, la ligne de Marseille à Tunis devint bihebdomadaire avec une vitesse de 13 nœuds ; l'escale de Gabès devint obligatoire ; la ligne côtière Tunis-Alger fut créée, avec les escales de Bône, Philippeville, Collo, Djijelli, Bougie et Dellys. La ligne Malte-Syracuse fut supprimée.

En même temps, la Compagnie créait un service commercial Marseille, Gênes, Livourne, Naples, Palerme, Messine, Malte, Sousse et Tunis. Ce service fut modifié en 1885 et définitivement supprimé en 1889, à la suite de la dénonciation des traités de commerce entre la France et l'Italie.

En 1888, fut établie l'escale de Bizerte ; en 1893, celle de Tabarka. Si le développement des lignes que nous venons d'énumérer et l'accroissement de la vitesse des paquebots avait porté un coup fatal au trafic des voiliers, ils avaient du moins rendu nécessaire la création dans les ports desservis d'un matériel de servitude en rapport avec les besoins nouveaux. Les chantiers de construction de La Goulette, de Sfax et même d'Italie reçurent une vive impulsion ; de nombreuses mahonnes furent livrées en Tunisie. Malgré cela, la Compagnie, pour effectuer ses opérations avec une certitude complète, créa dans toutes ses escales un matériel à elle et en développa notablement l'outillage.

C'est en définitive à la Compagnie Transatlantique que la Tunisie doit en grande partie l'organisation actuelle des services maritimes et l'outillage de plusieurs de ses ports.

En 1885, à la suite de remaniements dans le cahier des charges des services postaux, la Compagnie réduisit ses lignes à deux : Marseille, Tunis, Malte et Marseille, Tunis, Sousse.

La convention du 11 janvier 1899, modifiée depuis le 18 juin 1900, vint heureusement améliorer cet état des choses et fixa comme il suit les lignes desservies actuellement par la Compagnie Transatlantique :

1° Service hebdomadaire à 15 nœuds Marseille, Tunis, Malte, Tunis, Marseille ;

2° Service hebdomadaire à 13 nœuds Marseille, Bizerte, Tunis, Sfax, Sousse, Tunis, Bizerte, Marseille ;

3° Service hebdomadaire à 10 nœuds Alger, Tunis escale à Bizerte, Tabarka, La Calle, Bône, Philippeville, Collo, Djijelli, Bougie.

La Compagnie envoie, en dehors des services subventionnés, des paquebots supplémentaires à Tunis, à Sousse et à Sfax, toutes les fois que les besoins du commerce l'exigent.

Les autres Compagnies françaises qui ont desservi ou desservent encore la Tunisie sont :

La *Société des Transports maritimes* qui commença son service en 1866, le supprima peu après et le reprit en 1884 pour cesser définitivement en 1896 ; la *Compagnie de Navigation mixte,* la *Compagnie des bateaux à hélice du Nord* et la *Compagnie péninsulaire havraise.*

La Compagnie de Navigation mixte avait desservi de 1849 à 1855 la ligne de Marseille à Philippeville, Bône, Tunis, qu'elle prolongea en 1863 jusqu'à Sousse. Vers la même époque, elle créa un service côtier Alger-Tunis, qu'elle supprima quelques mois après faute de fret. En 1895, elle conclut un arrangement avec le Ministère de la Guerre pour le transport des passagers militaires et remplace la Compagnie Transatlantique sur la ligne Tunis-Tripoli qu'elle dessert encore conformément à la convention du 11 janvier 1898. Les paquebots de la ligne Marseille-Tunis doivent donner une moyenne de 12 nœuds et ceux de la ligne de Tripoli 10 nœuds.

En 1875, les paquebots de la Compagnie des bateaux à hélice du Nord firent leur apparition en Tunisie, mais leur service ne devint régulier qu'en 1890, à la suite du vote par le Parlement français de la loi douanière concernant les produits tunisiens. Après plusieurs variations, cette Compagnie assure actuellement le service entre Dunkerque et Tunis deux fois par mois. Elle envoie quelquefois ses bateaux jusqu'à Sousse et à Sfax quand les besoins du commerce l'exigent. Les paquebots de cette Compagnie sont aménagés surtout pour le service des marchandises.

En 1892, la Compagnie péninsulaire havraise créa un service analogue à celui de la Compagnie dont nous venons de parler. Ce service spécialement affecté aux marchandises est aujourd'hui irrégulier.

Depuis 1899, diverses petites sociétés de navigation ou armateurs particuliers tendent à créer des services desservant notamment le port de Sfax et le trafic des phosphates de Gafsa. Citons les maisons Barban Daher de Marseille et Noël Dubuisson de Dunkerque.

En dehors des lignes françaises que nous venons d'énumérer, il existe sur les côtes tunisiennes un service régulier desservi par une Compagnie italienne.

Comme nous l'avons dit plus haut, c'est en 1844 que le Gouvernement sarde établit un service régulier mensuel entre Gênes et Tunis.

Ce service fut concédé en 1849 à la *Compagnie Rubattino*. En 1854, le service Gênes-Tunis devint bimensuel et, en 1861, hebdomadaire avec escale à Livourne et Cagliari. A la même époque, la Compagnie Florio établit, entre Palerme et Tunis, un service bimensuel qui devint hebdomadaire en 1870. En 1874, la Compagnie

Rubattino créa le service côtier hebdomadaire Tunis, Sousse, Monastir, Mehdia, Sfax, Djerba (deux fois par mois seulement). Ce service était fait avec des paquebots de faible tonnage à qui leur tirant d'eau permettait de naviguer dans le chenal de Kerkennah que la Compagnie avait balisé à ses frais.

En 1881, ce service côtier fut établi avec des paquebots de fort tonnage et prolongé jusqu'à Tripoli. En même temps était créée une ligne Tunis-Malte qui disparût en 1884 et fut remplacée par la ligne actuelle Gênes, Livourne, Cagliari, Tunis, Tripoli, Malte, Syracuse, Messine, Naples et Livourne. L'escale de Bizerte a été ajoutée en mars 1899 à celles de la ligne qui précède. Depuis 1885, les paquebots de la Compagnie Florio-Rubattino présentent au point de vue du confortable des voyageurs toutes les qualités désirables.

La seule ligne régulière qui existe en dehors des précédentes est celle de la Compagnie anglaise *Prince-Line* qui relie trois fois par mois Manchester et Tunis. Elle a été créée en 1892.

D'autres Compagnies, anglaises, autrichienne, belge et danoise desservent, mais d'une façon irrégulière, les côtes tunisiennes.

POLICE DE LA NAVIGATION
DÉCRET DU 31 DÉCEMBRE 1899

On s'explique facilement, après l'exposé sommaire qui précède, la décadence profonde où est tombée la marine marchande tunisienne.

Il semble cependant que la cause primordiale de cette décadence, c'est-à-dire le développement sur les côtes tunisiennes de moyens de transport plus rapides et plus puissants que la voile, ne doive pas étendre ses effets au delà d'une certaine limite et qu'un champ assez vaste reste encore ouvert à l'activité des populations maritimes de la Régence. Il semble en effet possible de développer le trafic à la voile pour les courtes distances et de faire à la vapeur sur mer une concurrence analogue à celle que lui fait le roulage sur terre.

Même limitée à ce but modeste, la navigation tunisienne n'a pas conservé la place qui lui appartient : il existe donc une cause secondaire qui paralyse son essor, dans les limites où il pourrait se produire. Le Gouvernement du Protectorat a pensé que cette cause résidait principalement dans l'absence de garanties que présente à tous points de vue l'état actuel de la marine tunisienne.

Aucune garantie des armateurs vis-à-vis des constructeurs ; construit qui veut et comme il veut. Aucune garantie des chargeurs vis-à-vis des capitaines qui, bien souvent, ne possèdent aucune capacité technique ou commerciale, puisque le premier venu peut prendre un commandement. Pour la même raison, aucune garantie n'existe en faveur des bons capitaines qui se voient concurrencer par de pseudo-marins.

Bien plus, la nationalité elle-même des navires tunisiens n'est pas définie et la patente de santé, jointe au *teskret* prescrit par le décret du 15 juillet 1888, constituent les seuls papiers de bord que ces navires peuvent produire à l'Etranger.

Sans tomber dans une réglementation excessive ou compliquée qui eût produit un effet diamétralement opposé à celui que l'on espérait, il a semblé utile de donner au trafic maritime le minimum de garanties qui lui est indispensable, tout en réduisant autant qu'il est possible les quelques formalités qu'entraîne toute réglementation, quelle qu'elle soit.

Tels sont l'objet et l'esprit du décret du 31 décembre 1899 sur la police administrative de la navigation en Tunisie, que nous allons maintenant analyser.

Quelque séduisante qu'ait pu apparaître l'idée d'adopter en Tunisie des règlements calqués sur ceux existant en France et en Algérie, il ne fallait pas perdre de vue qu'une législation aussi touffue, aussi compliquée que celle de la Métropole, si on l'eût appliquée aux quelques embarcations constituant la marine tunisienne, eût écrasé celle-ci et fait disparaître sans retour l'industrie maritime qu'on voulait développer. Les marins tunisiens ne sont pas, comme les marins français, profondément attachés à la mer ; souvent ceux qu'on décore de ce nom en Tunisie n'ont jamais quitté les ports où ils travaillent au déchargement et au chargement des navires, de même que bon nombre de pêcheurs pêchent à pied et ne sont jamais montés sur une barque.

Vouloir créer pour des gens de mer de cette sorte une inscription maritime, leur imposer les nombreuses formalités exigées par les lois maritimes françaises, aurait été vouloir les faire abandonner leur métier.

Le décret du 31 décembre 1899 comprend les quatre titres suivants :

Titre   I. — De l'armement des navires en Tunisie ;
  —   II. — De l'immatriculation des navires ;
  —   III. — De la conduite des navires ;
  —   IV. — Prescriptions générales et diverses.

Dans ces quatre titres on a condensé toutes les prescriptions nécessaires pour déterminer et maintenir la nationalité du navire, connaître sa jauge, assurer la police de l'équipage, créer les quartiers maritimes et, enfin, donner des bases au commandement.

Un navire est réputé tunisien lorsqu'il a été construit en Tunisie, est commandé par un capitaine tunisien ou français et appartient au moins par moitié à des Tunisiens ou à des Français.

Si le navire n'a pas été construit en Tunisie, il peut être admis à battre pavillon tunisien à la condition de payer au préalable, à la Douane, un droit d'entrée fixé à deux francs par tonneau de jauge nette.

On demande donc pour accorder la nationalité tunisienne à un navire des conditions analogues à celles exigées pour la nationalité française.

Il y a cependant des différences sensibles entre les deux législations. C'est ainsi qu'en Tunisie le capitaine et les propriétaires peuvent être indifféremment tunisiens ou français. Cette parité des deux nationalités se retrouve d'un bout à l'autre du règlement. D'autre part, en France, les officiers doivent être tous français, ainsi que les trois quarts au moins de l'équipage : en Tunisie, aucune prescription n'existe à ce sujet. Les difficultés de recrutement d'un personnel de nationalité homogène auraient été insurmontables.

Le décret s'occupe ensuite du jaugeage du navire. Il prescrit pour les voiliers un mode de jauge très simple. Pour les vapeurs il renvoie aux lois françaises.

Le décret crée et définit ensuite les papiers de bord. Les bâtiments et embarcations de toute espèce doivent, sauf quelques rares exceptions nettement spécifiées, avoir à bord :

1° Un acte de nationalité ;

2° Un congé ;

3° Un registre d'équipage ;

4° Une patente de santé.

Ces papiers de bord sont, à quelques modifications près, ceux que doit avoir un navire français.

L'acte de nationalité, établi par la Douane, signé par le Premier Ministre ou son délégué, constitue l'état civil du navire et constate son droit de battre pavillon tunisien. Comme cet acte est de la plus grande importance, le décret prescrit un certain nombre de dispositions pour sa délivrance, son renouvellement et ses modifications ultérieures ; il édicte des pénalités sévères pour les contrevenants et, pour assurer une sanction à ces pénalités, il établit un cautionnement que le propriétaire doit donner par acte régulier sur son propre navire et sur ses autres propriétés.

Le congé ou passe-port est un acte qui affirme l'identité du navire auquel il est délivré avec celui qui fait l'objet de l'acte de nationalité ; il est délivré tous les ans.

Le registre d'équipage remplace le rôle d'équipage français ; il sert aux visas d'arrivée et de départ. Sur la première page de ce registre sont reproduites les principales indications de l'acte de nationalité. Il renferme la filiation de chaque homme d'équipage, avec les conditions de son engagement. C'est en somme le rôle d'équipage du navire français avec cette simplification qu'au lieu d'être établi sur une feuille volante et pour un voyage, il constitue un registre d'une durée indéterminée.

Le décret spécifie les conditions d'inscription des hommes, de leur embarquement et de leur débarquement. Il stipule que le débarquement aura lieu dans la Régence, en présence de l'Officier de Port, en France, dans les bureaux de l'Inscription Maritime, à l'Etranger, devant les Autorités consulaires françaises.

Il exige pour l'embarquement des marins étrangers l'autorisation du Consul de la nationalité à laquelle appartiennent ces marins. Il indique à quelles autorités doivent être remis les papiers de bord.

Pour la patente de santé, le décret renvoie aux prescriptions en vigueur sur la police sanitaire.

En vue de faciliter l'exécution du décret, le littoral de la Régence a été divisé en quatorze circonscriptions maritimes avec chefs-lieux, où tous les navires et embarcations admis à battre pavillon tunisien doivent se faire immatriculer. Le chef-lieu où a eu lieu cette immatriculation est dit le port d'attache du navire.

Le bureau de port de chaque chef-lieu tient une matricule qui signale le nom de chaque navire, son caractère, sa jauge légale, les noms de ses propriétaires, ses lieu et date de construction, les mutations dont il est l'objet et enfin la cause de sa radiation, disparition, destruction ou vente. C'est donc en résumé l'histoire du navire qui se trouve ainsi enregistrée au jour le jour et permet de le suivre dans ses diverses transformations.

Le décret indique ensuite comment devra se faire la vente du navire et les conséquences de cette vente au point de vue de la nationalité.

Le titre III détermine les limites entre lesquelles la navigation tunisienne est dite au cabotage, au bornage et à la pêche, et énumère les conditions à remplir par les capitaines pour être admis à exercer ces différents genres de navigation.

Les capitaines doivent être munis d'un brevet délivré par une commission spéciale. Cette commission s'assure que les postulants au grade de capitaine possèdent des connaissances nautiques nécessaires pour exercer avec sécurité le genre de navigation auquel ils se destinent.

Il va sans dire que les capitaines et patrons munis d'un brevet français sont dispensés de tout examen.

Ce même titre III stipule que tout navire ou embarcation qui ne paraîtrait pas présenter des garanties de solidité ou de sécurité suffisantes sera visité par une commission spéciale et que, si le rapport de cette commission est défavorable, le registre d'équipage sera refusé ou retiré.

Les prescriptions générales du titre IV sont relatives aux abordages, pour lesquels on renvoie aux règlements français, au transport des armes, à la répression des contraventions, etc.

Tel est dans ses grandes lignes le décret du 31 décembre 1899 sur la police de la navigation en Tunisie. On voit qu'il n'a pas la prétention d'être un code maritime complet. C'est ainsi qu'il ne traite, entre autres choses, ni de l'hypothèque maritime, ni du règlement d'avaries ; le permis de navigation existant en France pour les navires à vapeur n'a pas été institué ; on ne s'est pas occupé

des questions de discipline à bord; le pouvoir du capitaine n'a pas
été défini, etc.

Mais, tel qu'il est, ce décret simple suffira pour donner un état
civil au navire, assurer un recrutement régulier des équipages et
donner plus d'autorité au capitaine qui aura dû prouver qu'il était
à la hauteur de sa tâche. Comme ses prescriptions s'appliquent à
une population généralement illettrée, on a réduit au minimum les
formalités d'écritures dans les ports. Dans l'application, on appor-
tera au début tous les tempéraments possibles, de façon à habituer
peu à peu les marins à ces nouvelles dispositions ; on s'efforcera de
leur faire comprendre les avantages qui en résultent pour eux. Et
peut-être arrivera-t-on ainsi à réveiller la marine tunisienne de sa
torpeur actuelle, à former des marins dignes de ce nom. La *Baharia*,
ce corps de tirailleurs de la mer dont l'organisation est à l'étude,
trouverait alors en eux de précieux éléments de force.

Le décret du 31 décembre 1899 a abrogé le seul texte antérieur
qui existait sur la matière, savoir un décret du 15 juillet 1888 qui
imposait aux navires tunisiens à destination de l'Etranger l'obligation de se munir d'un *teskret* (sorte de congé).

L'exécution des prescriptions du décret est confiée au Directeur
général des Travaux publics qui a, à cet effet, la haute direction
du Service général de la Navigation et des Pêches maritimes dont
nous faisons connaître plus loin, à propos des pêches, l'organisation et les moyens d'action.

ADMINISTRATION DES ÉPAVES MARITIMES

Parmi les obligations de ce Service se placent celles qui concernent l'administration des épaves maritimes.

Le brigandage spécial qui s'exerce encore en bien des pays à
l'endroit des navires naufragés se pratiquait, il n'y a pas très
longtemps, sur les côtes de la Régence : non seulement les navires
en perdition ne recevaient aucun secours, mais encore les bâtiments jetés à la côte étaient la proie des pilleurs d'épaves, et les
atrocités qui suivirent, en 1878, le naufrage du paquebot l'*Auvergne*,
sur la côte de Tabarka, sont encore présentes à toutes les mémoires.

Une circulaire publiée au *Journal Officiel* du 19 décembre 1887
a prescrit aux caïds, khalifats et cheikhs de se porter avec leurs

administrés au secours des navires en détresse, de faire tous leurs efforts pour aider au sauvetage, de subvenir aux premiers besoins de l'équipage, de prévenir immédiatement l'officier de port le plus rapproché, de prêter leur concours à cet officier et de fournir aux naufragés, d'après ses indications, les vivres, les gardiens et les moyens de transport nécessaires.

Il résulte de ce texte et d'un usage constant que les Agents du Service de la Navigation ont à prendre en cas de naufrage toutes les mesures que commande l'intérêt des personnes et des biens.

Seules, les épaves rejetées par la mer et dont le propriétaire est et demeure inconnu, ou celles dont le capitaine fait abandon légal, appartiennent, en vertu des décrets des 25 juin 1871 et 11 février 1883, à l'Administration du Bit-el-Mal, dont les revenus sont employés à encourager l'instruction et à assurer l'inhumation des étrangers décédés sans famille et sans ressources.

Dans des cas spéciaux où les épaves encombraient les rades et rendaient la navigation dangereuse, le Service de la Police des Ports s'est chargé de procéder aux frais des propriétaires, au sauvetage de deux navires, l'*Ariel*, coulé en 1883, au mouillage de La Goulette, et l'*Emmanuele Xicluna*, incendié en rade de Sfax en 1881.

PÊCHES MARITIMES

Généralités

L'étude des pêches d'un pays comporte généralement deux grandes divisions : l'une relative à la *pêche fluviale* ou pêche en eau
douce et l'autre à la *pêche maritime* ou pêche en eaux salées. En
Tunisie la pêche fluviale n'a qu'une très médiocre importance en
raison de la rareté des eaux douces ; elle s'exerce à peu près uniquement dans la Medjerda aux environs de Tebourba et de Djedeïda,
où l'on capture l'alose finte et le barbeau commun, espèces peu
appréciées à Tunis.

On a également pêché dans le lac Kelbia, dont les eaux sont
relativement douces, l'anguille et le mulet ; ces espèces, qui se
vendaient sur le marché de Kairouan, ont fini par être délaissées
comme nuisibles à la santé.

La pêche fluviale est entièrement libre en Tunisie ; elle se pratique généralement à l'épervier et au tramail.

Si cette pêche ne s'exerce que sur des surfaces insignifiantes,
il n'en est pas de même de la pêche maritime dont le domaine
comprend plus de 1.200.000 hectares. Les côtes de la Tunisie ont
en effet un développement d'environ 1.200 kilomètres. En multipliant cette longueur par la largeur de la zone territoriale, en y
ajoutant la surface des bancs sous-marins appartenant à la Régence,
comme nous l'expliquons plus loin, ainsi que celle des lacs et
étangs salés, on arrive facilement au chiffre que nous venons
d'indiquer.

Régime légal des eaux salées

Sans entrer dans les développements que comporte au point de
vue administratif la définition de la *mer*, celle de la *limite du
domaine public maritime*, nous rappellerons qu'en Tunisie les décrets
du 24 septembre 1885 et du 26 septembre 1887 fixent les règles qui
permettent de tracer cette limite, que l'on appelle aussi *rivage de
la mer*.

Nous rappellerons également la distinction, capitale au point
de vue qui nous occupe, de la *mer territoriale* et de la *mer libre*.

La mer territoriale comprend les rades, ports, embouchures,
étangs salés, etc., c'est-à-dire toutes les parties de mer visible-

ment engagées dans les terres, plus, dans les parties où la côte offre peu d'inflexions, toute la bande commandée par le canon du littoral. La limite extérieure de cette bande constitue en réalité la frontière maritime des États.

En dehors de cette définition de la mer territoriale qui est de jurisprudence générale, les traités ou les lois de certains pays ont précisé, à certains points de vue, l'étendue de la mer territoriale. Dans les eaux françaises, russes, anglaises, américaines, l'étendue de la mer territoriale est de 3 milles à partir de la laisse de basse mer. A défaut de stipulations antérieures, c'est évidemment cette distance qu'il convient d'adopter en Tunisie comme mesure de la mer territoriale. Une réserve importante doit toutefois être faite au sujet de certains bancs de faible profondeur, qui ont été de tout temps l'objet d'une exploitation et d'une surveillance incontestées et pour lesquels les limites de la mer territoriale au point de vue des droits de pêche doivent être élargies jusqu'à la limite même de ces bancs. Tels sont les bancs producteurs d'éponges sur lesquels de tout temps le Gouvernement beylical a exercé des droits de fisc et de police et qui s'étendent jusqu'à 20 milles au large des îles Kerkennah, c'est-à-dire à 17 milles au delà des limites habituelles de la mer territoriale. Des décrets du Bey régulièrement notifiés aux Consuls étrangers avaient déjà, vers 1850, concédé à des particuliers, le monopole de l'exploitation des éponges sans donner lieu à la moindre réclamation. En 1875, deux jugements consulaires confirmèrent les prétentions du Gouvernement beylical et reconnurent le caractère territorial des bancs, situés à plus de 15 milles des côtes.   .

Dans le même ordre d'idées on peut citer les bancs de corail du Nord de la Régence dont l'histoire nous montre des cessions régulières consenties par les Beys depuis plus de neuf siècles.

Bien que les bancs d'éponges de la Régence n'aient jamais fait l'objet d'une délimitation précise régulièrement notifiée aux puissances et reconnues par elles, il existe des actes diplomatiques qui ne peuvent laisser aucun doute sur la validité des droits de la Régence, en dehors de toutes les considérations de police et de conservation d'une richesse naturelle qui militent dans un sens favorable à ces droits.

Nous voulons parler de la convention signée le 23 mars 1870 entre le Gouvernement beylical et ses créanciers français, anglais et italiens, représentés par leurs Gouvernements respectifs. Aux termes de cette convention, le passif de la Régence, qui dépassait 160 millions, était réduit à 125 millions de francs, moyennant la cession par le Bey de divers impôts et revenus publics d'un produit annuel de 6.505.000 francs qui furent affectés à l'amortissement du passif réservé.

L'exécution de cet arrangement a été placé sous la sauvegarde de la France, de l'Angleterre et de l'Italie. Il est de toute évidence que ces trois puissances, avant de souscrire à un pareil arrangement dont les suites pouvaient être désastreuses pour leurs nationaux, ont dû vérifier avec soin l'importance et la réalité des revenus délégués et s'assurer que la perception en était régulière et légitime.

En acceptant la délégation qui leur était offerte, les puissances signataires de la convention ont donc formellement reconnu la solidité et la validité des revenus affectés à la garantie du passif réservé.

Or parmi ces revenus figure précisément, pour une somme annuelle de 55.000 francs, le fermage des éponges et poulpes qui est explicitement inscrit dans l'arrangement. Si l'on veut bien remarquer que la totalité des eaux territoriales tunisiennes ne renferme qu'une quantité insignifiante d'éponges et que celles-ci se rencontrent presque toujours à plus de trois milles des côtes, force sera de reconnaître que la convention de 1870 a nettement posé le principe de l'extension des droits de la Régence, sur une zone plus étendue que celle généralement admise pour les eaux territoriales, bien que non définie.

En Tunisie les traités internationaux ont affirmé le principe du libre accès de la mer territoriale aux pêcheurs des nationalités étrangères.

Ces traités se réfèrent en général au traité italo-tunisien du 28 septembre 1896. Le deuxième paragraphe de l'article 7 de ce décret est ainsi conçu :

« *En ce qui concerne la pêche, les Tunisiens jouiront en Italie des droits et avantages accordés aux sujets des puissances étrangères par la législation en vigueur dans le royaume et les Italiens seront traités en Tunisie comme les nationaux et comme les Français.* »

Les Italiens et les nationaux de toutes les puissances qui ont avec la Tunisie le régime de la nation la plus favorisée peuvent

donc exercer librement l'industrie de la pêche dans les eaux tunisiennes, le Gouvernement beylical conservant, bien entendu, sur
ces eaux les pouvoirs de souveraineté et de police qui sont dans les
attributions de tout Gouvernement.

Quant aux lacs et étangs salés qui, se trouvant en communication directe avec la mer, au moins au moment du plus grand flot
d'hiver, font, aux termes du décret du 26 septembre 1887, partie
du domaine public maritime, leur exploitation, en raison de leur
situation et de la nature particulière de leurs accès, échappe aux
règles qui concernent la mer territoriale et se trouve plus particulièrement réservée à la nation riveraine. C'est en vertu de ce
principe que le Gouvernement tunisien a pu distraire du régime des
eaux territoriales l'exploitation de la pêche dans les lacs de Bizerte,
de Porto-Farina, de Tunis et des Bibans et l'amodier comme nous
le verrons plus loin.

Il peut, pour les mêmes raisons, interdire ou amodier la pêche
dans les ports de commerce.

En résumé, la pêche maritime sur les côtes tunisiennes est
entièrement libre dans la mer libre ; libre également, sous réserve
de l'observation des règlements en vigueur, dans la mer territoriale ; amodiée ou susceptible d'amodiation dans les ports, lacs et
étangs salés.

OBJET DE LA PÊCHE
ET ENGINS USITÉS SUR LES COTES DE LA RÉGENCE

La pêche qui s'exerce sur les côtes de la Régence a pour objectif
trois produits principaux : les poissons, les éponges et le corail.
On capture également des crustacés, des mollusques et parfois
quelques tortues de mer et quelques cétacés.

Parmi les poissons, on peut distinguer les poissons sédentaires
qui fréquentent en permanence les mêmes parages, les espèces
aventurières qui s'approchent et s'éloignent des côtes à époques
régulières et les espèces migratrices qui passent à époque fixe en
des points déterminés.

De là trois sortes de pêches du poisson : la pêche permanente
ou pêche côtière, la pêche aventurière et la pêche de passage.

Chacune de ces pêches, ainsi que celle des crustacés, des mollusques, du corail et des éponges comporte des procédés et des engins dont la description nous entraînerait trop loin.

Nous nous contenterons de donner à la page 190 ci-après la liste des engins les plus employés avec l'indication des principaux produits qu'ils capturent.

Quelques-uns de ces engins, spéciaux à la Tunisie, au moins dans certains détails, méritent une courte description.

Le *bœuf* ou *grand gangui* consiste en une poche précédée de deux ailes semblables entre elles, longues d'environ 11 mètres, alors que la poche en mesure plus de 28, soit une quarantaine de mètres pour la longueur totale du filet. Convenablement munie de lest et de flotteurs, la poche prend au fond de l'eau la position qui convient pour labourer le sol et récolter tout ce qu'elle rencontre, pendant que les ailes sont entraînées par l'intermédiaire de deux câbleaux de plus d'un kilomètre de longueur, traînés chacun par un bateau à voile.

Chaque filet complet vaut environ 400 francs et ses câbles de traction 600 francs chacun. Il faut triple outillage par couple de bateau, soit 4.800 francs environ d'engins de pêche.

Les bœufs ne peuvent être traînés que sur les fonds unis et exempts de roches susceptibles de les déchirer ou de les retenir. La marche des bateaux-bœufs doit être d'environ trois nœuds à l'heure. Ils se tiennent à une centaine de mètres l'un de l'autre et se rejoignent après plusieurs heures pour hisser le filet, lorsqu'on estime que la poche est suffisamment pleine.

Le bœuf est un engin intensif et destructeur au premier chef ; on peut affirmer que par suite de sa puissance et de la haute rémunération qu'il offre aux capitaux dans les quartiers vierges, entraînant sa multiplication exagérée, il amène à peu près fatalement la dépopulation complète des fonds qu'il a explorés pendant quelques années.

En dehors de ce filet, deux autres engins sont basés sur le principe du traînage ; ce sont la *croix de Saint-André*, employée pour la pêche du corail et la *gangava*, employée pour la pêche des éponges.

TABLEAU
des engins de pêche usités en Tunisie

I. — *Engins qui agissent à l'état de mouvement*

NOMS DES ENGINS	PRODUITS CAPTURÉS
1° Harpons	
Trident............................	Eponges, Squales.
Foëne.............................	Poissons divers.
2° Filets à main	
Epervier...........................	Poissons divers.
3° Engins traînants	
Bœuf.............................	Poissons divers.
Bourgin...........................	— —
Petit gangui.......................	— —
Tartarone..........................	— —
Petite senne.......................	— —
Croix de Saint-André..............	Corail.
Gangava..........................	Eponges.

II. — *Engins qui agissent à l'état de repos*

3° Filets flottants	
Rissolle ou menaïca................	Anchois.
Sardinal...........................	Anchois. Allaches et Sardines.
5° Engins fixes	
Battude ou tramail.................	Poissons de roche, Marbré.
Madrague..........................	Thon et Pélamides.
Palamidière........................	Pélamides, Bonite.
Cannat............................	Aiguille.
Aiguillière.........................	Mulet sauteur.
Thonaire..........................	Thon, Pélamides, Bonite.
Bordigues.........................	Poissons d'étangs.
Pêcheries indigènes.................	Poissons divers.
6° Lignes diverses	
Canne.............................	Poissons de roche.
Ligne morte.......................	Loup, Congre, Murène.
Palangrote.........................	Pageau, Pagre, Vieille, etc.
Palangres de fond..................	Poissons divers.
Palangres de surface................	Aiguille.
Ligne de traîne....................	Denté, Maquereau, Oblade, Vive, etc.
7° Nasses	
Jambins...........................	Langouste et poissons divers.
Nasses............................	Poissons divers.

La *croix de Saint-André* est formée de deux fortes pièces de bois assemblées perpendiculairement l'une à l'autre, aux bras desquelles sont attachés des fauberts (sorte de paquets de chanvre) ou des paquets de vieux filets ; un poids placé au centre de la croix en assure l'immersion. Le plus souvent, et malgré les prohibitions portées par les règlements, l'engin est en outre muni d'un cercle ou *gratte* en fer. La croix de Saint-André est reliée au bord par une longue aussière que l'on hâle à l'aide d'un cabestan quand le patron estime la récolte suffisante. Le maniement de cet engin est particulièrement délicat et pénible. Sa valeur est d'une vingtaine de francs.

La *gangava* est un instrument analogue à la drague ou chalut des pêcheurs français. Il se compose d'une forte barre de fer rond recourbée à angle droit à ses deux extrémités et solidement reliée à une pièce de bois avec laquelle elle forme un cadre d'inégale densité. Sur ce cadre, haut de 0^{m}60 à 0^{m}80 et long de 6 à 12 mètres, suivant la force du navire qui traîne l'appareil, vient s'enverguer un filet en corde, à grosses mailles, formant une poche de deux à trois mètres de profondeur. Un amarrage à trois brins, en patte d'oie, relie le cadre à un câble d'une centaine de mètres, amarré lui-même au bateau pêcheur. Le mode d'emploi de ce filet est des plus simples : on le coule à la mer où il tombe naturellement, la partie métallique du cadre en bas ; on le traîne en laissant dériver le bateau, enfin on le hâle à bord à l'aide d'un treuil. Il ramène généralement avec des éponges, des algues, des coquillages et des poissons.

Une gangava avec son câble vaut environ 800 francs.

La *battude* ou *tramail*, tel qu'il est usité en Tunisie, consiste en un filet à trois nappes verticales juxtaposées, la nappe intérieure ayant ses mailles plus petites que les deux autres. On le coule suivant une ligne courbe ou brisée en plan. La relingue inférieure est fixée au sol par un poids quelconque ; la relingue supérieure est maintenue par de petites flottes en liège ; les trois nappes forment alors une double poche dans laquelle le poisson vient se mailler et s'embarrasser, au point de ne pouvoir se dégager.

La longueur d'un tramail varie de 75 à 150 mètres ; la hauteur de chute varie de 1^{m}50 à 4 mètres.

Le prix varie dans les mêmes proportions de 250 à 500 francs.

Les *madragues* qui sont usitées en Tunisie reposent sur le même principe que celles employées en France. Elles consistent en une enceinte de filets où les poissons voyageurs sont conduits et d'où ils ne peuvent plus sortir dès qu'ils y sont engagés.

On peut distinguer dans une madrague deux parties : la queue et le corps.

La queue est un filet disposé verticalement suivant une ligne perpendiculaire à la côte, dont l'origine se trouve par les fonds de 4 à 5 mètres et dont l'extrémité se trouve à la madrague même par les fonds de 25 à 30 mètres ; le corps de la madrague a la forme d'un quadrilatère à parois verticales, vers le milieu duquel vient aboutir la queue de la madrague. Ce quadrilatère est subdivisé en cinq compartiments par des cloisons de filets fixes ou mobiles ; le dernier compartiment prend le nom de *corpou* ou chambre de mort ; les mailles en sont beaucoup plus serrées que les autres et le fond en est lui-même garni d'un filet en chanvre, qui se relève sur les quatre faces. Dans les autres compartiments le fond est constitué par le fond de la mer lui-même.

Tous ces filets sont en alfa, sauf le *corpou* qui est en chanvre ; ils sont calés par des gueuses ou des pierres et tendus par des flottes en liège à la partie supérieure, des ancres retiennent également la partie supérieure par l'intermédiaire d'aussières. La surface du corps de la madrague est de 3 à 4.000 mètres carrés ; la longueur du filet queue dépend de l'inclinaison de la plage sous-marine et peut atteindre deux kilomètres ; sa hauteur décroît comme les fonds eux-mêmes.

Le rôle et la manœuvre des différentes parties de l'engin sont faciles à comprendre.

Qu'une bande de poissons migrateurs, qui marchent généralement la côte à droite, vienne à rencontrer la queue du filet, elle cherchera à tourner l'obstacle en piquant à gauche vers la haute mer. Arrivée à l'extrémité de la queue, elle rencontrera l'entrée de la madrague où elle n'hésitera pas à s'engager pour reprendre immédiatement sa marche parallèle à la côte. Les poissons passent ainsi de chambre en chambre et les pêcheurs qui les guettent laissent tomber derrière eux les cloisons mobiles. Ils les font passer en les effrayant dans le *corpou*, qu'ils clôturent comme les autres compartiments.

Dès que les poissons sont dans le *corpou*, commence la pêche proprement dite. Les embarcations viennent se former en carré au-dessus de ce compartiment; au signal du *raïs* (capitaine de pêche) les filets de fond sont relevés régulièrement jusqu'à ce que le poisson, sentant à la fois l'eau et l'espace lui manquer, puisse être, malgré sa résistance, harponné, saisi et jeté à bord. Cette opération porte le nom de *matanza*.

Une madrague complète, calée, représente, avec les dimensions moyennes que nous venons d'indiquer, une dépense de 150.000 francs. Elle comporte d'ailleurs, comme corollaire obligé, des installations à terre pour la mise en conserve du poisson et le logement des hommes, une série d'embarcations et un outillage complet; le tout, filets compris, arrive facilement à un total de 4 à 500.000 francs.

On saisira mieux la description qui précède en se reportant à la carte de la page 211 ci-après qui donne le plan d'ensemble de la madrague et des installations à terre de la thonaire de Sidi-Daoud, la plus importante de la Tunisie comme production.

Les **bordigues** sont des pêcheries fixes constituées à l'aide de roseaux, disposées en forme de deux V emboîtés l'un dans l'autre et entre lesquels le poisson s'engage par une ouverture placée à la pointe du V intérieur; cette ouverture mesure une quinzaine de centimètres. Trois chambres arrondies extérieurement sont placées aux extrémités de la figure précédente. Le poisson s'y amasse et on l'en retire à l'aide de petits filets en entonnoir emmanchés, appelés épuisettes.

Les bordigues se font de toutes dimensions; celles du lac de Tunis ont une trentaine de mètres.

On remplace avantageusement les roseaux par du fil de fer galvanisé et les pieux de fixation par des tubes métalliques. Le prix de revient est très variable.

Les **pêcheries indigènes**, particulièrement nombreuses dans le Sud de la Régence, ne diffèrent pas sensiblement comme principe des bordigues européennes. Elles sont caractérisées plutôt par la nature de leurs matériaux que par leurs dispositions. Ce sont toujours des cloisons verticales, construites en brindilles légères de palmier, liées ou non par de menus cordages d'alfa et enfouies dans le sable ou dans la vase; elles circonscrivent à marée haute une certaine étendue de mer, dont les poissons entraînés par le jusant viennent se prendre à marée basse dans des nasses convenablement disposées et encastrées dans la muraille formée par les cloisons. Il suffit de recueillir à pied sec le produit des nasses pour exercer cette pêche aussi facile que productive.

Tandis que les bordigues ne comportent aucun appât, les indigènes amorcent leurs pêcheries avec des fragments de poulpes, sèches, etc.

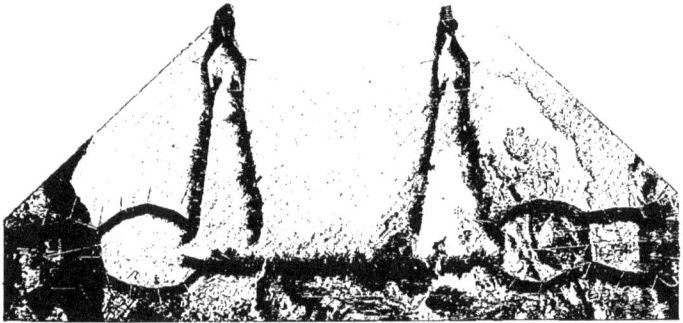

Vue en plan d'une pêcherie indigène du Sud de la Régence

DESCRIPTION DES COTES DE LA RÉGENCE
AU POINT DE VUE DE LA PÊCHE

Nous allons étudier la répartition géographique des espèces que renferment les côtes de la Tunisie.

Cette étude se divise naturellement en deux parties correspondant à deux régions qui se distinguent nettement l'une de l'autre : la côte Nord et la côte Sud.

La côte Nord comprend le littoral qui s'étend du cap Roux (frontière algérienne) au cap Bon, avec les îles de La Galite, Cani, Plane et Zimbre. La côte Sud va du cap Bon au Ras-Ashdir (frontière tripolitaine) ; elle comprend les quatre groupes d'îles Egdemsi, Kuriat, Kerkennah et Djerba.

COTE NORD

Cette zone renferme en abondance tous les produits que nous avons indiqués page 188, sauf les éponges, les pintadines et les jambonneaux qui ne se rencontrent qu'accidentellement.

Entre le cap Roux et le cap Guardia, la pêche des poissons aventuriers et sédentaires n'est pas, à proprement parler, exercée. Quelques pêcheurs de Tabarka recourent dans le voisinage du port, aux tramails et quelquefois aux palangres pour se procurer la quantité de poissons nécessaire à la consommation locale. Ils pensent qu'il leur serait impossible d'écouler leurs poissons ailleurs qu'à Tabarka, et c'est à cette erreur que l'industrie de la pêche doit de ne pas se développer dans le pays.

De Tabarka au cap Guardia, le peu d'abri qu'offrent les anses des caps Négro, Serrat et Dougara et le manque de communications avec l'intérieur du pays sont les causes qui font délaisser les fonds de cette région. Il arrive quelquefois en été, que des pêcheurs de Bizerte s'aventurent jusqu'aux rochers des Frères et même jusqu'au cap Serrat, où ils prennent, en assez grandes quantités, des mérous, des pélamides et même des langoustes.

Le passage des anchois et des sardines qui commence au mois de mars pour finir vers la fin d'août, attire à Tabarka un nombre assez important de pêcheurs siciliens qui se livrent à cette pêche dont les produits, une fois salés, sont expédiés à Gênes, Livourne, Naples et Palerme. Ces pêcheurs s'échelonnent tout le long de la côte jusqu'au Ras-Engelah et quelquefois jusqu'à Porto-Farina ; ils pêchent et salent à bord ou à terre dans les diverses anses de la côte, pour expédier ensuite à Tabarka, qui leur fournit en retour, les vivres et le sel nécessaire à la salaison de leurs produits.

Les fonds de l'île de La Galite sont riches en coraux et en langoustes ; les pêcheurs de la localité et des pêcheurs de l'île de Ponza (Italie) en prennent d'assez grandes quantités qu'ils expédient à Bône, et même en Italie, et aussi, quand les vents les empêchent d'aller à Bône, à Tunis. Ces pêcheurs se livrent en outre à la pêche du corail.

Du commencement d'avril jusque vers le milieu de juin, des pêcheurs siciliens viennent à La Galite pêcher les mendoles qui, une fois salées et séchées, sont expédiées en Sicile. Ils en vendent aussi quelquefois à La Goulette et à Tunis.

La pêche qui se pratique dans le golfe de Bizerte, c'est-à-dire du cap Guardia au cap Zébib, est insignifiante. Cependant le golfe est poissonneux et pourrait être exploité mieux qu'il ne l'est. Les pêcheurs du pays et principalement les indigènes s'aventurent rarement au large et ne pêchent qu'à peu de distance du port. A l'époque du passage des thons, ils les pêchent à la thonaire mobile et quelquefois ils en capturent un assez grand nombre qu'ils expédient en majeure partie à Tunis pour être consommés à l'état frais.

Avant la concession du port de Bizerte et à la saison du mulet, ils pêchaient à la cannat dans le canal et le vieux port ; mais cette pêche est aujourd'hui interdite. A cette époque, les amateurs de pêche et même les pêcheurs de profession se livraient, pendant la saison du mulet, à un genre de pêche très amusant qu'ils appelaient *pêche au bouri*. Ils attachaient un mulet femelle à deux ficelles assez longues tenues par deux hommes, un sur chaque rive, de manière à maintenir le mulet au milieu du canal ou du port. Lorsque les mulets mâles apercevaient la femelle, ils couraient après ; on les laissait s'approcher de la femelle, en filant l'une des ficelles, jusqu'à les faire arriver à une certaine distance des berges du canal ou du port ; là un pêcheur muni d'un épervier saisissait le moment propice pour d'un seul coup de filet, enlever mâles et femelle. Cette pêche, qui était un divertissement pour les habitants, ne se fait plus depuis cinq ans.

Comme à l'île de La Galite, des pêcheurs siciliens arrivent à l'île Cani pour y pêcher les mendoles qui, une fois salées et séchées sont expédiées en Sicile. On pêche aussi aux environs de cette île la langouste, mais en petite quantité. Le produit de cette pêche est envoyé à Bizerte.

C'est à l'extrémité du cap Zébib que se trouve l'installation de la madrague connue sous le nom de *madrague de Ras-Djebel* que l'on calait dans la direction du Nord. Cette madrague, qui était restée longtemps sans être exploitée, fut mise en exploitation en 1891, et cessa d'être calée en 1892 pour des causes qui nous sont inconnues.

Le lac de Bizerte est exploité par la Compagnie concessionnaire du port. Ses fonds nourriciers et ses eaux tranquilles y attirent toutes les espèces de poissons blancs vivant dans les étangs ou lacs salés ; l'anguille vit en abondance à Tindja, sur la rive Sud du lac ;

La pêche dans les chambres du barrage du lac de Bizerte

Nous donnons plus loin, une monographie détaillée de l'exploitation de la pêche dans le lac de Bizerte.

Du cap Zebib au cap Carthage, la pêche n'est pratiquée que par les pêcheurs de La Goulette qui vont quelquefois pêcher jusqu'à l'embouchure de la Medjerda. A la saison de la pêche des anchois et des sardines, des pêcheurs italiens s'installent sur l'île Plane et sur la plage de Sidi-el-Meki pour y saler le produit de leur pêche, qu'ils expédient ensuite à La Goulette pour être exporté en Italie.

Le lac de Porto-Farina, qui a été amodié en 1898 pour une durée de douze années, est riche en anguilles, daurades, loups, mulets, marbrés, saupes, soles, etc., etc. Le produit de la pêche ne peut être transporté à Tunis pendant l'été que conservé à la glace. Le manque de communication rend, pour le moment, les transports assez coûteux, mais cet inconvénient cessera lorsque la route qui doit relier Porto-Farina à Tunis sera terminée.

Le peu de profondeur du lac permet d'y installer tous les moyens de capture en usage dans les étangs salés. Au moyen de barrages installés à l'entrée des passes, on pourrait retenir la montée qui se fait de mars à fin avril et assurer ainsi une bonne semence qui produirait des pêches abondantes.

L'anguille y vit en abondance et y est de bonne qualité : malheureusement en Tunisie on ne se préoccupe pas de cette pêche, parce que ce poisson est très peu goûté par les indigènes. On pourrait, sans doute, faire à Porto-Farina ce qui se fait à l'étang de Biguglia près de Bastia ; expédier les anguilles par bateaux-viviers à Naples ou en Sicile, où ce poisson est très recherché, surtout en hiver.

Quoique le golfe de Tunis embrasse tout l'espace compris entre le cap Farina et le cap Bon, les pêcheurs désignent sous ce nom l'étendue de mer comprise entre le cap Carthage et le Ras-Farthas qu'ils exploitent principalement aux grands arts traînants.

La pêche aux grands arts traînants, connue sous le nom de *pêche aux bœufs*, parce que les filets sont traînés par deux barques à la fois qui labourent les fonds comme la charrue traînée par deux bœufs laboure la terre, est restée inconnue dans le pays jusqu'en 1835, époque à laquelle des pêcheurs de Bari et de Naples sont venus l'exercer dans le golfe de Tunis.

Balancelle pour la pêche aux bœufs
Longueur, 12m50; largeur, 4m50; creux, 1m40

Cette pêche qui, en 1881, occupait six balancelles, c'est-à-dire trois bœufs, en occupe aujourd'hui vingt. Ces balancelles pêchent de

La Goulette jusqu'à l'embouchure de la Medjerda dans l'Ouest et jusqu'au parallèle de Ras-Farthas dans l'Est. Elles s'aventurent rarement au large et n'apportent sur les marchés, à l'exception de la sole et de la grosse crevette, que des poissons communs. Indépendamment de la pêche aux grands arts traînants, le golfe qui est très poissonneux est exploité à la petite senne *(sciabicca)*, au tramail, au tartarone, et rarement aux palangres.

A la saison du mulet, on le pêche à la cannat, aux environs de l'oued Miliane et du bassin de La Goulette. On pêche aussi à cette époque, du côté de l'oued Miliane, la serre, genre de poisson blanc qui paraît appartenir à la famille du saumon.

De mars en mai, la sèche est tellement abondante dans le golfe qu'on la pêche même dans le vieux canal de La Goulette, d'une manière assez amusante. On attache à une ficelle une sèche femelle que l'on promène le long des quais du canal ; le mâle qui suit la femelle et qui est très amoureux se jette sur elle ; on les retire alors tous les deux de l'eau et on détache le séducteur. Nous avons vu pêcher avec une seule femelle jusqu'à trois seaux de ces mollusques.

Du commencement de juin à fin août, des barques de pêche de Gênes, de Livourne, de Lerigi et de la Spezzia pêchent, entre le Zembre et Porto-Farina, l'anchois qu'elles salent et qu'elles expédient en Italie.

Comme aux îles de La Galite et des Cani, des pêcheurs siciliens pêchent la mendole à l'île de Zembre et l'expédient en Sicile.

A trois milles environ dans le Sud de Ras-Amar se trouve l'îlot de Sidi-Daoud, où sont les installations de la madrague de ce nom dont nous nous occuperons plus loin.

Le lac de Tunis est très poissonneux ; les espèces qui y vivent étaient, avant l'ouverture du canal d'accès du port, peu goûtées par la classe aisée du pays ; mais, depuis cette ouverture, il s'est établi un régime de courants qui renouvelle complètement les eaux du lac tous les quatre ou cinq jours ; ce poisson est devenu excellent et n'a rien à envier comme goût à celui de Bizerte et de Porto-Farina ; il est même très apprécié à Marseille.

CÔTE SUD

La côte Sud, qui règne, comme nous l'avons dit, du cap Bon au Ras-Ashdir, présente les mêmes espèces aventurières que la côte Nord à l'exception de la mendole et du merlan qui y sont rares.

Les crustacés y sont représentés par le crabe et la crevette ; les mollusques par le calmar, le poulpe, la sèche, la clovisse, la pinne ou jambonneau de mer et la pintadine ; les chéloniens par la tortue ; les spongiaires par les éponges.

Bien que les fonds soient assez poissonneux entre le cap Bon et le Ras-Mahmour, le peu d'abris qu'offre cette partie de la côte et le manque de communication avec l'intérieur du pays neutralisent, pour le moment, tout effort tendant à l'exploitation de la pêche dans ces parages ; elle n'y est pratiquée qu'à l'épervier et au tramail par quelques pêcheurs indigènes.

De mai à août, des bandes de bonites, de maquereaux, de pélamides, de saurels et quelquefois d'anchois et de sardines visitent cette partie de la côte, et, comme ces espèces précèdent généralement les thons, il y a lieu de croire que ces scombres y font aussi leur apparition.

En admettant que les thons passent dans ces parages, nous ne croyons pas que la configuration de la côte permette d'établir, sur un point quelconque, une madrague.

La pêche à la courantille, à la palamidière, à la rissolle et au sardinal nous paraît être la seule pouvant donner quelques résultats. Mais il y a lieu de se demander si ces résultats seraient en rapport avec les frais que nécessite l'organisation de ces pêches.

Nous ne voyons sur cette partie de la côte que le mouillage de Kélibia qui puisse être utilisé pour une exploitation de ce genre.

Dans le golfe d'Hammamet du Ras-Mahmour jusqu'à Hergla, la pêche est encore à l'état rudimentaire et l'on n'y prend même pas la quantité de poissons nécessaire à la consommation que pourraient faire les habitants des villages de cette région. On aurait cependant quelques chances de succès en exploitant tout ce golfe aux grands arts traînants pour alimenter non seulement la population du littoral, mais aussi celle de l'intérieur : il faudrait à l'époque des poissons de passage, organiser la pêche à la courantille, à la palamidière, à la rissolle et au sardinal. Les pêcheurs assurent que les poissons aventuriers, sédentaires et de passage abondent dans ces parages; le manque d'abris seuls les empêcherait d'y exercer leur industrie.

Cette difficulté n'existera plus le jour où la jetée qui est projetée à Hammamet aura été construite.

Entre Hergla et la pointe de Monastir, quatre barques italiennes exploitent la côte aux grands arts trainants. Les pêcheurs du pays pêchent généralement à la petite senne, à l'épervier, au tartarone, aux tramails, aux palangres et à la ligne de traîne. Comme dans le golfe de Tunis, les pêcheurs s'aventurent rarement au large, ce qui est cause de la rareté des poissons à Sousse.

Le port de Sousse, récemment terminé, assure aux pêcheurs l'abri qui leur manquait et qui était une des causes de la rareté et du peu d'émulation des pêcheurs installés dans le pays. Nous avons pleine confiance, le port étant aujourd'hui ouvert au commerce, que des capitalistes avisés armeront des bateaux de pêche aux grands arts traînants pour alimenter, à des prix raisonnables, les populations de Sousse et de ses environs.

D'avril à fin juillet 15 à 20 barques siciliennes pêchent les sardines qu'elles salent et qu'elles expédient ensuite en Italie.

Barque de pêche — Longueur, 7^m; largeur, 1^{m}65; creux, 0^{m}70

Dans le golfe de Monastir, c'est-à-dire de la pointe de ce nom au Ras-Dimas, les bancs de sable, de vase et d'herbes offrent aux pêcheurs des abris sûrs. Cette partie de la côte est exploitée à l'épervier, à la ligne de traîne, aux palangres, à la petite senne et au tartarone, par des pêcheurs indigènes et maltais. Les fonds nourriciers de ces parages donnent au poisson un goût agréable. Nous y avons vu pêcher des rougets d'un demi-kilo et des vives du poids de 750 grammes. Les dards que les vives portent sur le dos les rendent très dangereuses ; la piqûre de ces dards cause des douleurs atroces qui nécessitent quelquefois, au dire des pêcheurs, l'amputation du membre piqué. Aussi a-t-on soin, dès que ce poisson sort de l'eau, de lui couper les dards à coups de hachette. Ce poisson est recherché, comme la scorpène, par les amateurs de bouillabaisse.

A Kneiss, Ksiba, Lampta, Saïada et Téboulba, on pêche le poulpe en assez grande quantité.

Il y a dans le golfe de Monastir deux madragues ; celle connue sous le nom de thonaire de Monastir se cale, à partir de l'île Egdemsi, dans la direction N.-N.-E. vers la fin avril, pour être relevée au commencement de juillet. C'est sur cette île que se trouvent toutes les installations pour la fabrication des conserves de thons. Celle des Kuriat prend naissance sur l'île Conigliere (îlot des Lapins) et se dirige dans le Nord. Cette madrague se cale et se relève aux mêmes époques que celle de Monastir.

Du Ras-Dimas au Ras-Kapoudia, les fonds rocheux de cette région donnent aux poissons un goût et un parfum qu'on ne trouve pas sur les autres parties de la côte. Les amateurs de bouillabaisse trouveraient là des scorpènes, des labres et autres variétés que l'on rencontre sur les côtes de Provence.

Entre Mehdia et Salacta, on pêche des mérous d'un goût exquis qui atteignent souvent le poids de 15 à 20 kilos.

D'avril à la fin juin, l'allache apparaît en abondance dans ces eaux ; un assez grand nombre de pêcheurs siciliens y pêchent ce poisson pour le compte de trois ou quatre maisons dalmates, et les produits, une fois salés, sont expédiés en Autriche-Hongrie, en Grèce, etc.

Toute la zone comprise entre Monastir et le Ras-Kapoudia n'a pas encore été ravagée par les grands arts traînants et la pêche, entreprise dans de bonnes conditions, permettrait d'alimenter par les routes qui relient Mehdia à El-Djem, à Monastir et à Sousse, une partie des populations du contrôle de Sousse.

Dans la zone comprise entre le Ras-Kapoudia et le Ras-Ungha, y compris les îles Kerkennah, la pêche se fait au moyen de pêcheries fixes en clayonnage, aux tramails, à l'épervier et aux palangres. Malgré les décrets de S. A. le Bey des 27 décembre 1874 et 26 mai 1879, qui réservent la pêche aux filets aux pêcheurs indigènes de Kerkennah et de Sfax, décrets qui sont du reste en contradiction avec les traités de commerce et de navigation passés avec les puissances, un certain nombre de pêcheurs italiens se sont installés à Sfax et y pêchent au tartarone.

Les pêcheries fixes en usage dans la circonscription de Sfax, y compris les îles Kerkennah, sont formées de deux files rectilignes de pieux enfoncés dans le sol, formant un angle plus ou moins aigu et reliés par des palissades en branches de palmiers ; quelquefois les extrémités libres des deux côtés de l'angle sont arrondies en demi-cercles. Au sommet de l'angle et aux deux extrémités des côtés quand ils se terminent en demi-cercles, sont placées de grandes nasses appâtées avec des débris de poissons et de poulpes. On a compté dans cette circonscription jusqu'à 1.200 pêcheries appartenant à des particuliers ou à des corporations religieuses. Nous avons donné page 194 la vue d'une de ces pêcheries.

Les produits de la pêche suffisent à l'alimentation des populations de la circonscription de Sfax, mais en apportant certaines modifications aux pêcheries actuelles, on pourrait en augmenter le rendement.

Bien que les fonds n'aient pas encore été exploités par les grands arts traînants et que le poisson soit abondant dans cette zone, il y a à craindre la disparition des espèces qui y vivent, si l'on continue à tolérer la vente des petits poissons n'ayant pas atteint la dimension prescrite par le règlement. Les pêcheurs prétendent que certaines espèces de poisson tel que le sparaillon, par exemple, ne grandissent pas dans les eaux de Sfax, et ils se basent pour soutenir leurs idées sur la nature du fond. Pourtant les fonds de vase et herbes de la circonscription de Sfax sont ceux de la majeure partie du littoral tunisien, et on ne comprend pas que certains poissons ne puissent se développer à Sfax quand ils se développent là où la nature du fond et l'influence climatérique sont les mêmes. Du reste, nous sommes en mesure de prouver, par des spécimens que nous nous sommes procurés à Sfax, que le sparaillon se développe comme toutes les autres espèces et atteint, à l'âge adulte, la dimension indiquée par le règlement.

On pêche dans toute la zone qui s'étend entre le Ras-Kapoudia et le Ras-Ungha, les bancs de Kerkennah compris, les éponges et les poulpes.

Les éponges se pêchent à la *gangava* qui est une sorte de chalut; au trident, à l'aide d'un miroir ou seau à fond vitré, dont la transparence permet d'explorer les fonds à des profondeurs de 8 à 14 mètres, et au scaphandre.

La pêche des poulpes se fait à marée basse à l'aide de crocs, de foënes et par des procédés spéciaux qui consistent à tracer sur les plages basses des chenaux étroits et creux d'une certaine longueur dans lesquels on fait des pièges en branches de palmiers.

Les éponges une fois lavées et séchées, sont expédiées en majeure partie en France, et les poulpes, après avoir été bien battus, lavés et séchés au soleil, sont en partie expédiés en Grèce ou ce mollusque est très recherché pendant le carême pascal et celui de l'Assomption, et en partie consommés dans le pays.

Dans le golfe de Gabès, c'est-à-dire du Ras-Ungha à Tarf-el-Djorf, on pêche au moyen de pêcheries du genre de celles de la circonscription de Sfax, à la palamidière, au tartarone, au tramail et à l'épervier. De Ungha à Tarf-el-Melah jusqu'à l'Oued-Srag, des pêcheurs siciliens et des pêcheurs indigènes de Grenusch pêchent généralement au tartarone et à la palamidière. De l'Oued-Srag à Tarf-el-Djorf on pêche au tartarone et à l'épervier.

Comme dans le golfe d'Hammamet, la bonite, le maquereau, la pélamide et le saurel abondent. On en pêche d'assez grandes quantités qui sont en partie livrées à la consommation locale et en parties salées et expédiées en Sicile. Bien organisée, la pêche à la courantille et à la palamidière donnerait des résultats satisfaisants.

Le thon doit aussi passer dans ces parages ; mais avec les courants de marée qui règnent dans le golfe et les bancs qui s'étendent assez au large, nous ne croyons pas que l'on puisse établir des madragues sur un point quelconque du golfe. On pêche dans tout le golfe de Gabès des éponges mais comme il ne se fait pas de commerce de ce zoophite à Gabès, les produits sont apportés sur les marchés de Sfax ou d'Houmt-Souk (Djerba) ; on trouve dans tout ce golfe la clovisse et la pintadine.

De l'ile de Djerba au Ras-Ashdir, les fonds sont poissonneux et la pêche s'y fait comme aux îles Kerkennah et à Sfax : seulement les pêcheries fixes affectent la forme d'un V très ouvert orienté vers la haute mer. On compte dans cette région une centaine environ de pêcheries appartenant à des particuliers ou à des institutions religieuses.

A certaines époques de l'année, on pêche du côté d'Adjim (Djerba) d'assez grandes quantités de squales, aiguillats, requins, etc., etc. Les indigènes les capturent en plongeant et en leur introduisant dans le ventre un croc en fer. Ces squales que l'on coupe en lanières, sont lavés à l'eau salée, séchés au soleil et expédiés ensuite à Gabès ou ailleurs pour être échangés contre des dattes ou autres denrées.

Signalons à titre de curiosité, l'apparition assez rare, mais toujours intéressante, de cétacés dans la région qui s'étend de Sfax à Djerba. En 1890, M. Bouchon-Brandely avait assisté à la prise d'un cachalot de 17 mètres de longueur. Le 26 février 1899, 14 cétacés ont été jetés sur les îles Kerkennah : les cinq plus petits ont été vendus à Sfax et les neuf autres dépecés et traités sur place pour l'extraction de l'huile.

Dans le Nord du canal d'Adjim, près de l'ilot d'El-Cattaya on trouve des bancs de pintadines ; mais la couche de nacre qu'elles contiennent est trop mince et ne peut être d'aucun usage pour l'industrie. Nous en avons expédié à Paris, en 1891, à une fabrique de boutons qui n'a pu en tirer aucun parti.

La mer de Bou-Grara est très poissonneuse, et, près du bordj de ce nom, elle est parsemée de jambonneaux ; comme celle de la pintadine, la nacre de ce mollusque ne peut être utilisée.

La pêche des éponges et des poulpes est pratiquée entre l'île de Djerba et le Ras-Ashdir et dans la mer de Bou-Grara avec les mêmes engins qu'à Sfax, à Kerkennah et dans le golfe de Gabès. Du côté de Zarzis, les Accaras pêchent quelquefois au plongeon. Pour cette pêche, les plongeurs se réunissent quatre ou cinq sur la même barque ; chacun d'eux est armé d'un poignard pour se défendre contre les requins et pourvu d'un filet qu'il attache à sa ceinture pour y déposer les éponges qu'il trouve. Chacun plonge à tour de rôle, et pour descendre plus vite au fond, prend dans ses mains une pierre fixée à une corde solidement amarrée à la barque. Arrivé au fond, le pêcheur lâche la pierre, se cramponne d'une main à la corde, de l'autre saisit les éponges qui se trouvent à sa portée et les place au fur et à mesure dans son filet. Quand il sent le besoin de remonter à la surface de l'eau, il fait un signal en donnant des secousses à la corde qu'il tient ; les pêcheurs qui attendent dans la barque leur tour pour plonger, tirent la corde, et lorsque le plongeur apparaît à la surface de l'eau, le saisissent et le déposent dans la barque. C'est alors, pour recommencer le même travail, le tour d'un autre pêcheur, qui a soin de demander avant de plonger des renseignements sur la direction des bancs d'éponges et sur leur importance.

Les produits de la pêche des éponges sont généralement apportés sur le marché d'Houmt-Souk.

La pêche des poulpes se fait aux nasses et au moyen de longues files de petites jarres percées à leur base et posées au fond de la mer. Dans les bas-fonds, on attache ces jarres à une corde mère en alfa à l'instar des hameçons des palangres. Les poulpes introduisent leurs tentacules dans ces jarres d'où il leur devient difficile de se dégager. On les en retire à l'aide d'un instrument pointu.

Entre le Ras-Ashdir et Djerba, on pêche un genre de tortue dont la carapace est d'une couleur noir jais. Cette tortue est très recherchée par les riches indigènes qui n'hésitent pas à en offrir des prix excessifs de 300 et 400 francs, à cause des propriétés aphrodisiaques qu'ils attribuent aux organes du mâle. Elle est connue sous le nom de *bouzegza*, mais on la rencontre rarement et l'on reste quelquefois deux ou trois ans sans en pêcher.

Le lac des Bibans, qui se trouve entre Zarzis et Ras-Ashdir et qui a été concédé pour une période de trente années, est très poissonneux. Toutes les espèces qui vivent dans les autres lacs salés de la Tunisie y abondent. Jadis on y faisait de belles pêches ; les produits que l'on faisait sécher au soleil étaient, après une certaine préparation, en majeure partie expédiés en Tripolitaine ;

ils pénétraient, après avoir été échangés avec des produits des
caravanes de Ghadamès, jusque dans l'intérieur du Soudan.

PÊCHES SPÉCIALES

Le coup d'œil d'ensemble que nous venons de jeter sur la pêche
maritime de tout le littoral tunisien serait insuffisant pour donner
une idée complète de cette industrie, si nous n'insistions pas sur
les détails des pêches qui, par leur importance ou leurs particularités, méritent une étude spéciale.

Nous étudierons donc successivement la pêche des anchois et
sardines, celle du thon, celle du corail, celle des éponges et celle
des poulpes.

Pêche des anchois et sardines

Cette pêche a été pratiquée de tout temps sur les côtes de la
Tunisie, mais l'essor qu'elle a pris, notamment dans la région de
Tabarka, date surtout de 1888, époque de la rupture des traités de
commerce entre la France et l'Italie, époque également d'une nouvelle réglementation promulguée sur la pêche côtière en Algérie.
Les pêcheurs étrangers des environs de Bône et de Philippeville,
désireux de se soustraire aux nouvelles dispositions légales, n'ont
pas hésité à passer la frontière, au grand avantage de Tabarka, au
grand détriment du port algérien de La Calle. Les nouveaux émi-
grants n'ont du reste, paraît-il renoncé qu'à demi aux ressources
qu'ils exploitaient naguère et on les accuse toujours de venir tendre
leurs filets à certaines époques dans les eaux qui leur sont inter-
dites, malgré le zèle et la surveillance des agents préposés à la
pêche en Algérie.

Que ce soit grâce aux produits de ses eaux ou à ceux prélevés
en fraude dans les eaux françaises, Tabarka n'en est pas moins
devenu, comme on l'a dit, le Douarnenez de la Méditerranée. C'est
malheureusement un Douarnenez italien. D'après les statistiques
exactes suivies depuis 1892, cette pêche emploie en moyenne chaque année 250 barques italiennes jaugeant 4.150 tonneaux et montées par 1.500 hommes, contre 18 barques françaises jaugeant 70
tonneaux et montées par 126 hommes. Le rendement moyen

annuel a été de 286.000 kilos d'anchois valant 128.000 francs à la sortie du bateau de pêche ; de 440.000 kilos de sardines valant 88.000 francs et de 328.000 kilos d'*allaches* valant 45.000 francs. Ce nouveau vocable désigne un poisson de la famille des clupeïdes ; il est un peu plus fort comme taille que la sardine ordinaire ; sa chair ressemble beaucoup à celle de l'alose finte avec laquelle nous croyons pouvoir l'identifier.

A la suite de la publication d'un rapport de M. Bouchon-Brandely, sur les pêches maritimes de l'Algérie et de la Tunisie, l'attention publique en France fut quelque peu attirée vers les pêcheries de Tabarka et l'on songea à implanter des pêcheurs français dans des parages aussi richement dotés par la nature. Malgré l'appui de la Résidence générale à Tunis et celui du Gouvernement français, malgré la bonne volonté des capitalistes, l'entreprise échoua complètement. Cet échec vaut d'être conté, car, en matière de colonisation terrestre ou maritime, les mêmes causes produisent les mêmes effets, et les exemples malheureux sont peut-être les plus utiles à connaître.

Le capitaine au long cours qui s'était fait le protagoniste de la création des pêcheries françaises de Tabarka sut obtenir le concours du Ministre de la Marine, celui de la presse et celui des capitaux nécessaires à l'entreprise. Sous son égide, huit pêcheurs de Douarnenez arrivèrent à La Goulette dans les premiers jours de 1892. Chaque pêcheur avait reçu du Ministre de la Marine 100 francs pour acheter des filets ; mais ils arrivèrent sans filets ni embarcations et, bien probablement, sans argent. Ils furent hébergés à l'hôtel par les soins du Consul de France, et la Direction des Travaux publics put, par ses bons offices, leur procurer deux embarcations et un sardinal à prix très réduits ; le Gouvernement tunisien intervint encore pour leur procurer le logement et le couchage ; il fit remorquer gratuitement les embarcations jusqu'à Tabarka et autorisa le prélèvement gratuit, dans les forêts de l'État, du bois dont les pêcheurs pouvaient avoir besoin. Ceux-ci, livrés à eux-mêmes, ne sortirent que rarement, si bien qu'ils furent bientôt dépourvus de ressources. Les capitalistes, qui comptaient sur le produit de leur pêche pour alimenter les usines de conserves qu'ils avaient montées, durent leur allouer des appointements fixes de 65 francs par mois. Malgré tant de faveurs et de sacrifices, les Breton sabandonnèrent Tabarka partie en 1892, partie en 1893.

La Société des Pêcheries de Tabarka fut liquidée en 1894, non sans avoir tiré quelques ressources de..... l'élevage des porcs dans les forêts de la Khroumirie !

La pêche de la sardine n'est pas limitée, comme nous l'avons déjà dit, à la région de Tabarka et à la côte Sud en bénéficie également. Une quinzaine de barques siciliennes opèrent dans les environs de Sousse de fin avril a fin juillet. Une soixantaine de barques siciliennes pêchent l'allache à Mehdia du mois d'avril au mois de juin.

Année moyenne, la pêche des anchois, sardines et allaches sur l'ensemble des côtes de la Régence représente un million de kilogrammes de poissons valant environ 300.000 francs.

Pêche du thon

On admet généralement que les thons péchés en Méditerranée viennent tous de l'Océan Atlantique à une certaine époque de l'année.

Les renseignements que nous nous sommes procurés auprès des personnes qui, depuis leur jeune âge, pratiquent la pêche des thons, tendraient au contraire à prouver que parmi les individus capturés il y en a qui se sont développés dans les golfes de la Méditerranée et qui y ont stationné après leur développement.

Les thons qui arrivent de l'Océan Atlantique ne font qu'un court séjour en Méditerranée et retournent dans l'Océan après avoir jeté leurs œufs. A leur entrée en Méditerranée, ils se divisent en deux branches : l'une suit les côtes d'Afrique et l'autre celles d'Espagne, de France et d'Italie en contournant les enfoncements des golfes et en cherchant les fonds les plus riches en algues et en glands marins pour se nourrir et se reproduire ; ils poursuivent ainsi leur course jusque dans la mer Noire, pour retourner enfin à leur point de départ. Si ces scombres retournent dans l'Océan après avoir fécondé en Méditerranée, il n'en est pas moins certain qu'ils y laissent des alevins ; ceux-ci se développent, et les pêcheurs les connaissent bien à la forme spéciale de leur bouche, des yeux et de la caudale. Ces petits thons, nés vers la fin de juin, atteignent au mois d'août le poids de 150 grammes, en septembre 900 grammes pour dépasser le poids de 1 kilo en octobre. Ils nagent a la surface de l'eau, s'approchent et s'éloignent des rivages

Vue de l'île et du port de Tabarka, centre de la pêche des sardines du Nord de la Régence

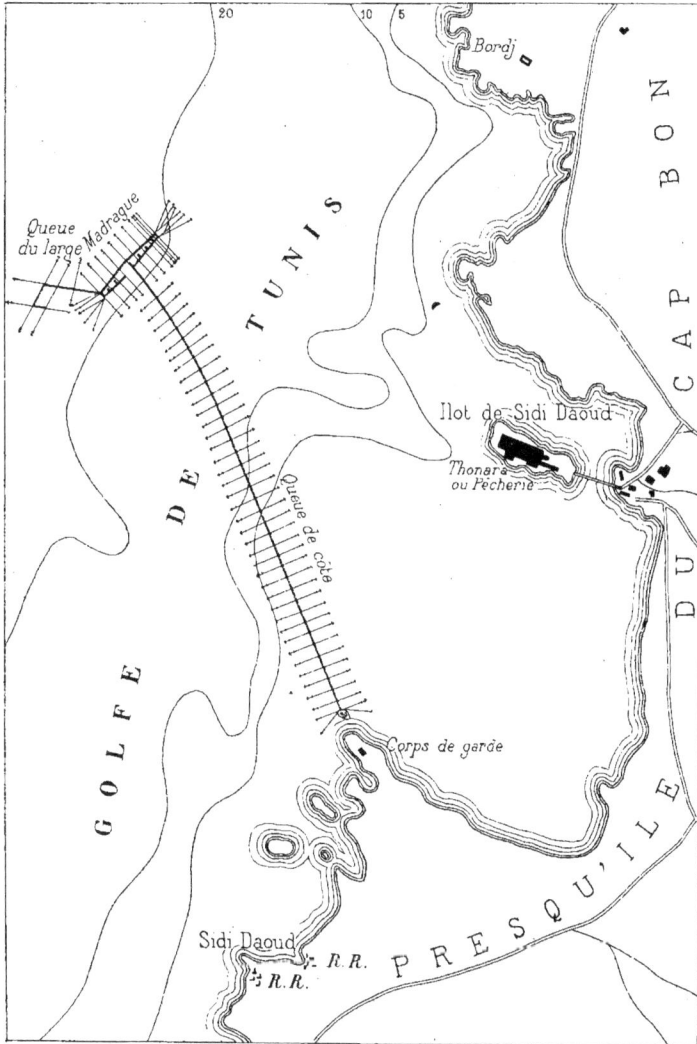

Plan d'ensemble des installations à terre et à la mer de la thonaire de Sidi-Daoud

Echelle : $\frac{1}{25.000}$.

en bandes séparées, et si parfois ils sont attirés par d'autres bandes, ils marchent avec une vitesse vertigineuse pour aller se joindre à leurs compagnons. Ce sont ces petits thons, dont le développement se fait rapidement, qui stationnent en Méditerranée, se mettent en marche vers le 15 avril et sont capturés vers le 20 ou le 25 de ce même mois, époque où ont lieu les premières pêches pour certaines madragues de la Méditerranée.

Il paraît constaté que les thons pêchés en Sicile vers la fin d'avril ne sont que des habitants des golfes de la Méditerranée, qui, après avoir côtoyé la côte N.-O. de la Calabre, se divisent en deux branches, dont l'une se dirige vers le détroit de Messine et l'autre, en bandes plus serrées, vers la côte septentrionale de la Sicile, alimentant ainsi les madragues de cette grande île.

Le thon est un poisson des plus craintifs et l'effroi qu'il ressent de l'approche de certains squales, comme le requin par exemple, le fait dévier de sa route.

Ce scombre est d'ailleurs d'un rendement très avantageux ; toutes les parties de son corps sont utilisables ; des arêtes et des têtes on extrait de l'huile, et après que tout ce qui ne peut être mis en conserve a été pressuré, on vend les résidus comme engrais à des prix assez rémunérateurs. Ces engrais, qui renferment plus de 8 % d'azote et 28 % d'acide phosphorique, ont une sérieuse valeur agricole.

On capture les thons au moyen de madragues, à la cerne et aux thonaires, filets que l'on confond souvent à tort avec les madragues. Nous laissons de côté ces deux derniers genres de pêche, qui ne sont pas pratiqués en Tunisie, pour ne nous occuper que des madragues en usage dans le pays.

Les grandes pêches de thons se font au moyen de madragues de course et de madragues de retour. Les madragues de course sont celles qui pêchent les thons venant de l'Océan, et celles de retour sont celles qui pêchent les thons allant à l'Océan. Les madragues doivent avoir leur entrée du côté où l'on attend le poisson et être installées autant que possible à l'extrémité des golfes, à l'abri des gros vents, des courants et en eaux claires. Les courants portent souvent préjudice à la pêche parce qu'ils déplacent les filets de leurs alignements, ce qui permet aux thons de s'échapper.

En Tunisie, les vents de l'Ouest au Nord, quand ils ne soufflent pas avec violence, facilitent l'entrée des thons dans les madragues et c'est généralement après une jolie brise de l'Ouest au Nord qu'ont lieu les belles pêches.

Il existe en Tunisie quatre madragues de course en exploitation ; elles sont connues sous le nom de thonaires, traduction du mot *tonara* qui sert en Italie à désigner ces pêcheries. A proprement parler, la thonaire n'est qu'un simple filet à larges mailles, qui porte ce nom quand il est calé à poste fixe et celui de courantille quand on le laisse dériver au courant.

Les madragues tunisiennes sont celles du cap Zebib, de Sidi-Daoud, de Monastir et de Kuriat. Nous leur consacrons plus loin une étude détaillée.

La madrague de Monastir, située à l'extrémité Sud du golfe d'Hammamet, voire celle des iles Kuriat, située à huit milles dans l'Est de celle-ci, doivent indubitablement recevoir les thons de ce golfe qui se mettent en marche, au dire des pêcheurs, avant ceux venant de l'Océan. Par conséquent elles doivent avoir tout avantage à être calées vers le 15 avril, pour pêcher vers la fin de ce mois. Tandis que celles du cap Zebib et de Sidi-Daoud ne recevant les thons migrateurs que vers le 15 mai, effectuent leurs premières pêches vers la fin du même mois.

Nous ne reviendrons pas sur la description de la madrague que nous avons donnée plus haut. Nous indiquerons seulement la façon dont s'effectue la pêche.

Les thons suivent généralement la côte et cherchent les hauts fonds pour y frayer. Supposons une bande de thons remontant la côte aux environs d'une madrague ; ils rencontrent la queue qui leur barre le passage ; au lieu de rebrousser chemin, ils cherchent à gagner le large en suivant cet obstacle et arrivent ainsi à l'entrée du corps de la madrague : ils se précipitent alors par cette ouverture. Un canot monté par des hommes de garde surveille leurs mouvements ; ces hommes relèvent la cloison mobile qui ferme l'entrée dès que la bande s'est engagée dans le corps de la madragne. Les thons cherchent alors toutes les issues pour en sortir, mais à mesure qu'ils se dispersent dans les autres compartiments, on ferme ceux-ci derrière eux. Lorsqu'il y a dans le corps de la madrague une certaine quantité de thons, le *raïs* (capitaine de pêche) les fait passer de chambre en chambre jusque dans le *corpou*. Souvent les thons hésitent, mais on les effraie alors à l'aide d'un objet quelconque, généralement un linge blanc ou le squelette de la tête d'un cheval ou de tout autre animal. Dès que les thons sont dans le corpou, le raïs fait un signal et alors un certain nombre d'embarcations, dont deux plus grandes que toutes les autres, connues sous le nom de vaisseaux, se rendent sur le corpou et se forment en carré. Au signal du raïs, le filet en treillis formant double fond est relevé à l'aide de cabestans et à la main et, lorsque les thons arrivent un peu au-dessous de la surface de l'eau, ils sont capturés à l'aide de forts crocs. C'est ce que l'on appelle faire la *matanza*. Les pêcheurs sont tellement adroits qu'à deux ils retirent de l'eau des thons pesant jusqu'à 300 kilos. La *matanza* terminée, le double corpou est remis dans sa position primitive et le produit de la pêche qui se trouve dans les vaisseaux est remorqué à terre par les autres embarcations.

Comme les autres pêches, celle du thon a ses bonnes et ses mauvaises années, et quand la pêche n'a pas produit les résultats que l'on attendait, on recherche les causes de cet insuccès. En Tunisie, c'est la pêche des anchois et des sardines, et même celle des éponges, qui passent pour nuire à la pêche du thon. Il peut y avoir du vrai dans cette opinion, mais les dispositions prises en France, en Espagne et en Italie pour la protection des madragues portent à croire que les filets calés à une certaine distance des madragues ne sauraient porter aucun préjudice à la pêche du thon.

Le règlement sur la pêche côtière en Espagne autorise le jet de n'importe quel genre de filets à deux milles de distance des madragues ; en France la distance prescrite n'est que d'un mille et en Italie de cinq kilomètres au vent, soit presque trois milles marins. En Tunisie on accorde dans la pratique une zone de protection bien plus étendue.

Du reste, à en juger par leur marche, les thons passent à peu de distance des côtes et passeraient-ils par des fonds de 100 à 120 mètres, qui sont généralement ceux où l'on pêche l'anchois et la sardine, qu'ils plongeraient pour passer sous les filets à sardines, dont la chute ne dépasse pas 40 mètres. Il faut, en outre, considérer que la pêche des anchois et des sardines ne se fait que pendant sept ou huit heures de nuit et, en admettant que les thons fuient à la vue des filets, il faudrait que leur marche n'eût lieu que pendant cette seule période de temps, ce qui nous paraît inadmissible.

Il y a des madragues qui, après avoir donné de bons résultats pendant de longues années, sont tombées en décadence; les opinions sur les causes de cette décadence sont très divisées.

C'est, d'après les uns, la pêche aux bœufs qui ravage les fonds, détruit la nourriture des scombres, rend les eaux troubles et effraye les petits poissons dont se nourrissent les thons. C'est, d'après les autres, l'instinct naturel des thons qui les pousse à éviter les parages où on leur fait une chasse acharnée et continue. Nous pouvons encore citer, parmi les causes possibles d'une mauvaise pêche, la présence en nombre plus ou moins grand, dans les parages des madragues, du requin et d'autres poissons voraces si redoutés des thons. L'instinct du thon pourrait ainsi le pousser à abandonner les parages où il a déjà rencontré ses redoutables ennemis.

Certaines influences atmosphériques, capables de modifier la marche des thons au double point de vue du nombre et de l'époque, doivent aussi être citées parmi les causes d'une mauvaise pêche.

Il en est des poissons migrateurs comme des oiseaux de passage qu'on peut rarement voir tous les ans en quantités égales dans les mêmes lieux.

La pêche du thon ne peut être mieux pratiquée qu'elle ne l'est aujourd'hui; seulement, pour que cette industrie puisse prospérer, il faut beaucoup de capitaux, de la patience, un bon raïs, une bonne administration, une bonne discipline. Il faut aussi que les pêcheurs, ce que l'on appelle l'équipe de mer, soient intéressés dans le produit de la pêche.

Pêche du corail

La pêche du corail sur les côtes tunisiennes remonte à un temps très éloigné.

Dès l'an 1035, la République de Pise ayant fait la conquête de Tunis s'intéressait à la pêche du corail, dont le privilège lui était confirmé en 1117 par le Bey de Tunis. Elle délaissa par la suite cette industrie.

En 1520, un Breton, un Normand et un Parisien dont on ignore les noms, s'établirent au cap Négro et exploitèrent le corail de la côte tunisienne. Le privilège de la pêche du corail entre Tabarka et Bône fut cédé à la France par Khéreddin. En 1604, le sultan confirma cette concession.

En 1685, à la suite du traité imposé au Bey Ahmed Chelebi par l'amiral comte d'Estrées, obligeant ce souverain à payer une indemnité au commerce français, M. Gautier, négociant de Marseille qui avait souscrit l'emprunt que le Bey avait contracté, reçut en récompense l'autorisation d'établir au cap Négro un établissement commercial et d'y exploiter la pêche du corail.

En 1768, la Compagnie Royale d'Afrique conclut avec Ali Pacha par l'entremise du Consul de France, M. de Saisieu, un traité qui lui assurait, moyennant une redevance annuelle de 4.500 piastres tunisiennes, la pêche exclusive du corail dans les eaux de la Régence, à l'exception de Tabarka, qui appartenait alors aux Génois. Cette concession était faite sans limitation de durée et pour le temps qui conviendrait à la Compagnie.

Au mois de juin 1781, M. de Rocher, consul général de France à Tunis, signa avec le Bey un nouveau traité qui assurait à la Compagnie d'Afrique le privilège de la pêche du corail dans toutes les mers de la Tunisie, depuis Tabarka jusqu'à la frontière tripolitaine. Cette concession d'une durée de six ans, avec faculté de renouvellement pour la Compagnie, était consentie moyennant une redevance annuelle de 13.500 piastres tunisiennes.

Depuis l'expiration de ce traité et à la suite des événements de la Révolution française, la pêche du corail dans les eaux tunisiennes était devenue libre et les bateaux corailleurs français et étrangers l'exerçaient en payant des droits déterminés qu'ils acquittaient au fisc tunisien.

A la suite d'événements qu'il serait trop long d'énumérer, les choses restèrent à peu près dans le *statu quo* jusque vers la fin de 1824.

A cette époque une Compagnie anglaise offrit à Hussein-Bey de prendre le privilège de la pêche du corail sur toutes les mers de la Régence, moyennant une redevance annuelle de 10.000 piastres fortes, et 100 livres de corail de première qualité évalué à 80 piastres fortes la livre.

Malgré les tentatives faites par les consuls de France, de Naples et de Sardaigne, pour faire rejeter par le Bey les offres de la Compagnie anglaise, le traité fut définitivement conclu avec cette Compagnie, dont le but était de monopoliser la pêche du corail sur toutes les côtes barbaresques. Les tentatives faites à cet effet à Alger ayant échoué, la Compagnie chercha alors à s'entendre avec le Gouvernement français pour la cession de son privilège de pêche dans les eaux tunisiennes. Cette tentative n'ayant pas abouti, la Compagnie tenta auprès du Bey d'obtenir des limites plus étendues qui furent combattues par le représentant de la France.

Se voyant dans l'impossibilité d'obtenir du Bey l'extension des privilèges qu'elle demandait, et voyant la certitude de déficits énormes, la Compagnie résilia son contrat et la pêche du corail devint de nouveau le partage de tous les pêcheurs français et étrangers, moyennant les anciens droits établis en faveur de la Régence. Cette situation dura jusqu'au 24 octobre 1832, époque à laquelle le droit perpétuel et exclusif de la pêche du corail sur tout le littoral tunisien fut acquis par la France moyennant une redevance annuelle de 13.500 piastres.

Le traité qui a consacré cette acquisition est encore en vigueur malgré l'établissement du Protectorat français en 1881, et la France continue à verser régulièrement au Trésor beylical la redevance stipulée par ledit traité. Au taux de 0 fr. 60 la piastre, la somme de 13.500 piastres donne une redevance de 8.100 francs qui est versée tous les ans par les soins de l'Algérie à la Recette générale des Finances à Tunis.

C'est donc la France seule qui a mission, pour la sauvegarde de ses droits, de surveiller sur les côtes de la Régence la pêche du corail. Ce sont les règlements français qui régissent cette pêche et les gardes-pêche français qui ont qualité pour en surveiller l'application.

Avant la dénonciation du traité de commerce et de navigation entre la France et l'Italie, La Calle était le port de concentration de tous les bateaux corailleurs italiens qui pêchaient du cap Rosa (Algérie) jusqu'à la hauteur de l'île de La Galite. La pêche du corail à laquelle la France s'était tant intéressée était alors abandonnée par le commerce français et était le monopole des Italiens. Deux à trois cents bateaux corailleurs italiens arrivaient aux époques de la pêche et contribuaient à la prospérité de La Calle.

En 1888, la rupture du traité de commerce et de navigation entre la France et l'Italie éloigna les pêcheurs italiens de l'Algérie, et La Calle perdit une partie de ses ressources.

La fabrication du faux corail par des maisons allemandes fit tellement baisser le prix du vrai corail que, de 1889 à 1897, la

pêche n'employait plus à La Calle que 15 ou 20 corailleurs italiens
qui s'étaient fait naturaliser français. Aujourd'hui que la fraude a
été reconnue par les populations de race éthiopique et mongolique
qui aiment à se parer de bijoux fabriqués avec cette matière, la
pêche semble reprendre et les coraux ont déjà atteint les prix de
7.500 à 8.000 francs les cent kilos. Des pêcheurs napolitains et de
La Calle arrivèrent à l'île de La Galite et se livrèrent à la pêche
du corail dans le Nord de cette île et aux environs des bancs des
Sorelles.

La pêche du corail se pratique à l'aide de la croix de Saint-
André, par des profondeurs plus ou moins grandes, du 1er avril au
30 septembre, mais elle pourrait être pratiquée toute l'année, si les
mauvais temps de l'hiver ne s'y opposaient.

Bien que la convention de commerce et de navigation du 28
septembre 1896 entre les gouvernements italien et tunisien accorde
le libre exercice de la pêche aux Italiens dans les eaux de la Régence, cette convention ne détruit pas le traité du 24 octobre 1832,
et la pêche du corail dans les eaux tunisiennes reste la propriété
exclusive de la France. Elle ne peut donc être exercée par les
bateaux corailleurs étrangers sans une patente délivrée par les
autorités françaises, tandis que les pêcheurs français peuvent
l'exercer librement en se soumettant au règlement qui régit cette
pêche en Algérie. On aurait donc tout avantage à armer des corailleurs français pour exploiter les fonds tunisiens dont les bancs de
coraux s'étendent jusque vers Porto-Farina, et on se demande
pourquoi le commerce français laisserait monopoliser par des étrangers une marchandise d'une si grande valeur qu'il peut se procurer
à des prix avantageux.

Depuis 1889, les fonds ont été peu exploités, les bancs de
coraux se sont reconstitués, et il y a lieu de croire que ceux qui
tenteraient cette industrie verraient réussir leur entreprise.

La pêche du corail ne demande pas des engins compliqués et
coûteux, et elle s'exerce mieux à la voile qu'à la vapeur. Nous ne
croyons pas que l'on trouve dans le Midi de la France et même en
Corse des pêcheurs de corail ; mais en Algérie, et principalement
à La Calle, on peut trouver de bons pêcheurs habitués dès leur
jeune âge à ce rude métier.

C'est là la seule et véritable difficulté à résoudre, car les fatigues

et les peines qu'ont à endurer les pêcheurs de corail sont difficiles
à imaginer. Les naturalisés d'origine italienne seraient sans doute
les seuls à fournir les bras nécessaires pour cette industrie.

Bizerte nous paraît d'ailleurs être le point le mieux situé comme
port de concentration de cette pêche, et ceux qui voudraient tenter
l'essai de cette exploitation y trouveraient des avantages que
n'offre plus La Calle.

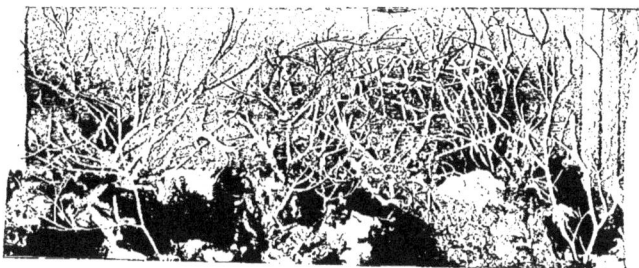

Pousses de corail à l'état naturel

Pêche des éponges

L'éponge se rencontre sur les côtes de la Tunisie sous quatre
types commerciaux que l'on peut caractériser ainsi :

1° l'éponge *Djerbi*, à tissu léger et peu résistant, à racine
rougeâtre; se pêche dans le fond du golfe de Gabès;

2° l'éponge *Kerkenni*, à racine noire, au tissu brun, très résistant; se pêche sur les bancs et dans le canal de Kerkennah;

3° l'éponge de Zarzis, à racine blanche, à tissu souple, très
voisine de l'éponge de Syrie; se pêche entre Zarzis et la frontière
tripolitaine;

4° l'éponge *Hadjemi*, à grain dur et compact; se récolte un
peu partout; n'a pas une grande valeur commerciale.

L'éponge, au moment où l'on vient de la pêcher, est recouverte
d'une pellicule noirâtre gélatineuse qui exhale une odeur nauséa-
bonde et dont il est indispensable de la dépouiller pour éviter
qu'elle se corrompe.

C'est par le lavage qu'on arrive à ce résultat. Ce lavage est
quelque peu pénible : aussi certains pêcheurs — les Indigènes

notamment — préfèrent-ils vendre leurs éponges à l'état brut :
c'est ce qu'on appelle *la pêche noire*. Ceux qui apportent leurs
éponges sur les marchés après lavage pratiquent *la pêche blanche*.
Cette distinction qui a surtout une valeur fiscale et commerciale
répond aussi à une différence dans les procédés de pêche.

Le pêche noire est surtout pratiquée par les Indigènes, parfois
aussi par les Siciliens ; les uns et les autres emploient le trident ou la
foëne. Ils les manient avec une grande dextérité de main et une rare
sûreté de coup d'œil. Ce procédé est excellent partout où les eaux
sont claires et où la profondeur ne dépasse pas 14 mètres. Dès que
la surface de la mer n'est pas absolument calme, elle perd sa
transparence cristalline et la pêche au trident deviendrait impossible sans le secours du « miroir », instrument aussi simple qu'in-
génieux. C'est un cylindre en fer blanc, d'environ 30 centimètres
de diamètre sur 40 de hauteur. Librement ouvert par un de ses
bouts, il est fermé à l'autre par une vitre bien mastiquée. Il suffit
de le plonger dans l'eau de quelques centimètres par sa base vitrée
pour distinguer avec facilité tous les détails du fond de la mer.
Cet engin, importé à Sfax par les Grecs en 1876, est connu depuis
longtemps de nos marins qui s'en servent pour examiner la coque
des navires et qui l'ont baptisé « la lunette du maître calfat ».

La pêche à la foëne n'est pratiquée que de novembre en mars,
c'est-à-dire pendant la période où les algues marines ont été enle-
vées par les tempêtes et où les jeunes pousses n'ont pas encore
reparu, laissant ainsi facilement apercevoir les éponges.

L'engin employé par les Siciliens a trois dents, celui des Arabes
en a cinq ou six ; l'un et l'autre sont fixés à des manches à raccords
permettant d'atteindre des profondeurs variables et qu'il faut lester
avec du plomb, dès que les fonds dépassent huit mètres. Par un
double mouvement de rotation et de bascule l'éponge est détachée
du sol, sans que les dents de l'engin laissent dans son tissu élastique
des traces bien appréciables.

Les Siciliens opèrent généralement dans des embarcations légères ou *barquettes*, montées à deux hommes, un harponneur et un
rameur, qui ont pour centre de ralliement un bateau d'assez fort
tonnage appelé *bovo*, où le produit de la pêche est lavé, séché et
entreposé. Chaque bovo est alimenté par autant de barquettes louées

dans le pays qu'il a amené de harponneurs, c'est-à-dire généralement douze ou quinze.

Barquette ou kamakis pour la pêche des éponges
Longueur, 6^m50; largeur, 1^m65; creux, 0^m65

Les Grecs pratiquent à peu près exclusivement la pêche à la
gangava ; nous avons décrit plus haut cet engin. Sa manœuvre est
des plus faciles grâce à la puissante voilure des *saccolèves* qui le
remorquent jusqu'à ce que le ralentissement de la marche indique

Saccolève grecque. Longueur, 15 mètres; largeur, 4 mètres; creux, 1^m80

que le filet est plein et peut être remonté. Cette opération s'effectue
à l'aide d'un treuil à main.

C'est en 1875 que les Grecs ont introduit la gangava dans le
golfe de Gabès ; quelques Maltais et quelques Siciliens l'ont adoptée
depuis.

Cet engin donne, jusqu'à 40 mètres, des résultats très satisfaisants au point de vue du rendement, mais il a l'inconvénient grave
de faire place nette partout où il passe et d'arracher indistinctement
tout ce qu'il rencontre. Les jeunes éponges sont donc sacrifiées sans
profit pour personne : aussi est-on à peu près unanimement d'avis
que la gangava ne doit être autorisée que là où tous les autres
engins ne peuvent être pratiqués.

La récolte des éponges se fait encore par des plongeurs au
scaphandre. Nous ne décrivons pas ce système bien connu, dont
l'application à la pêche des éponges n'offre rien de particulier et
va, d'ailleurs, en diminuant en raison des frais généraux qu'elle
comporte.

Plus intéressants sont les plongeurs à nu dont les tours de force
dépassent toute vraisemblance. Armés d'une simple pierre pour
effectuer leur descente, attachés par une corde pour assurer leur
montée, ils séjournent jusqu'à trois minutes sous l'eau et y cueil-
lent souvent des produits de toute beauté, cachés dans les anfrac-
tuosités des rochers et qu'aucun engin n'aurait pu atteindre. On
nous a assuré que certains d'entre eux descendent jusqu'à 50 mètres
de profondeur, au grand détriment, du reste, de leur structure et
de leur santé.

Longtemps cantonnée dans la région de Gabès et de Sfax, la
pêche des éponges semble devoir gagner encore en étendue. En
1895, des bancs ont été découverts à l'Est et au Nord de Mehdia ;
d'autres ont été reconnus et sont actuellement exploités jusqu'à
Hergla, à 30 kilomètres au Nord de Sousse.

Quelques Grecs ont exploré la côte jusqu'au cap Gammart, mais
ils n'ont trouvé que des éponges de qualité tout à fait inférieure.

L'étude de la pêche des éponges serait incomplète si nous ne
donnions, après la description des procédés de pêche, un aperçu
historique du régime fiscal auquel est soumise cette industrie. Ce
régime, qui est encore discuté, ayant sur l'exploitation d'une
richesse sous-marine aussi intéressante une influence prépondé-

rante, on nous pardonnera d'entrer à ce sujet dans quelques détails.

La pêche des éponges dans le golfe de Gabès a dû être de tout temps une industrie des plus florissantes et, ajoutons-le immédiatement, une source de revenus des plus sérieuses pour les Beys. C'est le caïd de Djerba, si nous en croyons la tradition, qui, au commencement de ce siècle, prélevait au nom du Bey la dîme du produit de cette pêche.

Vers 1840, nous apprend M. le commandant Servonnet dans son intéressant ouvrage « *Le golfe de Gabès en 1888* », un Français et un Italien monopolisaient à peu près entièrement le marché des éponges à Djerba ; un négociant grec associé d'une maison française obtint alors la concession de la pêche des éponges ; mais en 1846 le Bey transféra cette concession à son ministre Ben Ayed qui eut soin de la faire établir par décrets réguliers notifiés aux consuls.

Ceux-ci, malgré les protestations énergiques du concessionnaire évincé, ne songèrent jamais à contester au Bey le droit de disposer souverainement des bancs d'éponges de la côte tunisienne. La concession Ben Ayed dura jusqu'en 1869, époque où la Commission financière, constituée auprès des Beys pour la garantie des dettes de la Régence vis-à-vis des puissances européennes, décida d'affermer la pêche des éponges et de déclarer revenu public les produits de ce fermage. Ce nouvel acte de souveraineté ne fut pas plus contesté que les précédents et, en 1875, un capitaine grec et un négociant français ayant essayé de protester contre le fermage en invoquant le principe de la mer libre furent, de par le jugement de leurs consuls respectifs, déboutés de leurs prétentions. Ces renseignements intéressants n'étaient pas inutiles pour bien montrer la validité des droits de la Régence sur les bancs d'éponges situés sur son littoral, en dehors même de la limite des eaux territoriales. Ils corroborent pleinement les considérations que nous avons données plus haut (page 187) au sujet de l'extension toute spéciale des eaux tunisiennes en ce qui concerne la pêche des éponges.

C'est à la France que la Tunisie doit le développement de la pêche et du commerce des éponges. Jusqu'en 1854, la pêche des éponges entre Sfax et la frontière tripolitaine, y compris les îles Kerkennah et de Djerba, était pratiquée uniquement par des pêcheurs indigènes, qui ne lavaient pas les éponges et les vendaient à l'état brut dans le pays. En 1854, la maison Coulombel de Paris, fit acheter des éponges brutes à Sfax pour être expédiées en France, inaugurant ainsi le courant commercial qui règne encore entre la Tunisie et la France.

En 1856, les premiers pêcheurs grecs arrivèrent à Sfax, et, comme ils lavaient leurs éponges, ils obtinrent de ne payer que le quart en nature sur le produit de leur pêche, au lieu du tiers que le concessionnaire de la pêche percevait sur les éponges brutes.

La mer était littéralement pavée d'éponges et les bénéfices des fermiers dépendaient presque uniquement du nombre plus ou moins grand des pêcheurs étrangers qui venaient exercer cette industrie.

Pour se procurer une grande quantité d'éponges lavées, la maison Coulombel, qui avait établi un agent à Sfax, encouragea la venue des pêcheurs grecs de l'archipel.

De 1869 à 1892, la pêche des éponges fut affermée et le fermage fut toujours adjugé à des maisons françaises.

L'article 1er du cahier des charges du fermage stipulait que la part du produit de la pêche revenant aux fermiers était de 25 °/₀ en nature sur les éponges lavées et de 33 °/₀ sur les éponges brutes.

L'article 4 laissait aux fermiers le soin d'exercer sur mer, sur les plages, dans les ports d'embarquement et dans l'intérieur des villes, la garde et la surveillance reconnues nécessaires pour le fonctionnement du fermage.

En ce temps-là, le produit de la pêche ne pouvait se débarquer qu'à Sfax, Djerba et Zarzis, seuls ports où les fermiers fussent représentés. Les produits étaient portés par les pêcheurs aux endroits désignés par les agents des fermiers ; les éponges lavées étaient partagées en quatre lots et les éponges brutes en trois lots. Sur chacun d'eux était placé un numéro ; un crieur, toujours agent des fermiers, désignait, les yeux bandés, la part de chacun.

Généralement les fermiers faisaient des avances aux pêcheurs, qui s'engageaient, en retour, à leur livrer une partie de leur pêche à des prix convenus à l'avance. Il arrivait souvent que des pêcheurs partaient avec l'intégralité de leur pêche sans avoir rien donné aux fermiers. C'est alors que la Commission financière dont nous avons parlé plus haut fit, après entente avec les représentants des puissances étrangères, décréter l'obligation pour les pêcheurs étrangers de déposer leurs papiers de bord chez leurs consuls respectifs, d'être munis d'un permis de pêche délivré par les fermiers, de recevoir à leur bord un gardien payé et choisi par ceux-ci et de ne débarquer les éponges que dans les ports où les fermiers et la direction des douanes seraient représentés.

En 1881, les pêcheurs, profitant des circonstances politiques et du soulèvement des indigènes de Sfax, partirent sans payer aucun droit.

Pendant la campagne de pêche 1885-86, le fermier ayant cru devoir, en raison des ravages que causait sur les bancs l'usage de la gangava, mettre un terme aux avances qu'il faisait aux pêcheurs se servant de cet engin, ces derniers partirent avec le produit de leur pêche. A part ces deux cas, les fermiers ont toujours pu, sans trop de peine et de surveillance, percevoir la part qui leur revenait.

Au mois de mai 1888, le Gouvernement prit, sur la demande du fermier de l'époque, un décret interdisant la pêche à la gangava et au scaphandre pendant les mois de mars, avril et mai.

En 1890 et 1891, le fermier se plaignit que la pêche et la vente clandestines des éponges lui faisaient subir des pertes sérieuses, en compensation desquelles il demanda une prolongation de deux années de son fermage. Le Gouvernement ne donna aucune suite à ces propositions et décida la suppression du fermage. Ce mode de perception des droits sur les éponges prit fin le 12 juillet 1892.

Les droits en espèces furent dès lors substitués aux droits en nature ; mais comme les fermiers n'étaient pas tenus par les clauses de leur cahier des charges de fournir à l'Administration des revenus concédés des états statistiques sur le nombre des pêcheurs et sur le produit de la pêche, la Direction générale des Travaux publics, qui avait été chargée d'élaborer le projet de décret réglementant la pêche des éponges, fut obligée de demander des renseignements partout où elle pouvait s'en procurer pour pouvoir déterminer la base des nouveaux droits. Grâce à l'obligeance des négociants de Sfax et de Djerba, on sut que, dans une saison de pêche, une barquette pêchait à peu près pour 1.000 francs d'éponges, une gangava pour 5.000 et un scaphandre pour 12.000. Il résulte de ces données, que les fermiers percevaient en nature 250 francs par barquette, 1.250 francs par gangava et 3.000 francs par scaphandre.

Le Gouvernement ne pouvait demander des taxes aussi exagérées ; il décida de les réduire de 25 °/₀ à 15 °/₀ pour tenir compte des difficultés que les pêcheurs pouvaient trouver à s'acquitter en espèces, au moment de la remise de la patente de pêche.

Comme les pêcheurs indigènes ne lavent généralement pas les éponges, on fit deux catégories de pêche ; l'une dite *pêche blanche*, pour les pêcheurs qui apportent sur le marché les éponges lavées et l'autre dite *pêche noire*, pour ceux qui les livrent à l'état brut. C'est dans cet ordre d'idées que fut élaboré le décret du 16 juin 1892, qui fixait le prix des patentes annuelles comme il suit :

Pêche blanche

Barquettes pêchant au trident........................Fr.   125
Barques à la voile pêchant à la gangava..................   450
Barques pêchant au scaphandre, par engin................ 1.500

Pêche noire

Barquettes ....Fr.   30
plus 10 °/₀ sur le produit de la vente.

Soucieux de la conservation des bancs, le Gouvernement maintint les dispositions du décret du 29 mai 1888, qui interdit la pêche à la gangava et au scaphandre pendant les mois de mars, avril et mai, et, pour donner plus d'extension et de liberté au commerce des éponges, il en autorisa le débarquement dans tous les ports ouverts au commerce.

Si les dispositions du règlement étaient avantageuses aux pêcheurs de la pêche blanche, qu'elles exonéraient de l'obligation de la vente aux enchères, elles laissaient ceux de la pêche noire à la merci de certains accapareurs. Le prix des éponges noires baissait tellement que les indigènes ne pêchaient presque plus et qu'ils cherchaient à vendre clandestinement le peu qu'ils pêchaient.

En dehors de la baisse des prix, les pêcheurs étaient souvent obligés de perdre deux ou trois journées de travail avant d'encaisser le produit de leurs ventes. Il est vrai que si les prix des enchères ne leur convenaient pas, ils pouvaient reprendre leur marchandise et attendre des cours meilleurs ; mais il leur fallait alors payer les frais d'enchères et retourner chez eux sans argent, ou bien rester à Sfax et perdre leur temps.

En 1894, la mévente fut tellement frappante, que l'on jugea bon de modifier le régime de la pêche noire dans un sens plus libéral.

La taxe de 10 % sur le produit de la vente aux enchères fut supprimée, l'avantage accordé aux pêcheurs à la pêche blanche de disposer librement du produit de leur travail fut étendu à la pêche noire, et le décret du 15 janvier 1895, modifiant celui du 16 juin 1892, fixa à 75 francs le prix de la patente de la pêche noire.

Bien que ces dispositions permettent aux pêcheurs de disposer librement du fruit de leur travail, il y a encore des Indigènes, et surtout des Kerkenniens, qui se livrent aux mains des usuriers dans des conditions tout à fait onéreuses. Les avances qu'on leur fait pour payer leur patente de pêche ne sont consenties que contre cession d'une partie de la pêche à des prix dérisoires et d'une part sur le fret quand, par hasard, les barques des pêcheurs transportent quelques marchandises.

En 1895, des réclamations s'élevèrent contre un prétendu relachement de la surveillance des gardes-pêche et contre les vols commis par les pêcheurs siciliens au détriment de leurs bailleurs de fonds.

La vérité est, surtout, qu'à cette époque la pêche ne fut pas aussi fructueuse que les années précédentes et que l'on oublia quelque peu que la pêche, comme l'agriculture et les industries en général, a ses bonnes et ses mauvaises années.

Au mois de mars 1897, à la suite d'une visite faite sur les produits pêchés par les scaphandres, il fut constaté que ces pêcheurs déracinaient des éponges très petites n'ayant aucune valeur commerciale proprement dite, puisqu'on les classait avec les *écarts* *(scarti)*. Des spécimens furent envoyés à Tunis pour être présentés à l'Administration chargée du service des pêches, qui crut devoir prendre des mesures protectrices pour éviter la dévastation des bancs. Elle résolut en conséquence d'élever le droit de patente de 1.500 à 3.000 francs pour les scaphandres et, d'autre part, pour répondre aux desiderata de tous les pêcheurs, de scinder le paiement des patentes en deux termes. Ces modifications furent décrétées le 23 mai 1897, peu de jours avant l'ouverture de la campagne de pêche.

Ces nouvelles dispositions donnèrent lieu à des réclamations de la part des bailleurs de fonds, qui, parait-il, avaient déjà fait des avances aux scaphandriers grecs. Les négociants de Sfax affirmèrent que les pêcheurs allaient abandonner le pays, pour se porter en masse vers l'île italienne de Lampedouse, et que le commerce des éponges était perdu par ce seul fait.

Fort heureusement Lampedouse ne possède pas les avantages qu'on lui attribuait et cette île ne sera jamais préférée à Sfax, comme centre du commerce et de la pêche des éponges.

A Lampedouse, les barquettes ne peuvent pas pêcher et les scaphandres rarement, à cause de la profondeur de l'eau. On n'y pratique donc que la pêche à la gangava.

Au mois d'août 1897, les négociants de Sfax crurent devoir protester contre les dispositions du nouveau décret, en ce qui concernait le tarif des patentes et l'époque de l'interdiction de la pêche. Ils demandaient la réduction du tarif et, forts de l'opinion de M. Lo Bianco, savant naturaliste de Naples, prétendaient que l'éponge jette sa semence en automne et non en mars, avril et mai, époque fixée par le décret pour l'interdiction de la pêche au scaphandre et à la gangava.

Les délégués que les Sfaxiens envoyèrent à la Résidence générale obtinrent la promulgation d'un nouveau décret à la date du 28 août 1897. Ce décret abaissait le prix des patentes de pêche blanche :

Pour les barquettes à.................Fr.   100
Pour les gangavas à.......................   350
Pour les scaphandres à....................   1.000

La patente de pêche noire était réduite à 40 francs. En même temps la période d'interdiction était levée pour les mois de mars, avril et mai et reportée sur novembre et décembre.

Ces mesures provisoires donnaient toute satisfaction aux négociants de Sfax, mais elles ne reposaient pas sur des bases scientifiques indiscutables et le Gouvernement tunisien décida d'envoyer à Naples, auprès de M. Lo Bianco, un agent chargé de s'enquérir des données scientifiques les plus rigoureuses permettant de fixer les périodes d'interdiction de la pêche des éponges.

Il résulte des renseignements ainsi recueillis que seules des expériences locales suivies peuvent permettre d'établir avec certitude l'époque de l'émission des larves d'éponges, de leur fixation et de leur développement. Ces expériences ont été commencées et suivent régulièrement leur cours. Il faut en attendre le résultat avant de modifier à nouveau la législation de la pêche des éponges.

Pêche des poulpes

La pêche des poulpes se rapproche administrativement de celle des éponges; elle est en effet régie par les mêmes décrets, se pratique dans les mêmes parages et est surveillée par les mêmes agents. Économiquement, elle offre une importance beaucoup moins grande puisqu'elle produit, année moyenne, 120.000 kilos de poulpes à l'état frais valant seulement 80.000 francs. Elle est cependant intéressante en raison de l'alimentation qu'elle fournit à la classe pauvre et de l'exportation considérable à laquelle elle donne lieu à l'époque des carêmes de la religion grecque; le poulpe constitue pendant cette période la nourriture presque unique de la classe peu fortunée en Grèce.

Tous les procédés de pêche des poulpes reposent sur l'instinct qu'a ce mollusque de se glisser dans les abris qui se présentent à lui. Sur les petits fonds on lui tend en conséquence des abris de pierre ou en branches de palmier dans lesquels on le harponne facilement. Dans les grands fonds on tend des palangres munis de gargoulettes en poterie. En relevant la corde au bout de quelques heures on les trouve généralement garnies de poulpes.

Le battage, le malaxage et le séchage constituent les opérations simples qui permettent de conserver et de rendre exportable la chair du poulpe.

AMODIATIONS ET CONCESSIONS DE PÊCHE

Nous avons décrit sous le nom de pêches spéciales les pêches qui, par leur objet et par leurs procédés, méritent une étude à part. Cette description, faite surtout au point de vue technique, serait insuffisante si nous ne la complétions pas au point de vue administratif.

Nous sommes ainsi amenés à consacrer quelques lignes aux concessions et amodiations de pêche qui ont été accordées en Tunisie, tant pour l'exercice des pêches spéciales que pour tout autre genre de pêche.

Ces concessions et amodiations comprennent actuellement quatre lacs salés, quatre madragues pour la pêche du thon et de nombreuses bordigues indigènes.

Lac de Bizerte

Le lac de Bizerte, vaste nappe d'eau salée d'environ 150 kilomètres carrés de superficie, a été de tout temps, au point de vue de la pêche, l'objet d'une exploitation fructueuse.

Avant le creusement du canal de près de 10 mètres de profondeur, sur 60 mètres de largeur au plafond, qui le relie à la mer et qui va être porté prochainement à 200 mètres de largeur, ce lac était en communication avec la mer par un chenal sinueux où la pêche se pratiquait avec une grande facilité, grâce aux instincts migrateurs des espèces.

Il suffisait autrefois de quelques bordigues en clayonnages grossiers pour capturer en permanence de grandes quantités de poissons. À l'époque du passage des colonies les plus nombreuses, sur un signal du raïs ou capitaine de pêche, des bancs d'une richesse extraordinaire étaient cernés par des filets et capturés en quelques instants. M. Bouchon-Brandely, dans le rapport que nous avons déjà cité, parle de pêches miraculeuses ayant produit d'un seul coup jusqu'à 22.000 daurades du poids de 2 à 5 kilos chacune. Ces chiffres sont à peine croyables, malgré leur authenticité incontestable. Ce qui est non moins certain c'est que l'État, qui mettait en adjudication l'exploitation de la pêche dans le lac de Bizerte a, depuis 1870, retiré de cette ferme jusqu'à 150.000 francs par an. Les frais du fermier étant au moins égaux à cette somme, on voit que le lac de Bizerte, qui laissait un bénéfice sensible, devait donner entre 3 et 400.000 francs de produits par an.

Le lac d'Iskeul est une nappe d'eau saumâtre d'environ 120 kilomètres carrés, qui communique avec le lac de Bizerte par un chenal sinueux de près de 5 kilomètres de longueur, connu sous le nom d'Oued-Tindja. Pendant neuf mois de l'année cet oued coule du lac Iskeul au lac de Bizerte; pendant les trois mois de fortes chaleurs, il coule en sens inverse.

La composition des eaux du lac Iskeul est donc variable et certaines espèces de poissons, notamment le mulet et l'anguille, s'accomodent de ce régime et franchissent à époque fixe l'Oued-Tindja où des bordigues en clayonnage ont de tout temps donné de bons résultats.

Le 11 novembre 1889, le contrat de concession de la construction et de l'exploitation du port de Bizerte transférait à la Compagnie concessionnaire :

1° le droit exclusif pour toute la durée de la concession (75 ans) d'exploiter les deux pêcheries de Bizerte et de Tindja, de cultiver dans le lac de Bizerte les éponges, mollusques, etc., avec exemption, pendant la même durée, de tous impôts, intérieurs ou de sortie, sur le poisson de ces deux provenances, ainsi que sur les éponges, mollusques, etc., du lac de Bizerte ;

2° le fermage de l'impôt de 25 % perçu en Tunisie sur les poissons apportés par les pêcheurs dans les marchés de la région littorale comprise entre Bizerte et Radès, à l'exception de Sidi-bou-Saïd. La Compagnie devait percevoir ce fermage du 13 mai 1890, jour de l'expiration du privilège de l'ancien fermier, au 13 mai 1894 ;

3° le privilège de la pêche dans les eaux de la basse Medjerda, près de Tébourba et de Djedeïda, jusqu'au 13 mai 1894.

Par une convention du 30 avril 1894, ces deux dernières concessions furent prorogées jusqu'au 31 décembre 1899 ; mais, usant d'une clause de cette convention, le Gouvernement tunisien la dénonça à partir du 1er janvier 1897. Cette dénonciation fut faite en prévision du remaniement, aujourd'hui accompli, du régime fiscal du poisson.

En définitive la Compagnie du Port de Bizerte reste bénéficiaire pendant toute la durée de la concession du monopole de l'exploitation des pêcheries de Bizerte et d'Iskeul, avec exemption de tous droits sur le poisson qu'elle prend.

Pour l'exploitation de ce monopole, les installations des anciennes pêcheries qui se trouvaient à l'endroit où a été creusé le canal, ont dû être démolies et ont été reportées à environ cinq kilomètres en amont, à Ras-el-Ouzir, où a été construit, en travers du goulet du lac, un barrage d'environ 1.200 mètres de longueur. Ce barrage est constitué, partie en bordigues exécutées à la mode du pays en clayonnages formés de roseaux et de piquets, partie en métal.

La partie métallique comporte des pieux à vis verticaux ou tubes creux de 18 centimètres de diamètre atteignant jusqu'à 18 mètres de longueur et des pieux à vis de 15 centimètres de diamètre inclinés sur la verticale, qui viennent contrebuter les premiers. Les pieux verticaux sont espacés de 4 mètres, les fiches de 8 mètres ; ils sont réunis par des moises en bois portant un platelage de 2 mètres de largeur. A cette ossature sont suspendus, par l'intermédiaire de câbles en acier, des panneaux grillagés en fer galvanisé et goudronné qui mesurent 2 mètres sur 4 et dont la maille est un hexagone de 4 centimètres de diamètre. Cet ouvrage n'a pas coûté moins de 252.000 francs, d'après les chiffres fournis par le concessionnaire. Il remplit bien son but, mais l'entretien des panneaux où se fixent souvent animalcules et végétaux est assez dispendieux.

Vers le milieu du barrage, par les fonds de 12 mètres, une passe de 50 mètres de largeur est ménagée pour la navigation.

Cette passe est fermée par un filet en cordages pouvant être largué et rétabli à l'aide de deux treuils portés par les deux pylones qui balisent la passe.

Les bordigues et réservoirs attenant au barrage ont été placés, à la suite d'une série d'expériences, aux endroits reconnus les plus favorables.

Les pêches se font aussi par barques, mais le tramail est le seul filet employé, parce qu'il ne touche point les fonds et ne prend ainsi que le poisson adulte ; les filets traînants, qui ont pour conséquence de détruire le frai et les alevins, ont été exclus.

La pêcherie de Tindja a été également réinstallée par la Compagnie qui y a disposé des bordigues, partie métalliques, partie en clayonnages de roseaux, où l'on prend le poisson lorsqu'il émigre vers la mer.

Quelques essais ont été faits en 1898 et en 1899 pour la pêche de l'anguille ; les moyens employés pour cette pêche, verveux, fagots, n'ont pas donné jusqu'ici de résultats satisfaisants et les essais ont été abandonnés.

L'exploitation ainsi organisée a permis d'obtenir les résultats intéressants que nous allons faire connaître d'après les renseignements précis que nous devons à l'obligeance de la Compagnie concessionnaire du port et des pêcheries.

Le tableau ci-après indique par espèces le poids des poissons capturés dans les années 1893, 1895, 1897 et 1899 ; une cinquantaine d'espèces se rencontrent dans les eaux du lac ; mais le tableau ne renferme que celles qui donnent des produits appréciables.

Produits de la pêche dans les lacs de Bizerte

DÉSIGNATION DES POISSONS		POISSONS PÊCHÉS			
EN ARABE	EN FRANÇAIS	en 1893	en 1895	en 1897	en 1899
		Kilos	Kilos	Kilos	Kilos
Geraffa	Daurades.........	127.142	74.870	266.048	225.183
Kimri...........	Mulets d'hiver.....	1.340	15.299	47.019	15.256
Bittoun.........	Mulets grands.....	36.784	44.805	8.235	5.090
Bouri...........	Mulets d'été.......	24.347	55.632	54.547	91.292
Bigeran.........	Mulets petits......	7.143	38.617	913	6.669
Karous	Loups	3.806	16.187	28.925	30.223
Mankous.........	Marbrés	8.705	26.409	33.000	11.983
Chelba..........	Saupes	7.123	12.470	15.889	19.582
Korbous	Ombrines.........	20.063	1.184	4.329	4.634
Bassar..........	Sargues ou sars...	1.549	23.773	24.317	38.765
Sbarès..........	Pataclès	299	7.418	9.508	23.077
Trilia..........	Rougets	3.498	34	96	3.139
Mendès.........	Soles............	588	»	1.985	3.625
Hanesch........	Anguilles.........	475	11	426	1.580
Lège............	Maigres	486	242	701	2.529
Leitcha.........	Liches amics......	40	123	2.158	761
Serran..........	Serrans..........	»	4.716	20.953	20.832
Sibia	Sèches..........	»	1.524	»	»
Ouzelf ou Khalt ..	Poissons mélangés.	18.612	14.686	8.951	2.780
	TOTAUX.....	262.000	338.000	528.000	507.000

Les pêches se pratiquent pendant toute l'année, au moment de la migration du poisson qui a lieu aux époques suivantes :

Marbrés .... avril, mai et juin ;

Mulets d'été (Bouris).....⎱
Mulets petits (Bigerans).. ⎰ juillet, août et septembre ;
Sargues ou sars........⎱

Daurades.............. fin octobre, novembre, décembre ;

Loups................. décembre et janvier ;

Mulets d'hiver (Bittoun)..⎱ novembre, décembre, janvier et février.
Mulets grands (Kimri)...⎰

La valeur moyenne sur le carreau de la pêcherie du poisson pêché pendant les quatre années qui figurent au tableau a été de 0 fr. 52 le kilo.

Les plus importantes de ces pêches sont celles de la daurade et du mulet. Il ne paraît pas d'ailleurs que le creusement du chenal actuel ait modifié en quoi que ce soit les espèces et les quantités des poissons qui fréquentaient le lac de Bizerte.

Aussitôt pêché, le poisson est conduit à l'usine frigorifique installée près des quais, à Bizerte, où il est déposé dans une chambre froide jusqu'au moment de son expédition.

C'est dans cette usine qu'il est mis en caisses et expédié à l'état frais, pour la vente dans les différents centres de consommation, à Tunis et en France.

Les expéditions sur Tunis se font pendant les mois d'hiver, dans des caisses à claires-voies, et pendant l'été dans des petites caisses dites frigorifiques; celles sur France sont toujours faites dans des caisses frigorifiques, qui renferment environ 100 kilos de poissons; un hangar a été construit à Marseille, dans lequel sont déposées les caisses à leur arrivée et où il est procédé à un rechargement de glace pour assurer dans de bonnes conditions le transport jusqu'à destination.

Jusqu'ici, le poisson pêché avait été vendu presque en totalité à l'état frais; quelques préparations à l'huile et en salaison avaient été faites en fort petite quantité, mais avec le concours de la Compagnie française d'alimentation (Ch. Prevet et Cie), une usine a été construite à Bizerte, à la fin de 1898, pour la fabrication des conserves de poissons; cette usine permet également de faire des conserves de légumes, fruits, gibier, viandes, etc., pour lesquelles les colons de la région trouveront ainsi l'écoulement d'une grande partie de leurs produits.

Depuis 1891, la Compagnie fabrique à Bizerte, dans des locaux spécialement aménagés, deux qualités de boutargues dont la matière est fournie par les œufs de deux espèces différentes de mulets.

La boutargue du mulet d'été est plus petite que celle du mulet d'hiver, mais sa production est plus importante, le mulet céphale étant beaucoup plus répandu que le mulet capiton.

Les boutargues de Bizerte sont très estimées en Orient.

Les quatre cinquièmes environ de la production des pêcheries de Bizerte sont vendus à l'état frais en Tunisie même : une petite partie sur les marchés de Bizerte et des localités environnantes, et le reste sur le marché de Tunis.

La pêche dans les chambres du barrage de Ras-el-Ouzir (Compagnie du Port de Bizerte)

L'autre cinquième de la production, soit environ 100.000 kilos, est écoulé dans les principales villes de France, Paris, Lyon, etc.

Jusqu'en 1895, c'était la totalité de la production des pêcheries de Bizerte qui était absorbée par les marchés tunisiens, mais la concurrence des pêcheurs de la mer et des pêcheries de Tunis a eu pour conséquence d'encombrer le marché de Tunis, d'où avilissement des prix.

En outre, l'arrêté pris par la Municipalité de Tunis, obligeant les vendeurs à mettre pour le poisson rafraîchi à la glace, un écriteau « Poisson à la glace » donne à supposer aux acheteurs que le poisson sous glace est inférieur, ce qui produit un certain ralentissement dans les ventes.

La Compagnie a été par suite amenée à chercher des débouchés sur les marchés de France, et elle n'a reculé devant aucun sacrifice, pour arriver, même en employant des moyens fort coûteux, à exporter la part de sa production pour laquelle elle ne trouvait plus l'écoulement en Tunisie.

Aux frais dont la marchandise se trouvait grevée à son arrivée dans les centres de consommation, seraient venus s'ajouter ceux perçus par la douane de Marseille, à l'entrée en France (20 francs par 100 kilos ou fraction de 100 kilos), si la Compagnie ne s'était pas conformée aux prescriptions de la loi française et si elle n'avait soin de se faire délivrer à chaque expédition le certificat exigé par la douane pour obtenir l'admission en franchise de ses poissons frais.

Par une anomalie regrettable, les produits manufacturés sont frappés à leur entrée en France d'un droit de 25 francs par 100 kilos, bien que le poisson mis en conserves ait été pêché par des barques françaises et se trouve ainsi dans les mêmes conditions que le poisson frais ; il devrait donc bénéficier également de la franchise de douane. En outre, toutes les matières entrant dans la fabrication des conserves sont, ou d'origine française (beurre, etc.), ou d'origine tunisienne, notamment l'huile qui est une des marchandises exemptées du droit de douane à l'entrée en France. Enfin le personnel employé à la fabrication est français.

La Compagnie a appelé sur cette situation l'attention de l'Administration des Douanes françaises. Il serait très désirable que la franchise de douane accordée à certaines catégories de marchandises pût être étendue aux conserves en boîtes, salées ou fumées afin de permettre aux produits tunisiens de soutenir en France la concurrence des produits étrangers.

Lac de Porto-Farina

Le lac de Porto-Farina qui mesure une trentaine de kilomètres carrés de superficie, est en communication constante avec la mer par une passe de 500 mètres de largeur et de 0^{m}50 de tirant d'eau maximum à mer basse.

La pêche en a été amodiée au profit de M. Lisbonis, par arrêté en date du 31 décembre 1897, aux clauses et conditions principales ci-après :

La durée de l'amodiation est de douze ans à dater du 1er janvier 1898. La redevance annuelle à verser au Trésor est de 500 francs. L'amodiataire peut, sous certaines réserves, faire toutes installations d'engins de pêche qu'il juge utile, à l'exception des filets traînants. Les bordigues peuvent être calées du 1er juillet à fin avril. Les droits de la navigation commerciale dans le lac sont réservés. L'exploitation de la pêcherie a lieu sous le contrôle du Service des Pêches, à qui l'amodiataire doit fournir des états statistiques trimestriels. A l'expiration de l'amodiation, le permissionnaire peut enlever son matériel de pêche, sauf les ouvrages fixes qui restent acquis à l'Etat.

Un certain nombre de cas de déchéance sont prévus ; il est interdit de céder l'amodiation à un tiers sans une autorisation du Directeur général des Travaux publics.

Par arrêté en date du 4 novembre 1898, le Directeur général des Travaux publics a autorisé la substitution de MM. Deiss et Demange à l'amodiataire primitif.

Jusqu'à ce jour l'exploitation n'a pas été sérieusement organisée ; on s'est contenté de continuer la pêche à l'aide de barques et de filets telle qu'elle se pratiquait de tous temps ; on a également utilisé la bordigue de Sidi-el-Meki qui appartient aux Habous et qui a été louée par eux à l'amodiataire ; on a installé un barrage d'entrée à panneaux mobiles en fil de fer galvanisé ainsi qu'un petit baraquement.

La quantité de poissons pêchés en 1899 s'élève à 66 tonnes contre 31 tonnes en 1898.

Lac de Tunis

Le lac de Tunis est une nappe d'eau d'environ 50 kilomètres carrés de superficie et de 0^{m}70 de profondeur moyenne, communiquant avec la mer par trois passes : celle du pont de Radès, le chenal d'accès du port de Tunis, dont la section mesure environ 200 mètres carrés, et le vieux canal de La Goulette.

L'amodiation de ce lac a été la première tentative faite par la Direction générale des Travaux publics pour la mise en valeur des lacs salés du littoral tunisien, en dehors, bien entendu, du lac de Bizerte, dont l'exploitation avait été affermée de temps immémorial.

Désireuse de tirer parti d'une richesse naturelle que le creusement du chenal du port de Tunis avait encore augmentée en apportant, par le jeu des vents et des marées, l'eau pure qui avait jusque là fait défaut dans le lac de Tunis, désireuse surtout de créer une colonisation maritime en Tunisie, l'Administration divisa le lac en sept lots, d'une superficie moyenne de 500 hectares l'un, susceptibles par conséquent de faire vivre chacun un groupe de pêcheurs.

L'adjudication des lots eut lieu le 2 mars 1896 sur les bases d'un cahier des charges fixé d'avance ; la redevance restait à stipuler par les soumissionnaires. Les pêcheurs de toute la Tunisie et ceux de la région de Marseille avaient été invités par la voie de la presse à prendre part à l'adjudication. Celle-ci ne réunit cependant que neuf soumissions dont sept provenaient du même signataire, M. E. Coste. Ce dernier, qui faisait les propositions les plus avantageuses, fut déclaré amodiataire pour une période de neuf ans, portée par avenant du 13 avril 1899 à douze ans, à dater du 2 mars 1896, moyennant une redevance totale annuelle de 17.748 francs. Il put ainsi réunir en une seule main les sept lots offerts ainsi que les zones neutres qui les séparaient et qui n'avaient plus de raison d'être. L'exploitation, exercée directement par l'amodiataire et ses associés sous la dénomination de *Pêcheurs réunis*, a été organisée sur les bases que nous allons faire connaître.

Des bordigues fort étendues ont été installées à l'Est et à l'Ouest du lac, aux abords de La Goulette et de Tunis. Ce n'est pas sans d'assez longs tâtonnements et de fortes dépenses qu'on est arrivé à l'installation actuelle. Les roseaux coûtaient cher et ne résistaient pas à la poussée des herbes qui, à certaines époques, venaient s'accumuler contre les clayonnages. Il a fallu recourir à l'emploi de pieux métalliques et de grillages galvanisés. On trouve les premiers à assez bon compte dans les vieux tubes de locomotives hors d'usage, mais les grillages métalliques coûtent cher et sont d'un entretien dispendieux.

Aussi les bordigues n'exploitent-elles guère qu'un quart de la surface du lac; les trois autres quarts sont réservés à la pêche en barque à l'aide du tramail; les filets traînants sont absolument proscrits. L'amodiataire utilise pour la pêche en barque la main-d'œuvre abondante que lui offrent les pêcheurs goulettois qui vivaient de tout temps sur le lac et qui sont rompus à ce genre d'exploitation. Ces pêcheurs sont au nombre de 135 et possèdent une vingtaine d'embarcations : il y avait un réel intérêt à ne pas jeter brusquement dans l'inaction et dans la misère une population laborieuse mais peu apte à modifier du jour au lendemain ses moyens d'existence : l'amodiataire l'a très bien compris et a su éviter toute difficulté de ce côté, sans négliger cependant d'attirer les inscrits maritimes français, qu'il commence à employer. Plusieurs agents français, comptables, surveillants, etc., sont en outre affectés à différents services de la pêcherie.

Le tableau ci-après indique les principales espèces que l'on capture dans le lac de Tunis avec leurs valeurs respectives au sortir de la pêcherie.

Anguilles..................................Fr.	20	les 100 kilos
Daurades moyennes (la grande n'existe pas dans le lac de Tunis).................................	30	—
Daurades petites.....................................	20	—
Loups gros	70	—
— moyens	60	—
— petits......................................	45	—
Mulets d'été..	60	—
— d'hiver......................................	40	—
— petits dorés	20	—
Soles grandes.......................................	90	—
— moyennes.....................................	75	—
— petites......................................	60	—

On prend, en outre, quelques liches et des maigres. Ces espèces, comme les autres, peuvent à toute époque pénétrer dans le lac par des bouches spéciales ménagées au travers des barrages.

Les goujons ne sont pas capturés : ils passent par la maille de

31 millimètres adoptée dans les bordigues pour ménager les autres espèces qui n'ont pas atteint l'âge adulte.

Il y a également des sars, des spars, des saupes et des marbrés. Ces espèces ne paraissent pas devoir atteindre leur taille normale, probablement à cause de l'insuffisance des fonds. C'est, d'ailleurs, à cette cause que doit être attribué également l'incomplet développement de la daurade. Cette dernière espèce s'est améliorée, mais elle n'arrivera pas à atteindre la dimension de celle du lac de Bizerte.

Le mulet d'hiver, dit *kimri*, est une variété qui avait à peu près disparu ; elle se reconstitue.

Les époques de migration et par conséquent de pêche sont les suivantes :

Pour l'anguille............	Décembre.
— la daurade......................	Octobre et novembre.
— le loup.......................	Décembre et janvier.
— le mulet d'été..................	Août et septembre.
— le mulet d'hiver................	Décembre et janvier.
— le mulet doré ...·...............	Septembre et octobre.
— la sole........................	Juin.

Les premières grosses chaleurs donnent lieu, en outre, à une certaine migration de toutes les espèces.

Il y a lieu de signaler que la capture de l'anguille exige des engins spéciaux. On a essayé, mais sans succès ceux qui sont usités dans les lacs du Midi de la France, tels que verveux, nasses, ganguis et maniglières.

Un type nouveau de bordigue mis en pêche en décembre, par les gros temps d'orages et de bourrasques, est arrivé à capturer cinq à six tonnes d'anguilles en une seule nuit. Disposées sur certains points de passage, ces bordigues paraissent devoir produire des résultats satisfaisants.

Le poisson livré à la consommation locale est simplement transporté au marché en paniers d'osier pour y être vendu à la criée. Celui vendu en dehors est mis en caisses sous glace. Le panier d'osier n'est pas pratique en ce qu'il est trop dispendieux ; il donne lieu à des réparations constantes et il s'use vite. L'exploitant cherche à le remplacer par le panier en rotin, dont la première dépense sera bien plus élevée, mais qui durera longtemps, sans frais d'entretien.

Les transporteurs frigorifiques ne paraissent pas pratiques pour l'exploitation du lac de Tunis. La production étant irrégulière il ne serait pas possible de leur assurer à point le fret voulu. D'ailleurs, il y a intérêt à éviter d'encombrer les marchés par de gros apports périodiques.

Le transport de l'anguille peut s'effectuer en viviers, mais non celui des autres poissons. L'amodiataire, à l'obligeance duquel nous devons ces détails, a fait un essai d'accord avec les officiers du vapeur italien *Prince Amédée*. Le poisson, sortant des bordigues en parfait état, a été mis dans un grand récipient et embarqué au moment du départ ; il y est mort très rapidement malgré le renouvellement de l'eau d'heure en heure.

Une cinquantaine de tonnes de salaisons expédiées en Orient n'ont pas donné des résultats avantageux.

Les conserves préparées à l'huile ou avec assaisonnement comportent de grosses dépenses et le succès en est problématique, surtout pour les espèces dont tous les marchés sont approvisionnés à l'état frais. Elles n'ont pas encore paru devoir être essayées à Tunis.

Les lieux de vente du poisson frais sont : Tunis, les localités de la Régence desservies par les chemins de fer, la France, l'Italie et Malte. Dans les mois de janvier, février, mars, avril, mai, juin et quelquefois juillet, la production est restreinte et irrégulière et c'est une difficulté en ce qu'on ne peut prendre d'engagement à livrer. Le gros de la pêche s'effectue en août, septembre, octobre, novembre et décembre. Durant cette période, toutes les pêcheries produisent ; il en résulte l'avilissement des prix. Fréquemment on voit sur le marché de Tunis de 15 à 20 tonnes de poisson. C'est ainsi que les prix de vente à la criée de la petite daurade et du petit mulet doré descendent jusqu'à 14 centimes le kilogramme. Dans ces conditions un abaissement du droit de consommation qui frappe ces poissons serait désirable.

Le poids total des poissons capturés dans le lac de Tunis s'est élevé à environ 380 tonnes en 1898 et à 468 tonnes en 1899.

Lac des Bibans

Le lac des Bibans, dont l'entrée se trouve située à une trentaine de kilomètres de Zarzis, est une nappe d'eau d'environ 300 kilomètres carrés, en communication permanente avec la mer par l'intermédiaire de treize ouvertures d'une largeur totale de 800 mètres et atteignant deux mètres de profondeur dans la passe principale.

Ce lac avait eu de tout temps la réputation d'être très poissonneux : il était exploité par quelques pêcheurs indigènes pourvus de titres de concession plus ou moins réguliers.

Encouragée par le succès de l'adjudication de la pêche dans le lac de Tunis, l'Administration résolut d'amodier le lac des Bibans par le même procédé. Le 7 décembre 1896, elle convoquait un certain nombre d'industriels à faire leurs offres sur les bases d'un cahier des charges préalablement élaboré. MM. Deiss et Demange qui avaient fait les offres les plus avantageuses furent déclarés amodiataires.

Les principales conditions du cahier des charges sont les suivantes :

Durée de l'amodiation, trente années grégoriennes à dater du 28 décembre 1896.

Redevance à la charge de l'amodiataire : une somme fixe de 15.000 francs destinée au rachat des pêcheries indigènes existantes, plus, par 100 kilos, 2 fr. 05 sur les 100.000 premiers kilogrammes pêchés chaque année, 3 fr. 07 sur les suivants jusqu'à 300.000 kilogrammes et 4 fr. 10 au delà, avec minimum annuel de 5.000 francs.

Tous engins et procédés de pêche autorisés à l'exclusion des filets traînants ; droits de la navigation commerciale réservés ; obligation de n'employer que des salariés français ou indigènes.

Exploitation soumise au contrôle de l'État représenté par un agent dont le logement et les appointements sont à la charge de l'amodiataire.

États statistiques à fournir trimestriellement.

Retour à l'État en fin d'amodiation des ouvrages fixes et des logements à terre ; clauses ordinaires de déchéance.

Depuis le 1er mai 1899, une société anonyme dénommée *Société française des Pêcheries tunisiennes* s'est substituée aux amodiataires primitifs.

La pêche aux Bibans se pratique près des passes, au moment de l'entrée et de la sortie du poisson, au moyen de bordigues à l'exclusion de tous filets.

Les espèces qu'on y capture sont par ordre d'importance : la rascasse, le loup, la daurade, le rouget, le merlan, la sole, le sar, le pageau, le mérou, la bonite, la sardine, l'anchois, le mulet, et toutes les qualités de poisson de roche que l'on rencontre sur les côtes de la Provence. L'abondance du poisson que l'on trouve dans le lac des Bibans s'explique par l'abri naturel du site et par l'impossibilité où sont les destructeurs de haute taille de pénétrer dans les passes.

L'exploitation du lac n'est pas encore complètement organisée et il est difficile de se prononcer *à priori* sur la productivité des Bibans. Si on admettait qu'ils peuvent donner, comme le lac de Tunis, 100 kilos de poisson à l'hectare on pourrait prévoir une production de 3.000 tonnes par an. Mais il serait plus prudent de comparer seulement les Bibans avec le lac de Bizerte dont les procédés d'exploitation sont les plus analogues : dans cet ordre d'idées on aurait une production probable de 1.000 tonnes par an. Quoi qu'il en soit, la région de Zarzis, Djerba, Gabès, Sfax, et même Malte offrent un débouché assuré à des quantités importantes de poissons frais, alors que les produits séchés et salés peuvent être expédiés à Tripoli, Malte et Marseille, ainsi qu'en Italie et en Grèce. Les amodiataires ont songé au transport en France de tous leurs produits à l'état frais, au moyen d'un système de conservation approprié — glace, frigorifique, ou combinaison du froid, du vide et de l'acide carbonique (procédé Lescardé) — mais cette question est encore à l'étude.

Les exploitants ont essayé la création d'un mouvement commercial de poisson séché et salé. Les menus poissons sans valeur trouvaient notamment, après simple séchage, un débouché en Tripolitaine et à Gabès, d'où ils étaient revendus aux caravaniers de l'extrême Sud. Le prix de vente en gros de ces poissons secs était de 30 francs les 100 kilos : leur prix de revient était d'ailleurs très faible, grâce à l'abondance du produit et aux facilités que présente l'opération du séchage, sous la seule action du soleil. Les exploitants paraissent cependant devoir préférer l'exportation du poisson à l'état frais. Ils ont fait dans ce but l'acquisition d'un vapeur de 60 tonneaux, *le Sud,* qui transporte le poisson des Bibans à Sfax, d'où il est dirigé partie sur Gafsa, partie sur Marseille, partie sur le marché local.

Des hangars, magasins et chambres froides, des citernes, une maison d'habitation ainsi qu'une usine frigorifique ont été installés sur l'îlot des Bibans.

La pêcherie des Bibans a produit environ 130 tonnes de poisson en 1898 et 145 tonnes en 1899.

Thonaires de Ras-Djebel (cap Zebib) et de Sidi-Daoud (cap Bon)

Le 9 novembre 1826, Hussein-Pacha-Bey concédait à un membre de la famille Raffo le droit de pêcher le thon aux abords du cap Bon pour une durée de 6 ans et moyennant une redevance de 9.000 piastres (5.400 francs). Cette concession fut renouvelée en 1837, en 1839, en 1868 et enfin le 22 mai 1877. Le décret pris à cette dernière date concède au comte Joseph Raffo le fermage de la pêche du thon à Sidi-Daoud et à Ras-Djebel pour une durée de 50 années musulmanes à partir du 13 août 1892, date d'expiration de la concession de 1868.

Aucune redevance n'est mise à la charge du concessionnaire qui bénéficie :

1° de l'entrée en franchise de tout ce qui est nécessaire à l'exploitation de ses thonaires ;

2° de l'exonération de tout droit intérieur sur le produit de ses pêcheries ;

3° de la franchise des droits d'exportation sur ces mêmes produits. Le Gouvernement s'interdit d'autoriser la pêche de la sardine au vent des thonaires, même à une grande distance.

C'est en vertu de cette stipulation qu'un arrêté du Directeur général des Travaux publics interdit tous les ans la pêche des anchois et sardines et même toute pêche aux abords des madragues de Ras-Djebel et de Sidi-Daoud.

La madrague de Ras-Djebel n'a pas été calée depuis 1892, bien que des capitaux importants aient été dépensés pour les installations à terre : logements, ateliers, usine, etc.

La madrague de Sidi-Daoud donne, par contre, d'excellents résultats ; elle a pêché jusqu'à 14.000 thons en une seule campagne. Cette thonaire étant une des plus belles de la Méditerranée, nous croyons intéressant de donner quelques renseignements sur son fonctionnement intérieur, nous reportant, en ce qui concerne la description du filet et de la pêche à ce que nous avons dit plus haut (pages 192 et 209).

Le personnel de la thonaire comprend :

Un directeur, un sous-directeur, un comptable, un médecin et un prêtre ; un personnel de tonnellerie, un personnel des ateliers, un personnel de pêche.

La tonnellerie comporte 10 découpeurs, 14 saleurs, et 40 hommes de peine. Ces derniers sont chargés du transport du poisson dans l'usine et de la propreté des locaux. Chaque homme gagne en moyenne 3 fr. 75 par jour, nourriture comprise.

Les ateliers comportent un chef d'atelier, un mécanicien, deux chauffeurs et 28 ouvriers ; leur journée moyenne est de 4 fr. 50.

Le personnel de pêche comprend : un raïs (capitaine), un second, 2 marins pour le canot du raïs, 64 marins pour l'armement de 8 barques, 32 marins pour l'armement de 2 grandes barques, 2 charpentiers et 2 calfats. Le raïs, son second et ses deux marins résident à la thonaire, mais tout le reste du personnel de pêche vient de Trapani. Les autres salariés sont recrutés en Sicile, à Savone et à La Goulette. Tout ce personnel est transporté à Sidi-Daoud aux frais du concessionnaire : il est rapatrié dans les mêmes conditions.

Le personnel de pêche reçoit sa rémunération comme il suit :

1° 0 fr. 60 par jour et par homme ;

2° pour chaque 1.000 thons péchés, 2 thons 1/2 (convertis en argent à 30 francs l'un, soit 75 francs) par armement ;

3° tous les intérieurs des thons : œufs, laitance, etc., à partager suivant les règles ci-après :

Le concessionnaire prend le dixième du produit total.

Le raïs, son second et ses deux marins ont ensemble 4 parts par armement.

Les calfats et les charpentiers ont une part par armement.

Tous les autres pêcheurs prennent ensuite la part qui leur revient d'après le coefficient attribué à chacun : ainsi chaque patron a droit à une part et quart ; d'autres ont une part, quelques-uns trois quarts de part, d'autres enfin une demi-part.

Ce mode de partage est au fond très simple et ne donne jamais lieu à contestation.

Une partie du produit de la pêche est mise sous huile, d'après

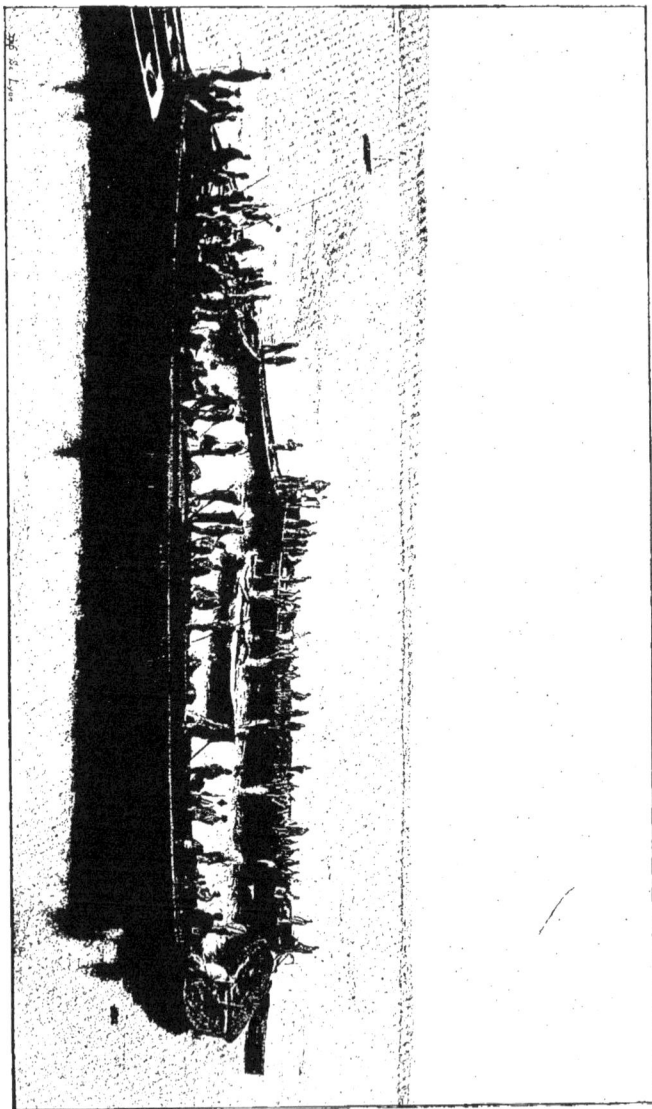

Une *matanza* de thons à Sidi-Daoud

Le débarquement des thons après la *matanza*

les marchés passés avant la campagne; elle est généralement de 75 %. Le reste, soit 25 %, est mis sous sel. Quelques thons sont vendus à l'état frais.

Le thon à l'huile s'expédie soit en barils, soit en boîtes de 1 à 20 kilos. Les débouchés sont l'Italie, Malte et pour une très faible part la Tunisie.

Les prix de vente sont en moyenne les suivants :

Thon en saumure.....................Fr.	45	les 100 kilos
Thon à l'huile	120	—
Huile de poisson..........................	40	—
Résidus (utilisés comme engrais)...........	5	—

Nous donnerons une idée de l'importance des capitaux à mettre en jeu dans une exploitation de ce genre en dressant la liste des approvisionnements à réunir en vue d'une pêche de 10.000 thons. Ces approvisionnements consistent en :

Huile d'olive................................	78.000 litres
Sel...	300.000 kilos
Barils vides................................	10.000
Fer battu	35.000 kilos
Etain	50.000 —
Houille.....................................	100.000 —
Cordes, lièges	10.000 francs
Fonds de roulement.........................	15.000 —

Bien qu'elle ait été éprouvée par quelques mauvaises années, la madrague de Sidi-Daoud continue à fournir un bon rendement; elle a pris en 1898 environ 8.000 thons dont on peut estimer la valeur à l'état frais à près de 250.000 francs et en 1899, 9.600 thons, valant environ 300.000 francs, et 10.500 pélamides.

Thonaire de Monastir

La première exploitation de la thonaire de Monastir dont nous ayons connaissance remonte au commencement du siècle. Elle fut exercée de 1817 à 1825 par un Gênois du nom de Bonfiglio.

Cette exploitation fut reprise en 1847 par le général Osman associé à deux de ses compatriotes; elle cessa en 1854, époque où le général partit pour la guerre de Crimée. La concession lui fut retirée et, par décret du 30 novembre 1868, transférée à MM. de

Castelnuovo et consorts pour une durée de 50 années, moyennant une redevance annuelle de 9.000 piastres. Cette autorisation fut convertie en pleine propriété au profit de Mustapha ben Ismaïl, Ministre du Bey, par un décret en date du 4 février 1879. Il serait peu intéressant d'entrer dans le détail des procès et des transactions en vertu desquels la thonaire de Monastir passa successivement des mains de Mustapha dans celles de M. Rivoltella, sujet autrichien, dans celles de la Banque de Tunisie et enfin dans celles de la Société française la *Thonaire de Monastir*.

Le Gouvernement tunisien reconnut et précisa les droits de cette Société dans une convention en date du 19 juillet 1893 dont nous allons faire connaître les clauses principales.

La Société française de la thonaire de Monastir a le monopole de la pêche du thon sur une longueur de côte de 4.500 mètres à partir de la pointe N.-E. de l'île Egdemsi, à laquelle l'île Hammam peut être réunie par un filet.

La durée de la concession est de 86 ans à partir du 21 mai 1892, date de la constitution de la Société. La redevance est de 100 francs par an. Les îles Egdemsi et Hammam peuvent être occupées gratuitement pour les besoins de la pêcherie.

La Société ne peut céder ses droits sans l'autorisation du Gouvernement ; tous les membres du Conseil d'Administration doivent être de nationalité française.

A l'expiration de la concession, la thonaire revient à l'État.

Comme pour toutes les thonaires, un arrêté du Directeur général des Travaux publics fixe chaque année le périmètre de protection dans lequel il est interdit de pêcher.

Les installations à terre de la thonaire de Monastir sont remarquablement vastes et bien comprises : aussi croyons-nous devoir en faire la description.

Les bâtiments sont disposés à l'intérieur d'une enceinte rectangulaire qui mesure sensiblement 300 mètres de long sur 200 de large. Les côtés S.-O. et N.-O. de ce rectangle longent la mer. Une pente générale du terrain de l'Est à l'Ouest permet l'évacuation facile des eaux de lavage que la nature rocheuse de l'îlot empêche d'ailleurs de s'infiltrer dans le sol. Une canalisation complète est installée dans toutes les parties de l'établissement et assure une

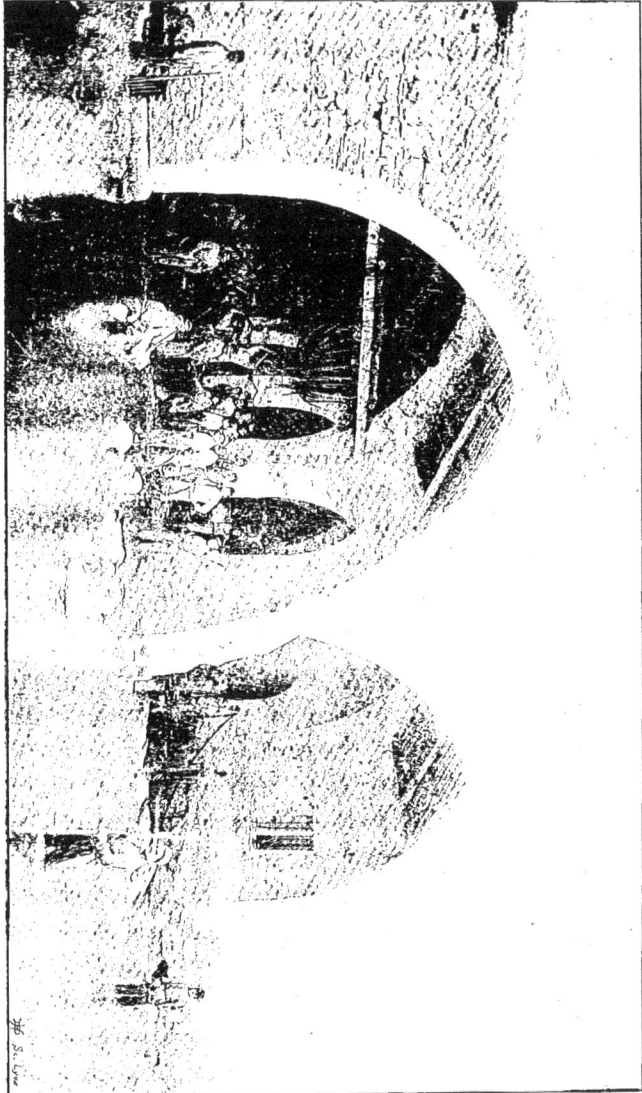

Mise à terre des thons à l'usine de Sidi-Daoud

distribution facile de l'eau de mer que refoule une puissante pompe à vapeur. Toutes les mesures ont donc été prises pour assurer la propreté parfaite des locaux et éviter toute cause d'insalubrité. Ce souci de l'hygiène est une des caractéristiques de l'installation de la thonaire de Monastir.

L'entrée unique qui donne accès dans l'enceinte s'ouvre sur une allée rectiligne qui partage l'ensemble des installations en deux groupes bien distincts : à gauche se trouve tout ce qui concerne le personnel et le matériel ; à droite est l'usine proprement dite avec ses annexes.

Les bâtiments de la Direction, le logement de l'équipe de terre et celui de l'équipe de mer, la chapelle, ainsi que divers magasins, sont placés près de l'entrée à l'intérieur d'un carré d'environ 80 mètres de côté. Une vaste citerne est aménagée sous le sol de la cour.

A la suite de ces logements et en contre-bas se trouve un hangar couvert de 90 mètres de long sur 30 de large, affecté au remisage du matériel flottant dans l'intervalle des époques de pêche. Aux abords de ce hangar sont le magasin du matériel et la forge.

A droite de l'allée centrale sont disposées, comme nous venons de le dire, toutes les installations qui ont pour objet le traitement du poisson.

Le thon, amené dans les embarcations, est déchargé sur des wagonnets ; ceux-ci sont remontés par des chevaux sur un plan incliné qui arrive à la cote 11, altitude du *bosco* où les thons sont suspendus par la queue, après avoir été dépouillés de la tête et des nageoires. Ces parties sont exposées dans le *cimetière*, jusqu'à ce que leur état de décomposition permette d'en extraire l'huile par cuisson dans deux vastes chaudières.

Le bosco est un hangar couvert qui mesure environ 65 mètres sur 22 ; il est placé en bordure d'une immense cour carrée d'environ 160 mètres de côté, au centre de laquelle se trouve un hangar de 100 mètres sur 50, où se font à couvert les différentes opérations de la préparation du thon.

Tout près de l'une des extrémités du hangar se trouve la batterie de 12 chaudières où s'opère la cuisson des parties comestibles du thon. Parallèlement à cette batterie et à peu de distance en arrière sont disposés la triperie, le dépôt des boutargues et les

magasins à sel. A l'extrémité opposée du grand hangar se trouvent
les ateliers de mise en boîte, de garniture, de soudage et de stéri-
lisation des boîtes. Cette dernière opération se fait au moyen d'une
étuve à vapeur perfectionnée dont le fonctionnement ne laisse rien
à désirer. Une tonnellerie et de vastes magasins pour les boîtes
pleines ont également été disposés autour de la grande cour
principale.

Telle qu'elle est établie la thonaire de Monastir pourrait facilement débiter une campagne de 15.000 thons ; le plan et la construction en sont dûs à un ingénieur italien.

D'après les chiffres qui sont fournis par le concessionnaire, le
capital de premier établissement de la thonaire ne serait pas inférieur à 253.000 francs se décomposant approximativement comme
il suit :

Immeubles et machines .... FR.	175.000
Matériel naval	27.000
Madrague, comprenant filets en chanvre...	10.000
— en alfa.......	10.000
ancres, câbles, liège	31.000
TOTAL..... FR.	253.000

A ce capital vient s'adjoindre un fonds de roulement d'au moins
100.000 francs comprenant :

  15.000 francs d'huile ;
  13.000   —   de boîtes ;
   5.000   —   de tonneaux ;
  10.000   —   de sel et charbon ;
enfin 57.000   —   pour salaires, frais de transport, etc., etc.

Jusqu'à ce jour les résultats de la pêche n'ont pas entièrement
répondu aux sacrifices faits.

En 1898, la thonaire a capturé 3.000 thons représentant une
valeur sur place d'environ 90.000 francs ; en 1899, le produit de la
pêche a été de 2.662 thons valant environ 60.000 francs et de 450
pélamides. Les produits, comme ceux de la thonaire précédente,
se répartissent entre la consommation locale, l'Italie et Malte.

Thonaire de Kuriat

La première demande tendant à établir une thonaire dans l'île
Kuriat, située à 36 kilomètres à l'Est de Sousse, a été présentée le

7 mars 1894, par M. Bertagna, de Bône, qui commença même des études. De nouvelles demandes s'étant produites, l'Administration décida de procéder à une mise en adjudication.

Une première adjudication restreinte eut lieu le 23 mai 1896 et donna des résultats insuffisants. Un nouveau concours eut lieu le 26 juin suivant et donna lieu, le 6 juillet 1896, à un arrêté d'amodiation au profit de MM. Demange frères.

L'amodiataire était autorisé à établir une thonaire dans un rayon de 7 kilomètres ½ autour de l'île Kuriat. La durée de l'autorisation était de 40 années grégoriennes, y compris une période d'essais expirant le 1er août 1899, à la fin de laquelle les permissionnaires pouvaient renoncer à leur autorisation.

A la suite de ces essais et sur la demande des permissionnaires, un nouvel arrêté d'autorisation est intervenu à la date du 1er janvier 1900.

L'autorisation définitive est accordée pour 40 ans à partir de la date de l'arrêté. La redevance annuelle est de 1 franc par 100 kilos jusqu'à 500.000 kilos. Elle est ensuite calculée à raison de 5 francs par 100 kilos, avec minimum de 2.000 francs.

L'arrêté renferme en outre les clauses habituelles concernant la cession des droits du permissionnaire, l'expiration de l'autorisation, etc.

La madrague de Kuriat comporte aujourd'hui toutes les installations à la mer que l'on peut désirer. Mais les installations à terre consistent en simples baraquements pour le logement des hommes et la mise des produits sous sel. Il n'est pas fait de conserves à l'huile. Les dépenses faites à ce jour à Kuriat s'élèvent à plus de 200.000 francs, d'après les renseignements fournis par le permissionnaire.

Les produits salés sont exportés en Sicile et à Malte. En 1898, la thonaire a capturé plus de 4.000 thons valant à l'état frais environ 140.000 francs; en 1899, 4.000 thons pesant brut environ 400 tonnes.

Cette thonaire, comme les précédentes, prend également quelques pélamides qui subissent les mêmes préparations que le produit principal.

Thonaires diverses à l'étude

En dehors des quatre établissements que nous venons d'étudier et qui sont définitifs, d'autres autorisations de thonaires ont été accordées.

Bien que les essais auxquels ces autorisations ont donné lieu n'aient généralement pas été suivis de succès, il n'est pas sans intérêt de les mentionner au moins sommairement.

Nous allons donc les passer rapidement en revue.

Thonaire de Ras-Dimas. — Diverses compétitions s'étant produites au sujet de l'établissement d'une thonaire à Ras-Dimas, point de la côte situé à environ 50 kilomètres au Sud-Est de Sousse, l'Administration ouvrit un concours et, le 20 février 1896, un arrêté d'autorisation fut pris en faveur de MM. Deiss et Demange frères.

Cet arrêté autorise l'établissement d'une thonaire dans un rayon de 10 kilomètres autour de Ras-Dimas, pour une durée de 40 ans, y compris une période d'essais de 4 années.

La redevance est de 500 francs par an pendant cette période. Elle est ensuite calculée sur la base de 3 francs par tête de thon, plus 5 francs par chaque tête au delà de 8.000 thons capturés dans l'année.

Aucun essai sérieux ne paraît avoir été tenté par les permissionnaires et l'arrêté du 20 février 1896 est devenu caduc.

Thonaires de Salakta et de Chebba. — MM. Deiss et Demange, ayant pensé que la position de Ras-Dimas n'était peut-être pas la plus favorable pour l'établissement de la thonaire dont ils avaient obtenu l'amodiation, ont fait en 1896 et en 1897, sur autorisation spéciale, des études dans la région de Salakta, à environ 5 kilomètres au Sud de Mehdia, en vue de demander, s'il y avait lieu, un changement d'emplacement. Ils n'ont pas fait connaître à l'Administration leurs intentions définitives et n'ont fait aucune tentative dans la région de Chebba, au Sud de la précédente, où ils avaient également l'autorisation de faire des recherches. Ces différentes autorisations sont aujourd'hui périmées.

Thonaires aux abords de Sidi-Daoud et aux abords de Monastir. — Plusieurs demandes ont été présentées à diverses époques en vue d'obtenir l'autorisation d'établir des thonaires, les unes dans le voisinage de Sidi-Daoud, les autres dans le voisinage de Monastir. Ces demandes ont été écartées comme étant de nature à porter atteinte aux droits des thonaires en exercice.

Thonaire de la région d'Hergla. — Enfin de nombreuses demandes visant la région comprise entre Hergla et Kélibia ayant été présentées, l'Administration jugea bon d'ouvrir un concours entre les demandeurs. À la suite de ce concours, M. Pic reçut, par arrêté du 25 août 1897, l'autorisation de faire les études nécessaires pour l'établissement de thonaires entre Hergla et Kélibia. La durée de l'amodiation éventuelle est de 40 ans, y compris la période d'essais qui expire le 25 août 1901.

La redevance sera de 3 fr. 55 par thon, avec minimum de 7.100 francs, plus 5 francs par tête au delà de la huit millième. Pendant la période d'essais la redevance est de 1.000 francs.

Des études sont en cours et leur résultat n'a pas encore été notifié à l'Administration par le permissionnaire.

Thonaire aux abords du cap Negro et du cap Serrat. — Une demande tendant à l'établissement d'une thonaire aux abords du cap Negro et du cap Serrat a été présentée à l'Administration en 1897, mais les demandeurs paraissent avoir renoncé à leur projet. Il est d'ailleurs probable que la profondeur de l'eau et la force des courants dans la région indiquée n'y permettraient pas le calage d'une madrague.

Pêcheries indigènes

Tout en respectant en principe la liberté de la pêche inscrite dans les traités, les Beys ont, de tout temps, accordé, sur certains points déterminés de la mer, des concessions de pêcheries au moyen de titres parfaitement réguliers en la forme, mais, dans certains cas, contestables au fond.

Nous distinguons, bien entendu, ces concessions des monopoles relatifs aux éponges et au corail dont nous avons expliqué plus haut la parfaite légitimité.

Nous avons déjà parlé des pêcheries indigènes et nous ne reviendrons pas sur leurs dispositions techniques. Indiquons seulement qu'en 1898 le nombre de ces pêcheries en activité étaient de 1.001 ;

il est probable que le nombre des titres de concessions est plus considérable encore. Il paraît certain que l'Administration sera amenée un jour ou l'autre à faire le recensement exact de toutes ces pêcheries, à en établir le plan général, à vérifier les titres et à convertir les actes anciens en titres nouveaux plus conformes aux principes de la domanialité publique et précisant bien les droits respectifs de l'État et des particuliers. Dès aujourd'hui, aux termes de l'article 10 du décret du 28 août 1897, les détenteurs de pêcheries fixes autorisées sont tenus de les déclarer au bureau du port de leur circonscription.

Ces pêcheries sont situées tout autour des bancs de Kerkennah et principalement dans l'Est : on en trouve également à Tarf-el-Ma, à Djerba, aux environs de Zarzis et dans la mer de Bou-Grara ; il n'en existe aucune au Nord de Ras-Khadidja.

Nous devons, par exception, mentionner la pêcherie qui fut concédée, en 1862, au tunisien Morali, dans la partie Est du lac de Tunis. Coupée en deux par le nouveau chenal du port, elle fit l'objet, en 1891, d'une convention qui modifiait ses limites. Le titulaire ayant vendu cette pêcherie en 1895 sans autorisation du Gouvernement, la concession lui fut retirée par décret du 13 novembre 1895. Un arrangement intervint alors entre le Gouvernement et l'acquéreur qui fut autorisé à continuer l'exploitation pour une durée de 30 années à dater du 1er janvier 1895. La surface de cette pêcherie est de 137 hectares. Elle est installée sur le modèle des autres pêcheries du lac de Tunis, mais avec des bordigues en roseaux.

Pêcheries à l'étude

A la fin de l'année 1897, M. Bonhoure, agissant au nom de MM. Sirand et Cie, de Lyon, a demandé l'autorisation d'étudier au point de vue de leur conversion en étangs à poissons les sebkhas de Halk-el-Menzel, d'Assa-Djiriba, de Sidi-Khalifa et celles qui se trouvent dans le voisinage de Kourba et de Menzel-Temine. Ces différentes sebkhas sont situées en bordure du golfe d'Hammamet.

L'autorisation demandée a été accordée le 22 décembre 1898 ; elle est valable jusqu'au 1er septembre 1900.

LÉGISLATION DE LA PÊCHE EN TUNISIE
RÉGIME FISCAL ET DOUANIER DES PRODUITS

En dehors de la pêche spéciale des éponges et poulpes, dont nous avons retracé les réglementations successives dans l'historique que nous avons fait de cette intéressante industrie, il n'existait en Tunisie, avant le 28 août 1897, pour ainsi dire aucune législation de la pêche côtière.

Nous ne saurions en effet donner ce nom aux quelques décrets de circonstance, pris en dehors de toute vue d'ensemble, qui avaient pour objet certaines questions de pêche. Tels étaient :

1° le décret du 18 août 1883 qui interdisait la pêche à la torpille dans la rade de La Goulette ;

2° le décret du 26 mai 1879 qui réservait aux habitants des îles Kerkennah le monopole de la pêche le long des côtes de leurs îles ;

3° les décrets des 26 mai 1879 et 27 décembre 1894 qui défendaient à tous autres qu'aux Sfaxiens la pêche aux filets et aux sacs sur la côte de leur région.

La validité de ces trois derniers décrets est d'ailleurs contestable, puisqu'ils ont été pris contrairement aux engagements internationaux ; ils n'ont, du reste jamais reçu d'application effective.

4° le décret du 19 avril 1892 relatif à la protection de la pêche dans les eaux territoriales tunisiennes.

Ce dernier décret n'a jamais été abrogé et a encore une réelle importance : il est en effet le seul qui permette, dans l'état actuel de la législation, la création des *cantonnements*, lesquels sont la base de tout aménagement rationnel des pêches d'un pays.

Ce décret donne au Directeur général des Travaux publics le pouvoir d'interdire par arrêté certaines pêches aux époques, lieux et conditions qui seraient jugés nécessaires dans l'intérêt des industries de la pêche et de la conservation des produits des eaux.

Les pêcheurs, et l'Administration elle-même, avaient depuis longtemps reconnu la nécessité d'une législation plus complète de la pêche côtière et, dès le début de son organisation, la Direction générale des Travaux publics avait préparé un texte susceptible de répondre à tous les besoins constatés.

Cette réglementation touchait à bien des questions dont la solution préalable était nécessaire à son libre développement ; il parut donc plus sage de ne fixer tout d'abord que les points où un intérêt réel et immédiat était en jeu et d'attendre, pour promulguer une législation complète, analogue par exemple à celle qu'a édictée en Algérie le décret du 2 juillet 1894, que l'expérience acquise permit de procéder à coup sûr et en toute connaissance de cause.

Il y avait urgence à protéger tout d'abord la reproduction des espèces, fort menacée en certains points par l'emploi abusif d'engins de diverses natures.

C'est dans ce but et en attendant la promulgation d'un règlement complet, dont la nécessité était d'ores et déjà formellement reconnue, qu'a été pris le décret du 28 août 1897 sur la police de la pêche maritime.

Ce décret assujettit les bateaux de pêche à l'obligation de se faire inscrire dans un port d'attache ; il énumère les engins autorisés, ainsi que les appâts et autres procédés de pêche prohibés ; il fixe les dimensions réglementaires des engins et celles des espèces qui peuvent être capturées. Il assujettit les pêcheries fixes à l'obligation de la déclaration ; enfin il édicte diverses pénalités applicables aux contraventions qu'il prévoit.

Un arrêté du Directeur général des Travaux publics, pris en exécution de l'article 2 du décret que nous venons de citer, a fixé les lettres initiales que doivent porter les bateaux de pêche tunisiens. Ces lettres ont été choisies de façon à ne pas se confondre avec celles qui ont été assignées aux divers ports de l'Algérie par l'arrêté ministériel du 5 juillet 1894.

En résumé, deux décrets en date des 19 avril 1892 et 28 août 1897, plus un arrêté du 28 août 1897, tels sont les documents qui constituent actuellement la législation de la pêche côtière en Tunisie.

Cette réglementation est, on le voit, fort incomplète ; elle ne définit pas suffisamment le rôle et les attributions du service chargé de la surveillance de la pêche ; elle ne précise pas les limites dans lesquelles s'exerce la pêche maritime, ni les conditions d'exploitation des établissements de pêche ; elle ne renferme aucune stipulation concernant les madragues, les pêcheries, la pêche à pied, etc., etc.

Il y a tout lieu d'espérer que ces lacunes seront prochainement comblées et que la pêche maritime fera l'objet d'une réglementation en rapport avec son importance et avec les progrès que le Protectorat français a le devoir d'apporter dans cette branche de l'Administration tunisienne, comme dans toutes les autres.

Régime fiscal et douanier du poisson

Il ne servirait de rien à celui qui veut pratiquer l'industrie de la pêche d'en connaître toutes les règles techniques et de posséder à fond les divers règlements sur la matière, s'il ne connaissait en même temps les taxes de toutes natures qui frappent les produits de la mer dans les différents pays où ceux-ci peuvent être consommés. En matière de pêche, comme en toute autre industrie, les connaissances commerciales doivent s'allier aux notions techniques et aux connaissances administratives.

Nous sommes donc amenés à indiquer les charges fiscales qui grèvent le poisson en Tunisie, depuis le moment où il est capturé jusqu'au moment où il est consommé.

Le poisson capturé dans les eaux tunisiennes peut être livré à la consommation locale ou exporté.

S'il est exporté à l'état frais, il est soumis (tableau B, annexé au décret du 2 mai 1898) à un droit de sortie de 2 francs par 100 kilos, dont sont exempts, toutefois, le thon et la boutargue. Dans tout autre état que l'état frais, le poisson est exempt de droits de sortie.

Le droit de 2 francs est tout à fait léger comparé à ceux qui attendent le poisson exporté de Tunisie dans les pays d'importation. En France, ce poisson, à l'état frais, est frappé d'un droit de 20 francs par 100 kilos; à l'état sec, mariné, conservé, etc., d'un droit de 25 francs par 100 kilos.

En Italie, le droit d'importation est nul pour le poisson frais; de 10 francs par 100 kilos pour le thon salé et de 30 francs pour le thon à l'huile.

A Malte, le poisson frais ou conservé est exempt de tous droits.

Ces renseignements ont leur intérêt pour le producteur tunisien dont l'Italie et Malte sont les principaux débouchés.

Quant au marché français, ce producteur ne peut songer à l'aborder que s'il est à même de bénéficier de l'entrée en franchise pour ses produits. D'après les circulaires ministérielles du 15 avril, 23 juillet et 24 décembre 1892, *les poissons frais, pêchés sur les côtes de Tunisie par des équipages et des bateaux immatriculés dans un port français, sont admissibles en franchise sous la condition qu'ils soient importés directement en France par navire français et qu'ils soient accompagnés d'un certificat de la douane tunisienne, constatant l'origine privilégiée et la nature des produits importés, ainsi que le nombre et le poids des colis.*

Telles sont les conditions multiples que le producteur tunisien devra remplir s'il veut pouvoir se présenter avec chance de succès sur le marché français.

Jusqu'à ce jour la Compagnie du Port de Bizerte, l'amodiataire du lac de Tunis et l'amodiataire des Bibans sont les seuls producteurs tunisiens qui aient bénéficié en France de l'admission de leurs poissons en franchise.

Le poisson consommé dans la Régence est soumis à deux régimes différents, suivant sa provenance.

S'il provient de l'Étranger, il est soumis à un droit d'entrée de 8 % *ad valorem*, sauf le poisson frais d'eau douce autre que les salmonidés, lequel est taxé à 5 francs par 100 kilos.

S'il a été pêché dans les eaux tunisiennes, il est soumis aux droits stipulés par le décret du 17 juillet 1897, modifié par le décret du 31 mai 1899. Ces droits ont remplacé le droit antérieurement en vigueur fixé à 25 % *ad valorem* et qui était vivement critiqué, tant en raison de son élévation, qu'en raison de l'obligation de la vente à la criée qu'il entraînait. Le tarif qui résulte de l'application des deux décrets précités est le suivant :

Tarif des droits sur le poisson en Tunisie

1ʳᵉ catégorie, à 2 fr. les 100 kilos

Allaches, aloses fintes, arapèdes, barbeaux communs, bigorneaux, coquillages non dénommés, petites daurades, goujons, limandes, petits merlans, bigerans, sardines fraîches, oursins, sèches.

2ᵉ catégorie, à 5 fr. les 100 kilos

Anchois frais, anges ou chiens de mer, canthères grises, clovisses, crabes, encornets, grondins, maigres, gros merlans, mulets d'été, mulets femelles non écorchés, mulets écorchés, oblades, pageaux, perches (vieilles), petites raies bouclées, petits rougets, saupes, saurels, serrans, thons.

3ᵉ catégorie, à 10 fr. les 100 kilos

Congres, daurades grosses, liches amies, maquereaux, marbrés, mérous, murènes, ombrines, poissons de roche (girelles), poissons divers et menus poissons, rascasses, rougets gris, sardines salées, sargues.

4ᵉ catégorie, à 16 fr. les 100 kilos

Anchois salés, bonites, cigales, loups, pélamides, soles.

Catégorie spéciale à 20 fr. les 100 kilos

Huîtres, crevettes, homards, langoustes, boutargues de mulet et de thon.

Nota. — Les anguilles, squales, chiens de mer et grosses raies sont exempts de l'impôt.

Le décret de 1897, qui rendait libre le commerce du poisson, constituait dans la pensée de l'Administration un allègement et un progrès sensibles par rapport à la réglementation antérieure. Il n'en a pas moins été assez vivement critiqué. Comme il arrive généralement, on eut vite oublié les inconvénients de l'ancien système, pour ne plus se souvenir que de ses avantages et les mettre en opposition avec les défauts du nouveau régime.

Le tarif de 25 % ad valorem était fort lourd, a-t-on dit, mais il avait l'énorme avantage de frapper également le poisson à toute époque et dans tous les points du territoire. Que le prix de vente d'une espèce vint à baisser pour une raison ou pour une autre, l'impôt baissait dans la même proportion. Il est certain que la nouvelle tarification manque de souplesse et qu'elle peut arriver à être lourde quand une espèce est dépréciée, momentanément dans un lieu déterminé, ou en permanence dans certaines régions. Peut-être n'y a-t-il pas de solution vraiment satisfaisante de la difficulté. On ne saurait du reste en aucune façon revenir en arrière et sans doute on atténuerait convenablement tous les inconvénients que présente le système actuel en laissant aux intéressés la faculté de s'acquitter, quand ils le jugeraient avantageux, par une taxe ad valorem de 20 % par exemple, après vente à la criée.

Mentionnons en terminant — pour n'omettre aucune des charges fiscales qui grèvent plus ou moins directement l'industrie du poisson — que les saleurs tunisiens sont obligés d'acheter leur sel à l'Administration des Monopoles au prix de 45 francs la tonne, c'est-à-dire notablement plus cher que la valeur réelle de ce produit. L'Administration des Finances, désireuse de réduire cette charge, livre aux établissements fixes de pêche le sel nécessaire à leur industrie au prix réduit de 20 francs la tonne, à charge bien entendu de justifier de l'emploi de ce sel en salaisons.

Législation de la pêche du corail. — Régime fiscal et douanier de ce produit

En vertu du traité du 26 octobre 1832, la pêche du corail sur les côtes tunisiennes est entièrement remise aux mains de la France.

C'est donc la France seule qui fixe les conditions de la pêche du corail sur les côtes tunisiennes.

Au point de vue de la conservation des fonds, c'est le décret français du 22 novembre 1883 qui a fixé les conditions de cette pêche.

Au point de vue de l'exercice du droit de pêche, le décret du 19 décembre 1876, dont l'application aux Italiens avait été adoucie jusqu'au 16 juillet 1886, réserve aux bateaux français l'exercice gratuit de la pêche du corail et fixe à 800 francs le prix de la patente moyennant laquelle les Étrangers peuvent également pratiquer cette pêche.

D'après le décret du 1er mai 1897, les marins étrangers ne doivent pas entrer pour plus d'un quart dans la composition du personnel des bateaux corailleurs français et la pêche du corail est interdite pendant les mois de juillet, août et septembre.

Le corail pêché sous pavillon français dans les eaux françaises ou dans les eaux tunisiennes entre en France en franchise. Le principal marché du corail est à Marseille et à Naples. Les marchés de vente les plus importants sont ceux de Calcutta, Madras et Bombay. De nombreux marchands en gros existent en outre en Allemagne, en Hongrie et en Pologne.

Législation de la pêche des éponges et poulpes régime fiscal et douanier des produits

Nous avons donné plus haut, page 222 et suivantes, l'historique des régimes fiscaux successifs auxquels a été soumise la pêche des éponges. Nous n'avons pour compléter cet exposé qu'à donner ici la date des divers décrets qui sont intervenus en la matière.

Citons d'abord, sous le régime du fermage, les décrets du 25 avril 1885 et du 29 mai 1888, aujourd'hui abrogés. Puis vient le décret du 16 juin 1892 qui a organisé la gestion directe par l'Etat et dont les stipulations, modifiées par les décrets du 11 janvier 1895 et 28 août 1897, constituent le régime actuellement en vigueur. Entre temps était intervenu le décret du 23 mai 1897, abrogé trois mois après et que nous ne citons que pour mémoire.

La réglementation actuellement en vigueur et dont nous venons d'indiquer les bases fixe non seulement le régime de la pêche des éponges et des poulpes, mais aussi celui du produit en tant que marchandise consommée à l'intérieur : elle indique en un mot la totalité des charges fiscales et autres qui grèvent les éponges et les poulpes, tant qu'ils restent sur le territoire tunisien.

Cette réglementation est reproduite intégralement au verso des patentes que l'Administration délivre aux intéressés et dont nous donnons ci-après le fac-simile de la première page.

Nous ajouterons, pour épuiser entièrement les renseignements concernant le régime fiscal des produits que nous venons d'étudier, que les droits de sortie qui frappent ces produits sont d'après le décret du 2 mai 1898 (tableau B) :

de 10 fr. par 100 kilos pour les éponges non lavées;
de 20 fr.   —   pour les éponges lavées;
de 12 fr.   —   pour les poulpes.

PROTECTORAT FRANÇAIS

RÉGENCE DE TUNIS

DIRECTION GÉNÉRALE DES TRAVAUX PUBLICS

NAVIGATION & PÊCHES MARITIMES

DATE
DU
paiement des droits (6)

PATENTE
N°

AUTORISANT LA PÊCHE (1)

(2)

valable pour une année commençant le 1er janvier 190

Il est permis au capitaine . . . , commandant le bateau(3) *. . . ,*(1) *. . . dénommé . . . , appartenant au port de . . . , jaugeant . . . tonneaux, équipé de . . . hommes et muni de*(5) *. . . , d'exercer la pêche*(1) *. . . sur les bancs tunisiens pendant une année commençant le 1er janvier 190 .*

Le capitaine soussigné s'engage à se conformer pleinement aux clauses du règlement sur la pêche des éponges et poulpes, dont le texte est reproduit au verso de la présente, tel qu'il résulte des décrets des 16 juin 1892, 11 janvier 1895 et 28 août 1897.

Délivré à . . . , le . . . 190 .

VU ET ACCEPTÉ :

L'OFFICIER DE PORT,

Le Permissionnaire,

---

(1) Pêche des éponges et des poulpes ou pêche exclusive des poulpes.
(2) Pêche blanche ou pêche noire.
(3) Scaphandrier, gangavier ou kamakis.
(4) Nationalité du bateau.
(5) Nombre d'engins de pêche : gangavas ou appareils de scaphandre.
(6) Numéro et date du récépissé. — Indiquer s'il s'agit du 1er terme, du 2e terme ou de l'intégralité du droit .

Organisation du Service de la police des Pêches maritimes
en Tunisie

Comme nous l'avons vu par le texte même des décrets relatifs aux différentes pêches, la mission d'assurer l'exécution de ces décrets, et par suite d'exercer dans tous ses détails la police et la surveillance des pêches maritimes, incombe au Directeur général des Travaux publics ; ce Chef de Service est en effet mieux placé que tout autre pour s'acquitter de cette mission. Par les attributions qu'il possède déjà en matière de domanialité maritime, par les pouvoirs qu'il exerce en ce qui concerne l'exploitation des ports de commerce, par le personnel dont il dispose dans ces ports, il peut efficacement et économiquement assurer la police de la navigation et celle des pêches maritimes. Il est peut-être à regretter que son rôle en ces matières n'ait pas été posé en principe par un ou deux décrets organiques, au lieu d'avoir fait l'objet de décisions de détail et on pourrait presque dire de circonstance.

En France c'est le Ministère de la Marine qui, concurremment avec le Ministère des Travaux publics et celui des Finances, exerce la police générale de l'exploitation des produits du Domaine maritime, celle de la Navigation, celle des Pêches et l'administration des épaves.

En Tunisie, à défaut d'une Marine beylicale ou d'une Administration spéciale des intérêts maritimes, c'est la Direction des Travaux publics, assistée, pour la partie fiscale, de la Direction des Finances, qui paraît la mieux qualifiée pour exercer cette police : la nature même des choses et des raisons d'économie qu'il n'y a pas lieu de développer ici, conduisent à cette conclusion.

C'est donc à la Direction générale des Travaux publics que ressortit le Service de la Navigation et des Pêches maritimes, dont le chef est en même temps le capitaine du port de Tunis. Les officiers et maîtres des autres ports de la Régence sont, en ce qui concerne la navigation et les pêches, placés sous ses ordres. Enfin quelques agents spéciaux ont été créés, sous le nom de préposés à la pêche, à Djerba, à Kerkennah et à La Goulette, points où leur institution était de toute nécessité.

Chacun de ces agents a dans ses attributions l'application de tous les décrets et règlements qui concernent les diverses pêches maritimes.

Dans le Sud, où la pêche des éponges prend une importance toute particulière, quatre péniches à voile sont spécialement affectées à la surveillance de cette pêche.

Chacune de ces péniches est commandée par un capitaine garde-pêche et montée par 5 marins indigènes. Elles mesurent 11 mètres de longueur et 3^m50 de largeur ; leur tirant d'eau de 0^m90 leur permet de suivre et d'atteindre par tous les fonds les bateaux-pêcheurs du pays, ce qui est essentiel pour l'accomplissement de leur mission. Elles rendent par suite plus de services qu'un grand vapeur, tout en coûtant moins cher. L'Administration des Travaux publics utilise d'ailleurs tout naturellement pour la surveillance de la pêche les deux vapeurs *Triboulet* et *Fresnel* qu'elle a armés, l'un dans la région Sud, l'autre dans la région Nord, en vue de l'entretien des phares et du balisage.

Cette organisation très simple a permis jusqu'à ce jour d'assurer convenablement la police de la pêche sur les côtes tunisiennes. Étant donnée la nouvelle réglementation de la pêche côtière, l'extension des amodiations et concessions et le développement des bancs d'éponges récemment découverts, il est permis de penser que la création de nouvelles zones de surveillance deviendra bientôt indispensable. Avec trois nouvelles péniches du même type que les précédentes, et qui seraient affectées à la région Nord, on parerait convenablement, à notre avis, aux nécessités de la situation actuelle.

Péniche garde-pêche. Longueur, 11 mètres; largeur, 3ᵐ50; tirant d'eau, 0ᵐ90

AVENIR PROBABLE DE LA PÊCHE EN TUNISIE

Nous ne saurions terminer l'étude que nous venons de faire des richesses maritimes de la Tunisie sans indiquer quel est le développement que doit, selon nous, prendre dans l'avenir l'exploitation de ces richesses.

Si l'on s'en rapporte aux textes des anciens auteurs ou, plus simplement, aux témoignages tangibles que nous apporte tous les jours la découverte de nouvelles mosaïques de l'époque romaine, on sera convaincu que si la Tunisie a été, au temps de sa splendeur antique, un pays d'exploitation agricole, elle a été, à un égal degré un pays d'exploitation maritime et peut-être même d'exploitation aquicole. Une visite au musée du Bardo ne saurait laisser le moindre doute à cet égard. Les espèces et les engins que nous rencontrons encore de nos jours y sont figurés avec une fidélité frappante en de nombreuses mosaïques qui nous retracent, d'une façon toujours vivante et intéressante, la vie de la mer à côté de la vie des champs.

La Tunisie a-t-elle reconquis dans cet ordre d'idées la situation privilégiée qu'elle a eue autrefois et qui doit sans doute lui appartenir encore? On peut répondre avec assurance que non; et cependant aucune cause ne permet de penser qu'il existe à cet égard des obstacles naturels quelconques.

On a cherché à expliquer de bien des manières l'infériorité au point de vue agricole de la Tunisie moderne par rapport à l'ancienne province d'Afrique. On a invoqué des causes et des phénomènes naturels, des changements météorologiques et bien d'autres explications savantes, alors que l'étude des faits politiques et économiques eût sans doute suffi pour trouver la raison d'être de l'état actuel de la productivité du sol.

La question ne se pose même pas en ce qui concerne les productions de la mer. Aucun phénomène profond, aucun bouleversement naturel n'est venu modifier les fonds de nos côtes, leurs végétations et leur température. Il est donc tout probable que ces fonds peuvent encore donner ce qu'ils donnaient autrefois et que c'est uniquement la faute de l'homme s'il ne tire pas de dons que la nature n'a pas cessé de lui offrir libéralement le parti qu'il en tirait jadis.

Organisation technique de la pêche côtière

Quelles sont donc les qualités que doit posséder celui qui veut pratiquer l'industrie de la pêche ou plus généralement l'exploitation de la mer ?

Nous répondrons : celles du bon pêcheur et celles du bon commerçant.

Quelles sont les qualités qui font le bon pêcheur ?

C'est d'abord de savoir confectionner, réparer et manier les engins qu'on doit employer; c'est la connaissance des côtes et des fonds qu'on doit exploiter ; celle des points de repère nécessaires pour se diriger sur ces fonds, des aspérités de rochers et des obstacles qu'il faut éviter dans le calage des engins, des courants et des moments propices à ce calage ; celle des époques de passage des poissons ; c'est enfin la connaissance pratique de la manœuvre d'une barque.

On devra donc rechercher pour organiser une exploitation de pêche des hommes forts et robustes, possédant les connaissances que nous venons d'énumérer, capables de supporter les intempéries et habitués dès leur jeune âge aux misères du métier.

La pêche des poissons aventuriers et sédentaires et celle des poissons de passage ne comportent d'ailleurs pas les mêmes règles.

La première se fait aux filets traînants, dormants ou de poste, aux nasses, aux palangres, aux diverses lignes de fond, à la ligne de traîne. etc., etc. L'autre, à la courantille, aux madragues, à la palamidière, à la ligne de traîne. à la rissolle, au sardinal et à la thonaire.

En Tunisie, la pêche aux grands arts traînants, connue sous le nom de pêche aux bœufs, se fait à la voile ; on la pratique près des côtes et pas assez au large pour donner, au point de vue des espèces, des résultats satisfaisants. S'il arrive parfois de voir sur les marchés des espèces belles à l'œil et agréables au goût, c'est aux quelques palangriers qui se hasardent vers le large qu'on le doit. Malheureusement le nombre de ces pêcheurs est restreint et le métier ingrat.

Le poisson pêché par les bœufs a l'inconvénient de ne pas présenter les mêmes conditions de conservation que celui pêché par les autres arts, parce qu'il est étouffé par les algues et les vases qu'un long traînage fait amonceler dans les sacs des filets. Mais comme on ne saurait entreprendre l'industrie de la pêche avec les autres arts seulement, il faut se servir des grands arts traînants en cherchant toute autre traction que la voile, pour régler les traînages et atténuer autant que possible, par un séjour plus court dans les sacs des filets, l'étouffement des poissons.

La traction à la voile a l'inconvénient de ne pouvoir régler le traînage des filets parce que le calme ou la faiblesse du vent ne le permet que rarement. Le travail que nécessite la levée des filets est trop lent pour qu'on puisse faire cette opération dans un laps de temps déterminé à l'avance; il faudrait pour cela des équipages doubles, ce qui augmenterait les dépenses d'exploitation. C'est donc à la vapeur qu'il faut s'adresser, parce que son usage permet de régulariser le travail en mer, tout en assurant de livrer les produits à terre dans de bonnes conditions et dans le temps le plus court. La vapeur permet une rapidité plus grande des évolutions; elle donne plus de sécurité dans la navigation et diminue la fatigue des équipages dans la manœuvre des engins; elle fournit à temps égal plus de travail que la voile. C'est la pêche à la vapeur qui se développe aujourd'hui chez toutes les nations et que nous conseillons en Tunisie. La France s'est malheureusement laissée distancer dans cette voie — comme en bien des questions maritimes — par l'Angleterre et l'Allemagne.

Signalons ici l'initiative prise par un de nos compatriotes, M. Coste, qui a tenté, en 1899, la pêche à la vapeur sur les côtes tunisiennes. Le vapeur *Sadi-Carnot*, de 150 chevaux de force, acheté à Boulogne et pourvu d'un équipage français habitué à la pêche, a traîné l'*other-troll* dans les parages de Ras-Farthas, à 5 ou 6 milles en face de Bizerte, aux environs de l'île Cani, autour de l'île Zembre, aux environs du cap Bon et jusque sur le banc des Esquerquis.

Le succès n'a pas répondu aux efforts faits par l'armateur, soit que l'engin employé, si bien disposé pour les fonds solides de la Manche, ne convienne pas dans les parages herbeux ou vaseux des côtes tunisiennes, soit que l'équipage ne fût lui-même quelque peu dépaysé.

Nous pensons que ce premier échec ne doit pas décourager et que de nouveaux essais doivent être tentés avec persévérance.

Avant la réglementation de la pêche côtière, on pouvait craindre que l'emploi de la vapeur ne nuisit à la conservation des frayères et partant à la reproduction des espèces. Cette crainte n'existe plus depuis que les dimensions des mailles des filets et l'époque de l'interdiction de la pêche aux arts traînants ont été réglementées ; et comme, pour la réussite de l'entreprise, on aura tout avantage à aller pêcher au large des côtes et jusque dans la mer libre, il n'y a aucune raison de défendre l'emploi de la vapeur.

La régularité du travail en mer doit être la principale préoccupation des patrons pêcheurs, car c'est d'elle que dépend le succès de la pêche. Les traînages des filets doivent être réglés de manière à ne les laisser à la mer que le temps nécessaire pour que le poisson ne soit pas étouffé par les algues ou les vases qui s'amoncelleraient dans les sacs des filets. Il faut avoir soin de ne pas toujours caler les filets aux mêmes endroits, car pour que la pêche soit productive, il faut laisser reposer les fonds. Les longs traînages dans les mêmes parages bouleversent les fonds, font fuir les poissons, dévastent les frayères et nuisent au développement et à la reproduction des espèces. Il faut que la pêche s'exerce avec toute l'activité voulue, et ne pas craindre d'aller traîner au large toutes les fois que le temps le permet. Les patrons doivent donner de l'émulation à leurs équipages pour retirer de la mer le plus de produits possible.

La pêche aux autres arts doit se pratiquer aux environs des côtes les plus rocheuses pour les poissons de couleur et les langoustes, et près des rivages pour les poissons blancs. Comme pour la pêche aux grands arts traînants, on doit éviter les calages fréquents sur les mêmes points et savoir cerner le poisson au moment propice lorsqu'on fait des calages successifs.

La pêche aux palangres peut se faire près des côtes et au large ; cette pêche est difficile et souvent périlleuse quand elle est faite avec plusieurs lignes mères. Elle demande une connaissance approfondie des fonds et une adresse toute particulière, car il importe d'éviter les obstacles et les rochers qui pourraient embarrasser la pêche en embrouillant les bras des lignes où sont fixés les hameçons.

La pêche des poissons de passage se pratique au large et près des côtes. Celle des anchois et des sardines demande une certaine adresse pour le prompt démaillage des poissons et une somme de travail peu commune pour le halage de 900 à 1.000 mètres de filets qui se fait deux ou trois fois dans la même nuit. Enfin la pêche à la ligne de traine demande une certaine adresse pour pouvoir suivre les mouvements du poisson. qui, lorsqu'il est pris à l'hameçon, se débat entre deux eaux et s'échappe souvent au moment de le mettre à bord.

Si les eaux tunisiennes. bien que poissonneuses, ne sont pas exploitées comme il conviendrait, cela est dû à ce que leurs richesses sont ignorées, au manque de perfectionnement de l'outillage actuel, à l'hésitation qu'éprouvent les capitaux à s'engager dans une voie nouvelle, et aussi au peu d'émulation des pêcheurs du pays.

Les pêcheurs indigènes sont peu actifs et réfractaires à tout progrès ; qu'on leur retire leurs pêcheries fixes où le poisson est capturé en petites quantités, mais sans beaucoup de peine, ils mourront de faim plutôt que de s'adonner aux autres arts. Les Étrangers habitant le pays n'ont pas l'esprit d'initiative des autres pêcheurs de la Méditerranée. Quoique robustes et habitués au métier, ils sont casaniers et attendent que la manne leur tombe du ciel. Pour eux il y aurait un véritable déshonneur à envoyer leurs femmes vendre sur les marchés le produit de leur pêche, comme le font les femmes de nos pêcheurs français. et c'est à cette vanité qu'ils doivent de ne pas retirer du produit de leur travail de meilleurs résultats. Si, au lieu de se confiner dans l'emploi de deux ou trois engins de pêche, ils s'exerçaient aux divers arts, ils comprendraient vite les bénéfices que leur font perdre leur indifférence et leur faux point d'honneur.

Ces pêcheurs, qui ne comprennent pas les avantages qu'ils pourraient retirer de l'exploitation de la mer. auraient beau être d'excellents marins, ils manquent de la seconde qualité que doit posséder l'homme qui exploite la mer : ils ne sont pas bons commerçants.

Organisation commerciale de la pêche

En quoi consiste donc, en matière de pêche. le bon commerçant ? Quel rôle joue, dans l'exploitation de la mer, la partie commerciale et industrielle ?

Au bon commerçant en matière de pêche incombe le soin de donner aux pêcheurs un outillage perfectionné pour l'exploitation des fonds ; de chercher les procédés les plus sûrs et les plus économiques pour envoyer sur les marchés les produits à l'état frais ou en conserve; de choisir les centres et les débouchés pour écouler avantageusement ces produits.

Sur la côte Nord de la Régence trois ports nous paraissent tout désignés pour des exploitations maritimes. Ces ports sont : Tabarka, Bizerte et Tunis.

Tabarka, qui se trouve reliée à Aïn-Draham, à Souk-el-Arba et à Béja par des voies carrossables, pourrait servir de centre pour alimenter en poissons frais toutes les populations de la région en exploitant la côte comprise entre le cap Roux et le cap Négro au moyen de bœufs à la voile et des autres arts. Mais, pour que cette industrie puisse réussir, il faut que le poisson arrive en bon état sur les lieux de consommation, et cela ne peut avoir lieu qu'en employant la glace.

Avant que Tabarka fut alimentée en eau douce, on n'aurait pas pu, faute de glace, expédier des poissons ailleurs qu'à Aïn-Draham, et encore aurait-il fallu que ces poissons fussent pêchés le jour du départ de la diligence. Mais aujourd'hui que l'eau douce ne fait plus défaut, rien n'empêcherait d'installer à peu de frais une glacière qui fournirait assez de glace, non seulement pour la conservation du poisson, mais aussi pour la consommation locale.

Les moyens de locomotion qui existent entre Tabarka et Souk-el-Arba ne répondent pas aux besoins du transport du poisson ; mais on pourrait y remédier en construisant des voitures *ad hoc*, qui transporteraient à l'aller des poissons frais, et au retour des marchandises destinées à Tabarka.

Il est regrettable que malgré la pêche des anchois et des sardines qui se fait dans les eaux de Tabarka, malgré l'abondance et la bonne qualité des huiles dans le pays, on ne songe pas à monter des usines pour la mise en conserve de ces poissons si appréciés par la population étrangère et indigène.

Beaucoup de personnes, mal renseignées sans doute, croient que pour monter une industrie de ce genre il faut pourvoir, non seulement aux frais de premier établissement d'une usine, mais encore à ceux d'un matériel de pêche relativement important. C'est

une erreur qu'il est bon de dissiper car il suffit, comme on le fait
en France, en Algérie et à Mehdia, de traiter avec des pêcheurs
qui fourniraient, à des prix convenus à l'avance, les quantités de
poissons nécessaires à cette industrie.

Comme le sel entre pour une grande part dans la fabrication
des conserves, il faudrait, comme cela se pratique dans tous les
pays, que les industriels qui tenteraient de faire des salaisons
fussent autorisés à s'approvisionner de sel ailleurs que dans le pays,
ou que cette denrée leur fut délivrée par l'Administration au prix
de revient, ce qui réduirait de beaucoup les frais d'exploitation.
Sans cet avantage on ne pourrait lutter contre les produits étrangers.

Cette industrie créerait de nouveaux débouchés dans le pays;
on aurait donc tout intérêt à la protéger.

Entre le cap Négro et le cap Zébib jusque vers le 38ᵉ parallèle,
Bizerte, qui est reliée à Marseille par un courrier direct hebdomadaire et deux fois par jour avec Tunis par la voie ferrée, paraît
toute indiquée comme port de concentration pour exploiter les
fonds de cette région.

Deux remorqueurs, de 25 à 30 tonneaux de jauge et de 150 à
200 chevaux nominaux de force, outillés de tous les perfection-
nements voulus pour réduire autant que possible les frais de
personnel, suffiraient pour commencer l'industrie que nous préco-
nisons. Ces remorqueurs exploiteraient toute la région en dirigeant
leurs traînages, tantôt vers le Nord, tantôt vers l'Est et vers l'Ouest.
Plus tard, lorsque les résultats le permettraient, on construirait
un troisième remorqueur d'un tonnage plus élevé et d'une vitesse
supérieure aux deux autres, muni de chambres froides pour y recevoir le poisson destiné à la consommation locale et d'un appareil
à fabriquer la glace pour la mise en conserve des poissons destinés
à l'exportation. Ce remorqueur servirait à aller chercher la pêche
des bateaux-bœufs pour la porter au port de concentration et permettrait à ces bateaux de mouiller par beau temps sur les divers
points de la côte sans avoir besoin de rentrer tous les soirs à
Bizerte. On pourrait au besoin munir ce remorqueur d'un chalut
pour traîner en cours de route.

Si Bizerte présente certains avantages, Tunis nous paraît encore mieux située pour les industriels qui voudraient tenter l'industrie de la pêche dans le pays.

Tunis est reliée à Marseille par trois courriers par semaine ; elle a ainsi l'avantage de pouvoir expédier les produits de la pêche dans de meilleures conditions que Bizerte. Cet avantage est incontestable par la raison fort simple que Bizerte serait obligée de garder plus longtemps ses produits sous la glace et qu'elle ne pourrait expédier dans de bonnes conditions de fraîcheur que les espèces péchées le jour du départ du courrier pour Marseille. En second lieu, les produits que Bizerte pourrait expédier sur Marseille via Tunis seraient grevés des frais de transport de chemin de fer ; tandis que Tunis pourrait expédier trois fois par semaine des produits qui seraient moins restés sous l'action de la glace et aurait en outre l'avantage de livrer sans frais de transport à la consommation locale une partie de ses produits. Bizerte serait encore obligée de supporter ces frais si elle voulait livrer ses produits à Tunis pour la consommation locale.

Le poisson expédié de Tunis à Marseille serait dans certains cas préférable à celui de Bizerte, parce qu'il n'aurait pas autant subi l'action de la glace ; plus le poisson reste soumis à cette action, plus il perd de sa valeur. Que l'on prenne deux poissons de la même espèce, l'un étant resté sous la glace pendant 24 heures et l'autre pendant 48, et l'on s'apercevra facilement que la chair du premier est plus ferme que celle du second et que le goût diffère beaucoup.

Pour une entreprise de ce genre et pour obtenir de bons résultats, il ne s'agit pas de jeter sur les marchés de grandes quantités de poissons à la glace, ni que ces poissons soient de grandes dimensions. Il faut que le poisson puisse se détailler pour être à la portée de toutes les bourses et que les expéditions soient faites de manière à ne livrer à la consommation que les quantités qui peuvent être vendues le jour même de leur arrivée sur les marchés ; différemment on augmente les dépenses de conservation par le renouvellement de la glace, tout en diminuant dans une large proportion le prix de vente ; car le poisson retiré de la glace, qui a vu l'air et que l'on remet de nouveau sous glace, se décompose facilement.

C'est dans le golfe de Tunis jusqu'à la hauteur des bancs des Esquerquis qu'il faudrait exploiter les fonds pour assurer l'entreprise et avoir des bénéfices rémunérateurs.

Comme on y pêche l'anchois et la sardine, rien n'empêcherait d'établir à La Goulette une usine pour la salaison ou la mise en conserve à l'huile de ces poissons.

La côte Sud, quoique poissonneuse, ne présente pas les mêmes avantages que la partie Nord et nous ne voyons que deux points où l'on puisse tenter l'industrie de la pêche côtière et pratiquer l'exportation des produits. Ces points sont Hammamet et Sousse.

Hammamet nous paraît plus avantageux que Sousse, et il le sera encore plus, le jour où la jetée-abri qui a été projetée dans ce port aura été construite. Il présente les mêmes avantages que Bizerte quant à la voie ferrée; il est supérieur à Tabarka en ce qui concerne les moyens de transport pour la pêche de l'anchois et de la sardine, et peut diriger en moins de temps que Sousse ses produits sur Tunis pour la consommation locale ou l'exportation.

On a quelquefois parlé de l'exportation à l'état vivant des poissons aventuriers et sédentaires. Ce genre de transport, qui n'existe, à notre connaissance, en Méditerranée que pour les anguilles, demande des installations que ne possèdent pas encore les centres de consommation du Midi de la France. En dehors des bateaux-viviers pour le transport, il faudrait installer des viviers à terre ou des viviers flottants pour y recevoir les produits de la pêche, afin de ne point immobiliser les bateaux pêcheurs pendant la durée de la vente. Mais là ne serait pas la difficulté.

Pour conserver le poisson vivant il faut qu'il soit pêché aux nasses ou à l'hameçon. Les nasses ne nous paraissent pas pratiques pour les grandes profondeurs, c'est donc à l'hameçon qu'il faut penser. C'est aux palangres et aux diverses lignes de fond qu'il faudra demander les quantités de poissons nécessaires pour assurer le succès de cette industrie. Mais trouvera-t-on en Méditerranée des pêcheurs qui voudraient rester 25 ou 30 jours à la mer pour assurer le chargement des bateaux-viviers, comme le font, par exemple, les pêcheurs de la Havane? En dehors de cet inconvénient, les pêcheurs de la Méditerranée sont-ils exercés comme ceux de la Havane au piquage du poisson pour lui donner sa vitalité lorsque ses mouvements semblent paralysés par une cause quelconque au sortir de l'eau? Nous ne le croyons pas. Il faut donc nous contenter des genres de pêche connus en Méditerranée et chercher à exploiter

les fonds avec les engins que nous possédons tout en les perfec-
tionnant.

Nous devons également dire quelques mots de la pêche des
poissons de passage et de celle des crustacés que l'on pourrait
combiner avec elle.

La pêche des arts traînants étant défendue du 1er juin au 31 août,
l'interdiction comporte celle de la vente du poisson pêché avec ces
arts dans la mer libre. On pourrait, durant ces trois mois, entreprendre la pêche des anchois et des sardines et s'entendre avec les
pêcheurs des îles de La Galite et de Cani pour l'achat des langoustes qu'on livrerait à la consommation locale.

Il suffirait, pour cette pêche, d'armer aux rissolles et aux sar-
dinaux une dizaine de barques qui pêcheraient dans le golfe de
Tunis entre le Zimbre et Porto-Farina et dont les produits servi-
raient à alimenter les marchés de Tunis, de La Goulette et de leurs
environs pendant l'interdiction de la pêche.

Pour ne pas laisser les remorqueurs inutilisés pendant cette
interdiction, on les emploierait à aller chercher sur les lieux
de pêche les produits des barques, à porter au besoin des vivres
aux pêcheurs, qui, sauf le cas de force majeure, ne rentreraient
au port que le samedi pour en repartir le dimanche dans la
nuit, et à remorquer les barques quand le calme ou le vent contraire
les empêcheraient de se rendre sur les lieux de pêche ou au port
pour se ravitailler. Une fois par semaine un remorqueur se rendrait
aux îles de La Galite et de Cani pour y prendre le produit de la
pêche des langoustes. Cette combinaison permettrait de pourvoir
la population de poisson pendant l'interdiction de la pêche aux
arts traînants, époque où cet aliment est assez rare.

On profiterait de l'interdiction de la pêche pour le passage au
bassin, les réparations et la propreté générale des remorqueurs, afin
qu'ils fussent en état de commencer la campagne de pêche dès son
ouverture.

Pisciculture

Les indications que nous venons de donner concernent uniquement l'exploitation des richesses marines telles que la nature nous
les offre ; ce genre d'exploitation est celui qui vient le plus facilement à l'esprit et c'est souvent le seul que pratique l'industrie

maritime. Mais il n'est pas forcément, quelle que soit la puissance productrice de la nature, celui qui assure aux capitaux la rémunération la plus élevée. En d'autres termes, l'homme peut souvent, en favorisant le jeu des forces naturelles, obtenir des résultats plus avantageux qu'en cherchant uniquement à recueillir le produit de ces forces.

En Tunisie par exemple, on n'a pas tardé à constater dans l'exploitation des lacs salés que certaines manœuvres des barrages étaient propres à faciliter la rentrée et la multiplication des poissons, par suite à améliorer le rendement de la pêche. Toutes les mesures de ce genre rentrent dans ce qu'on appelle la *pisciculture naturelle*: c'est celle qui s'exerce sans intervenir directement dans les actes physiologiques des poissons.

La *pisciculture artificielle*, au contraire, intervient directement dans la reproduction des espèces et tend à la susciter en dehors des lois naturelles de cette fonction.

Nous dirons de suite qu'à notre avis la pisciculture artificielle, qui opère surtout en eau douce et a pour objet principal le peuplement des cours d'eau et des étangs intérieurs, n'a pas encore et n'aura pas de longtemps d'application en Tunisie. La pisciculture artificielle maritime n'a du reste jamais été sérieusement pratiquée en Europe.

Il n'en est pas de même de la pisciculture naturelle dont le but est de favoriser la capture, l'élevage et l'engraissement des poissons de mer. Ce genre de pisciculture est depuis longtemps pratiqué en Europe dans les étangs salés qui communiquent avec la mer et il n'est pas douteux que la Tunisie ne puisse trouver dans nombre d'établissements existant dans cette partie du monde d'utiles enseignements et des exemples intéressants à imiter. La disposition naturelle de ses lacs et étangs salés nous paraît pouvoir se prêter à une application avantageuse des principes mis en lumière dans des régions analogues.

Tout le monde a entendu parler du plus ancien et du mieux organisé des établissements de ce genre, celui de Commachio, sur les bords de l'Adriatique. Il comprend un grand nombre de lagunes situées dans le delta du Pô et qu'on a aménagées par une série d'ouvrages très réussis, de façon à profiter des instincts migrateurs des espèces; on les attire à l'état de frai, on les amène au degré de développement voulu et on les capture ensuite. C'est principalement l'anguille, le mulet et l'athérine qui sont pêchés à Commachio ; la production annuelle de cet établissement atteint près d'un million de kilogrammes de poisson.

Des établissements analogues existent en France, aux Martigues, sur les bords de la Méditerranée ; ils sont basés sur l'emploi des bordigues et visent principalement la production du mulet.

Il ne nous paraît pas douteux que nos lacs tunisiens amodiés et ceux qui le seront ultérieurement ne soient destinés à être pourvus de toutes les installations qui permettront de les exploiter suivant les procédés déjà expérimentés en d'autres points de la Méditerranée. Il est certain que l'étude des exploitations que nous venons de citer est de nature à éviter bien des écoles à ceux qui s'occupent de l'industrie maritime en Tunisie.

Ostréiculture

Une industrie qui n'a pas encore été sérieusement tentée en Tunisie et qui paraît cependant appelée à donner des résultats encourageants est celle de l'ostréiculture ou culture de l'huître.

Cette industrie qui s'est implantée en France vers 1855, à la suite des efforts persévérants de Coste et de M. de Bon, comprend deux branches également importantes : la *production* et l'*élevage* de l'huître.

La production consiste à recueillir le *naissain*, c'est-à-dire la semence émise par les huîtres mères, sur des collecteurs appropriés et à l'amener à une dimension suffisante pour en permettre la vente en vue de l'élevage.

L'élevage a pour but d'obtenir la *croissance* de l'huître et son *engraissement* jusqu'à permettre son envoi sur le marché.

Sans entrer dans le détail des opérations que comporte ce double but, nous dirons seulement qu'un des points les plus importants dans l'élevage est le choix d'un bon terrain ; le sol qui convient le mieux est celui qui est formé de sable vaseux.

A ce point de vue les côtes de la Régence présentent en bien des points toutes les conditions requises, mais il n'en est pas toujours de même à d'autres égards.

Ainsi les côtes de la région Nord paraissent bien exposées aux vents du large qui amènent des tempêtes susceptibles de bouleverser les parcs à huitres.

Les lacs de Bizerte, de Porto-Farina et de Tunis seraient évidemment dans de bonnes conditions d'abri. Les fonds de Menzel-Abd-er-Rahman sur le lac de Bizerte se prêteraient parfaitement à un essai de culture de l'huitre : tel est du moins notre avis et, croyons-nous, celui de M. Bouchon-Brandely dont l'autorité en pareille matière est indiscutable.

Nous pensons également que des collecteurs garnis de naissain auraient toute chance de réussir dans la darse de Porto-Farina, préalablement nettoyée, et dans la partie Sud du lac de Tunis, la plus à l'abri de l'écoulement des égouts de la ville.

On trouve de petites huitres à Porto-Farina et à peu de distance de Gabès vers le Sud, ainsi, parait-il, qu'aux Bibans. Il y a lieu de penser que dans cette dernière région, aux Kerkennah, à Djerba, aux environs de l'Oued-Akarit et de l'Oued-Srag, etc., des tentatives d'ostréiculture pourraient être suivies de succès. Il est, d'ailleurs, permis d'espérer que l'opération donnerait des résultats satisfaisants au point de vue économique, grâce au prix élevé qu'atteint l'huitre sur nos marchés. En tout cas un essai fait en 1885 au pont de Radès a échoué dans des conditions qui ne permettent pas de conclure. Des tentatives, qu'il sera fort intéressant de suivre, s'organisent en ce moment dans le Sud, au voisinage de l'embouchure de l'Oued-Srag.

Signalons, à propos d'ostréiculture, la question de l'acclimatation de l'huitre perlière dans le golfe de Gabès, que M. Bouchon-Brandely recommandait déjà en 1890, que M. Vassel a étudiée en 1898, mais qui n'a pas encore été expérimentée.

Un point de détail à noter est que le naissain, soit d'huitres, soit de moules, est exempt de tout droit d'entrée en Tunisie.

Myticulture

La culture de la moule ou *myticulture* présenterait en Tunisie le même intérêt et les mêmes aléas que celle de l'huitre. Cependant elle paraît plus rustique et demande moins de capitaux.

La myticulture remonte en France au xiie siècle, époque où elle fut inventée dans la baie de l'Aiguillon par un Irlandais naufragé nommé Walton. Les *bouchots* de cette région ou pieux à moule sont aujourd'hui la base d'une industrie des plus florissantes. Les lacs salés en Tunisie pourraient peut-être se prêter à une tentative de ce genre, surtout dans la région Sud où la marée a le plus d'action. M. Coste, amodiataire du lac de Tunis, a fait en mai 1899 à La Goulette des essais de myticulture dont le résultat n'a pas été satisfaisant.

Spongiculture

Nous avons déjà indiqué (page 228) qu'à la suite d'une divergence de vues entre les négociants sfaxiens et l'Administration concernant l'époque de la reproduction de l'éponge des renseignements avaient été recueillis sur cette question auprès de M. Lo Bianco, naturaliste attaché à l'Aquarium de Naples. Ces renseignements ont été résumés dans une note lue à la Conférence Consultative de la Tunisie dans sa séance du 27 novembre 1897. Conformément aux conclusions de cette note, et d'un commun accord avec la Chambre de Commerce de Sfax, l'Administration des Travaux publics a institué deux séries d'expériences qui ont été commencées en 1898. Ces expériences ont pour but de déterminer : 1° l'époque de la reproduction des éponges, c'est-à-dire de l'émission des larves par les éponges mères; 2° le degré de rapidité de croissance de l'éponge, c'est-à-dire l'époque de son exploitabilité commerciale maximum.

Nous avons à peine besoin de signaler quelle est la haute importance de la question ainsi posée, importance qui est bien supérieure à celle de la solution de la simple difficulté de réglementation qui a été la cause occasionnelle de ces expériences. Il est évident, en effet, que le jour où les deux points soumis à l'étude seront connus avec précision, la spongiculture sera créée et la pêche actuelle avec ses aléas, ses charges, son incertitude de l'avenir, aura vécu. La demande commerciale de l'éponge va en effet sans cesse en s'accroissant et il est à peu près certain qu'aucun produit artificiel ne pourra jamais remplacer cette substance naturelle. Par contre, les bancs en exploitation ont certainement tendance à s'appauvrir. Toutes ces conditions font que la prime à la production rationnelle, méthodique, de l'éponge devient de jour en jour plus élevée. On peut affirmer que l'élaboration d'une méthode pratique de culture de l'éponge aurait tous les résultats bienfaisants d'une grande découverte.

Non pas qu'il y ait dans ces recherches rien d'absolument nouveau à inventer : c'est une question d'attention et de soins.

Déjà en 1861, Lamiral avait tenté, sans succès, d'acclimater l'éponge de Syrie sur les côtes de la Provence. Mais les tentatives les plus intéressantes ont été faites sur les côtes de la Dalmatie, de 1863 à 1872, par O. Schmidt et G. Buccich. Ces expériences entreprises sur un accord — analogue à celui que nous indiquions plus haut — entre l'Administration autrichienne et la représentation des négociants de Trieste, ont montré que l'éponge est parfaitement susceptible de se reproduire à la volonté de l'homme et de se développer dans les conditions de régularité et de beauté que la nature seule ne réalise pas toujours. Malheureusement l'ignorance et peut-être la jalousie des pêcheurs indigènes les poussa à détruire, à plusieurs reprises, les châssis où étaient élevées les éponges de Schmidt et de Buccich; les savants se découragèrent et la question industrielle de la production de l'éponge ne fut pas résolue, alors que la recherche scientifique correspondante peut être regardée comme ayant été suivie d'un plein succès.

En 1889 et 1891, deux négociants de New-York, Kesson et Robbins, ont fait, à Key-West, en Floride, des essais qui paraissent n'avoir pas été plus heureux que les précédents.

Malgré ces insuccès, tout nous porte à croire que le dernier mot n'est pas dit sur cette question et que la Tunisie se trouve dans des conditions particulièrement favorables pour résoudre le problème. L'éponge naît et croît d'elle-même sur une grande partie de ses côtes : ne suffira-t-il pas d'aider un peu la nature, après l'avoir étudiée, pour multiplier dans des proportions nouvelles un produit aussi intéressant ?

Les études à faire dans ce but ne sauraient en tous cas, nous tenons à le répéter, donner lieu à aucune difficulté sérieuse.

Notre opinion sur ce point est parfaitement d'accord avec celle qu'exprimait M. Paul Pic, négociant à Sfax, dans une étude sur les éponges publiée en 1895 :

« Pas n'est besoin des lumières d'un grand savant. C'est plutôt un homme bien résolu, consciencieux et quelque peu lettré, qui pourra résoudre la question. C'est un plongeur à nu et au scaphandre qu'il faudrait. Rien ne s'opposerait, bien entendu, à ce qu'il fût en même temps très érudit, savant même, mais ce n'est pas la condition essentielle.

« Le plongeur trouverait une jeune éponge, mettrait un plomb à côté d'elle ; ce plomb serait fixé, par une ficelle, à un morceau de liège surmonté d'un drapeau qui servirait de point de repère.

« Quand il aurait signalé ainsi, vingt, trente, ou même cent éponges, il irait les visiter tous les huit jours et se rendrait compte de leurs métamorphoses et de leurs progrès. Il consignerait ainsi ses observations sur un agenda et, à la fin de l'été, il saurait combien de temps ces éponges ont mis pour devenir adultes.

« A partir du mois de février, il descendrait tous les cinq ou six jours, dans cinq ou six endroits connus pour être épongifères, et il finirait par découvrir un jour la naissance d'une éponge qu'il n'avait pas remarquée lors de ses précédentes explorations. Il en marquerait la date, qui serait, à quelques jours près, l'époque de la production de ce zoophyte. Cela servirait à fixer l'époque de la prohibition des engins destructeurs et à connaître si les engins de pêche pour le poisson ne peuvent pas, à certaines époques, détruire autant de larves ou embryons de jeunes éponges, qu'ils détruisent de jeunes poissons, et s'il n'y aurait pas lieu de les comprendre dans la prohibition.

« Si d'autre part, le plongeur constatait qu'après la fin du mois d'avril, ces éponges n'avaient plus grossi, rien ne s'opposerait à faire cesser la prohibition à cette date.

« Toujours est-il qu'un effort du Gouvernement est nécessaire.

« Des études sommaires sont indispensables, pour arriver, dans un temps aussi rapproché que possible, à faire accepter par tous les Gouvernements intéressés une réglementation rationnelle de la pêche des éponges.

« C'est à la France qu'il appartient de prendre l'initiative de ce mouvement, puisque la Tunisie et la Syrie, qui sont nos protégées, fournissent pour plus de 3.000.000 de francs d'éponges et qu'il ne faut rien attendre, de longtemps, ni de la sollicitude du Gouvernement grec, ni du Gouvernement turc, en faveur des éponges. »

Telle est la voie dans laquelle nous serions heureux de voir s'engager l'initiative privée, secondée ou non par l'action administrative. A notre avis, c'est là pour les Français la véritable manière de s'intéresser à la pêche des éponges.

Nos compatriotes pourraient également venir exercer sous pavillon français la pêche telle qu'elle se pratique actuellement ; ils armeraient des bateaux pourvus de marins indigènes et commandés par des patrons français ; la main-d'œuvre ainsi obtenue serait moins chère qu'elle ne l'est maintenant et on éviterait le courtage onéreux des intermédiaires qui s'interposent actuellement entre le pêcheur et le commerçant ; ils obtiendraient peut-être, en outre, pour leurs produits l'exonération à l'entrée en France du droit de 85 francs qui frappe les éponges préparées ou tout au moins du droit de 40 francs qui frappe les éponges brutes. La douane considère actuellement ce produit comme objet de parfumerie et ne s'inquiète en rien du pavillon sous lequel il a été pêché. Il ne serait sans doute pas impossible de faire modifier cette manière de voir et d'obtenir en faveur de l'éponge le traitement accordé à la pêche du poisson faite sous pavillon français.

Les droits existant actuellement sur l'éponge, tant à sa sortie de Tunisie qu'à son entrée en France, sont d'ailleurs relativement légers, puisqu'ils atteignent au total à peine 4 % de la valeur du produit.

Déjà, en mars 1897, l'Administration frappée de l'intérêt que présente la question de la reproduction des éponges avait essayé de recueillir quelques données à ce sujet. Elle fit construire dans ce but trois parcs : l'un à Sfax, le second à Cherki (Kerkennah) et le troisième à Adjim (Djerba). On plaça dans chaque parc des éponges chargées de germes déracinées dans le voisinage. Ces éponges avaient été transportées dans des caisses ou dans des gargoulettes percées de trous et remorquées entre deux eaux, afin de les soustraire à l'action de l'air.

Au mois de septembre de la même année, on constata sur quelques éponges des bourgeonnements de couleur verte dont la nature n'a pas été déterminée. Dans les trois parcs on a constaté que les éponges vivaient, mais c'est à peu près le seul résultat certain auquel on soit arrivé.

Au mois de novembre 1896, douze éponges prises sur les bancs de Kerkennah ont été transportées à Tunis à l'aide d'une grande jarre dont on renouvelait l'eau toutes les quatre heures.

Placées à leur arrivée dans des bocaux dont l'eau était renouvelée toutes les 24 heures, elles ont pu être conservées assez longtemps : mais on n'a jamais vu d'émission de larve.

Comme nous l'avons dit plus haut, de nouvelles expériences ont été instituées en 1898, avec le concours de la Chambre de Commerce de Sfax. Elles visent à déterminer : 1° l'époque de l'émission des larves ; 2° la vitesse de développement des éponges.

Les expériences sur l'émission des larves consistent à faire prélever avec grand soin au scaphandre sur les différents bancs de la côte des éponges vivantes que l'on transporte à Sfax dans des bocaux et que l'on observe ensuite à loisir. Les premières expériences de cette catégorie ont eu lieu en septembre et octobre 1898 : aucune émission de larves n'a été constatée par ce procédé.

La seconde série d'expériences commencée en août 1898 se poursuit encore actuellement.

On a établi autour de certaines éponges isolées, au nombre de huit, des grillages métalliques surmontés d'un voyant. Ces éponges situées aux environs de Cherki se trouvent par des fonds sableux et rocheux relativement dépourvus d'algues marines ; elles sont donc d'une observation facile. Il a été constaté que six de ces huit éponges s'étaient développées en octobre, novembre et décembre ; depuis leur état serait stationnaire.

Aucune conclusion ne peut être tirée de faits aussi précaires : il n'y a qu'à continuer à observer avec patience.

Citons en terminant une opinion courante parmi les pêcheurs d'éponges, savoir que la pêche est toujours abondante dans une campagne qui suit un hiver pluvieux avec vents du large ; la campagne au contraire est mauvaise après un hiver sec, avec vents de terre. Si cette loi était bien prouvée, on pourrait penser que les vents du large agissent pour ramener vers la côte les larves en suspension dans la mer, alors que les vents de terre les en éloignent.

STATISTIQUE DES PÊCHES MARITIMES
DE LA RÉGENCE

Les relevés, tenus à jour par les agents locaux du Service de la Navigation et des Pêches de la Régence et centralisés à la Direction générale des Travaux publics, nous permettent de donner avec quelque exactitude des renseignements sur les particularités intéressantes des diverses pêches maritimes de la Tunisie.

Ces renseignements remontent à l'année 1891, sauf en ce qui concerne le thon dont les produits ont été recensés pour la première fois en 1898. Pour les années antérieures nous avons dû recourir aux relevés des quantités exportées fournis par l'Administration des Douanes. Ces quantités, vu la faiblesse de la consommation locale du thon, diffèrent évidemment très peu des quantités pêchées.

Un premier point intéressant à étudier est le dénombrement des hommes et des bateaux affectés à la pêche. Le premier graphique de la page 287 montre qu'en moyenne une population de 12.000 hommes tire ses moyens d'existence de nos côtes tunisiennes. Elle monte une flottille de 250 bateaux, jaugeant plus de 8.000 tonneaux, dont le produit fait vivre au moins dix mille familles, soit 25 à 30.000 personnes.

Les années 1893, 1894 et 1895 sont caractérisées par une affluence exceptionnelle de pêcheurs sur les côtes tunisiennes. Les causes de cette particularité nous échappent : peut-être les trouverait-on par l'étude d'événements politiques extérieurs.

Au point de vue des différentes nationalités qui constituent l'équipe de pêche tunisienne, le graphique montre que la proportion des pêcheurs français, bien qu'infime, est en voie d'accroissement ; le nombre des Français dépasse aujourd'hui celui des Maltais; toutefois il atteint à peine 2 % de l'effectif total.

Les Grecs, affectés plus spécialement à la pêche des éponges, représentent environ 6 % de cet effectif; les Italiens 30 % et les Tunisiens 60 %.

Les chiffres que nous venons d'indiquer tendraient à marquer pour l'élément français une infériorité regrettable dans l'industrie des pêches de la Régence, si nous n'envisagions que le nombre de bras employés par chaque nationalité.

STATISTIQUE DE LA PÊCHE MARITIME
sur les côtes de la Régence
pendant les années 1891 à 1899

NOMBRE D'HOMMES EMPLOYÉS A LA PÊCHE
(par nationalité)

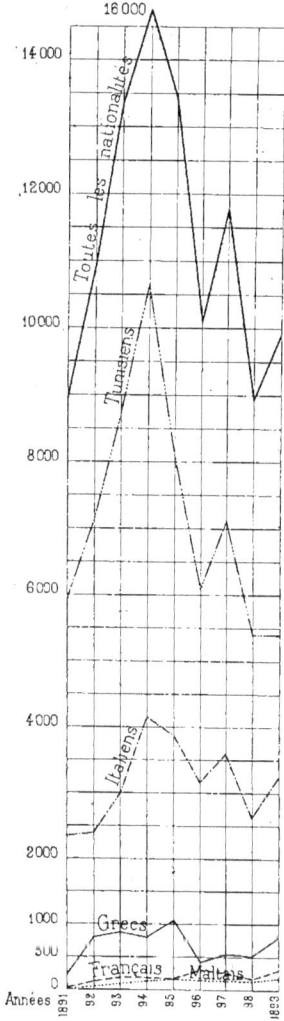

NOMBRE DE TONNES DE 1.000 KILOG. PÊCHÉES
(par espèce)

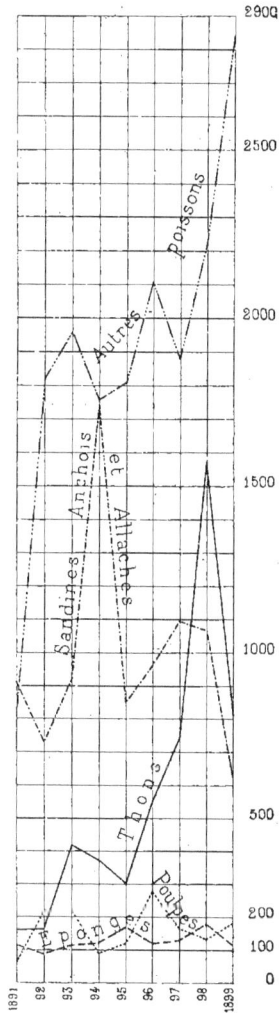

Mais il y a lieu de considérer un autre point de vue d'une importance prépondérante dans cette industrie comme dans toutes les autres, savoir la nationalité des capitaux. A ce point de vue l'élément français reprend un rang plus satisfaisant.

On peut, en effet, évaluer approximativement comme il suit le matériel de pêche, engins et navires, appartenant à chacune des nationalités représentées sur les côtes tunisiennes:

ITALIENS

Pêche des éponges ..	84 gangavas..Fr.	500.000	
	280 kamakis......	56.000	
Pêche sédentaire....	20 balancelles....	140.000	1.400.000
	100 barques	74.000	
Pêche de passage....	250 barques......	630.000	

GRECS

	84 gangavas..Fr.	500.000	
Pêche des éponges ..	26 kamakis......	7.000	580.000
	4 scaphandres...	73.000	

INDIGÈNES

Pêche des éponges et poulpes..........	1.100 barques..Fr.	215.000	380.000
Pêche sédentaire....	820 barques.....	165.000	

FRANÇAIS

Pêche de passage....	18 barques............Fr.		45.000

Les chiffres qui précèdent ne comprennent pas les pêcheries fixes que l'on peut évaluer ainsi :

FRANÇAIS

Lacs de Bizerte et d'Iskeul (barrage métallique, hangars, bordigues, etc.).......................Fr.	400.000	
Lac de Tunis (bordigues, hangars, etc.)............	200.000	
Lacs de Porto-Farina et des Bibans (bordigues, hangars, etc.)	200.000	1.300.000
Thonaire de Monastir (filets, bâtiments, etc.)	350.000	
Thonaire de Kuriat (filets, hangars, etc.)	150.000	

ITALIENS

Thonaires de Ras-Djebel et de Sidi-Daoud......Fr.	700.000

INDIGÈNES

Pêcheries fixes.............................Fr.	250.000
TOTAL GÉNÉRAL......Fr.	4.655.000

En totalisant par nationalité les chiffres qui précèdent, on peut dresser le graphique ci-dessous qui donne une idée comparative suffisamment exacte de l'importance des capitaux de chaque nationalité engagés dans l'industrie des pêches en Tunisie.

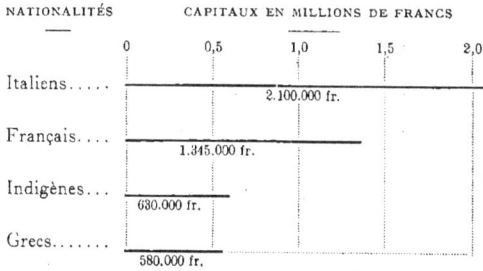

NATIONALITÉS	CAPITAUX EN MILLIONS DE FRANCS

```
                    0      0,5      1,0      1,5      2,0

Italiens.....   ┌──────────────────────────────────┐
                         2.100.000 fr.

Français....    ┌────────────────────┐
                   1.345.000 fr.

Indigènes...    ┌──────────┐
                  630.000 fr.

Grecs.......    ┌─────────┐
                  580.000 fr.
```

Capital total : 4.655.000 francs

On peut employer le même mode de représentation pour comparer les capitaux engagés dans chaque genre de pêche; on obtient ainsi le graphique ci-après :

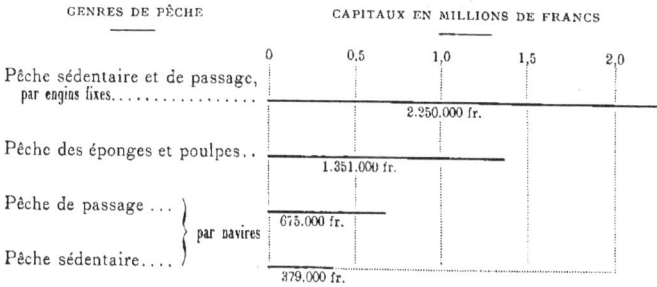

GENRES DE PÊCHE	CAPITAUX EN MILLIONS DE FRANCS

```
                                0      0,5      1,0      1,5      2,0

Pêche sédentaire et de passage,
  par engins fixes..............   ┌──────────────────────────────────────┐
                                            2.250.000 fr.

Pêche des éponges et poulpes..     ┌──────────────────┐
                                      1.351.000 fr.

Pêche de passage ... ┐             ┌────────┐
                      } par navires   675.000 fr.
Pêche sédentaire.... ┘             ┌────┐
                                     379.000 fr.
```

Capital total : 4.655.000 francs

Le rendement des capitaux ainsi employés est, on le comprend, très variable, puisqu'il dépend à la fois des quantités pêchées et des prix de vente, ceux-ci variant généralement en sens inverse de celles-là.

Il convient, à notre avis, pour avoir une idée précise des résultats de l'exploitation des pêches, de s'en tenir à l'étude des produits en kilogrammes, au lieu de faire celle des produits en argent qui comporte plus de complexité.

C'est dans cet ordre d'idées que nous avons établi le second graphique de la page 287 qui rend compte des quantités pêchées depuis 1891 pour les anchois, sardines et allaches, le thon, les autres poissons et les éponges et poulpes. La pêche des anchois et sardines est sujette, comme il fallait le prévoir, à des variations considérables; il en est de même de celle du thon. Ces deux pêches reposent en effet sur les instincts des espèces migratrices, instincts mal connus et parfois capricieux. La pêche des poissons divers, celle des éponges et poulpes ont une allure plus régulière. Elles semblent, l'une et l'autre, en voie d'accroissement.

L'année 1898, une des meilleures il est vrai, accuserait un total de près de 4.800.000 kilogrammes de poisson qui, aux taux de 0 fr. 25 le kilogramme, représenteraient une valeur de 1.200.000 francs. En 1899, la pêche de toute la Régence a produit environ 4.500.000 kilogrammes de poisson dont 480.000 ont été exportés.

Mais ces chiffres, si intéressants qu'ils soient, sont loin de représenter l'importance totale de la valeur créée par l'industrie de la pêche. Il est à remarquer, en effet, que si le chiffre de 0 fr. 25, tout conventionnel qu'il est, représente assez exactement le prix moyen que retire le pêcheur de son poisson à la sortie de la barque, le prix de vente payé par le consommateur est infiniment supérieur.

Il est peu d'objets de consommation dont le prix s'accroisse aussi vite entre le producteur et le consommateur.

Le bénéfice que retirent de l'industrie de la pêche les différents intermédiaires est donc bien supérieur à celui des pêcheurs eux-mêmes.

Pour en donner une idée nous rappellerons ci-après les prix qu'atteignent en temps normal, sur le marché de Tunis, les principales espèces que l'on y trouve:

Anguilles...............Fr.	»	50	le kilogramme
Daurades (grosses)...........	1	»	—
Loups.....................	1	50	—
Mulets (avec boutargue).......	1	50	—
Soles.....................	2	»	—
Rougets....................	1	»	—

La valeur réelle créée par la pêche des poissons en Tunisie ne doit donc guère être calculée à moins de un franc par kilogramme pour les poissons vendus sur les marchés ; elle serait d'environ

3 millions de francs, année moyenne. A ce chiffre il faut ajouter la valeur au port d'exportation des sardines, anchois, thons, etc., qui ne se vendent pas dans le pays : on peut compter de ce chef 5 à 600.000 francs. Enfin la pêche des éponges et poulpes produit environ 2 millions de francs. Le total général varie de 4 à 5 millions de francs.

C'est là un chiffre d'une réelle importance, bien supérieur au rendement de l'industrie minière en Tunisie, vers laquelle cependant les capitalistes se portent plus volontiers.

En France la pêche côtière en bateau et à pied donne un rendement annuel de 80 millions de francs en moyenne, non compris les produits de l'ostréiculture et de la myticulture. Si l'on remarque que les côtes qui donnent ce produit (France et Algérie) présentent environ 5 fois le développement de nos côtes tunisiennes, que le prix de vente du poisson est à peu près le double en France de ce qu'il est en Tunisie, on voit qu'il faut décupler le produit de la Tunisie avant de le comparer équitablement à celui de la France. On a donc un produit conventionnel de 40 millions de francs pour la Tunisie contre 80 millions pour la France. La conclusion de ce rapprochement est, nos côtes ne le cédant en rien comme richesse à celles de la Métropole, que l'on doit pouvoir facilement doubler le rendement actuel de la pêche en Tunisie.

Pour compléter les indications des tableaux graphiques qui précèdent, nous donnons ci-après une carte de la Régence qui renferme au point de vue de la pêche quelques renseignements susceptibles d'intéresser le lecteur. Les routes empierrées et les chemins de fer, si importants pour l'étude des débouchés commerciaux du poisson, y ont été figurés, ainsi que les principaux centres de la Tunisie.

CARTE DES PÊCHES MARITIMES DE LA TUNISIE

CONCLUSIONS

Comme nous venons de le voir, la France, qui n'occupe en Tunisie que le quatrième rang au point de vue du nombre des bras qu'elle fournit à l'industrie de la pêche, passe au second rang si on envisage l'importance des capitaux affectés à cette industrie.

Des efforts très louables sont faits en vue de modifier cette situation. S'il est peu probable que la majorité des pêcheurs de la Tunisie appartienne d'ici peu à la nationalité française, nous pouvons espérer — et les indications que nous avons données au cours de cette étude confirment cet espoir — que la part la plus importante dans les produits de la pêche tunisienne reviendra dans quelques années à la France. Il faut pour cela que l'attention des capitalistes se porte sur cette industrie ; il faut que le Gouvernement français, par une admission libérale des produits de l'industrie maritime tunisienne, accorde à cette partie de la colonisation la bienveillance et la protection dont il fait preuve à l'égard de la colonisation agricole. Il faut enfin que le Gouvernement tunisien par une étude attentive des charges qui grèvent l'industrie de la pêche maritime arrive à les répartir équitablement.

Le Trésor tunisien retire actuellement de la pêche les revenus annuels suivants en chiffres ronds :

Redevances sur les concessions et amodiations....Fr.	30.000
Produit des patentes sur la pêche des éponges et poulpes[1]	130.000
Droits d'exportation sur les éponges et poulpes......	30.000
Droit d'exportation sur le poisson..................	25.000
Droits de marché sur le poisson....................	100.000
TOTAL.....Fr.	315.000[2]

[1] Sous le régime du fermage, la pêche des éponges et poulpes donnait autrefois un produit annuel qui a varié de 60.000 à 130.000.

[2] Il conviendrait, pour avoir une idée complète du rendement fiscal de la pêche, d'ajouter à ce chiffre le produit du lac de Bizerte qui est aujourd'hui, comme nous l'avons expliqué, aliéné au profit de la Compagnie concessionnaire du port, en compensation d'une partie des charges qu'elle a assumées. Ce produit, qui s'est élevé jusqu'à 150.000 francs par an sous le régime du fermage, porterait à 465.000 francs le total des sommes que l'industrie des pêches verse annuellement au Trésor tunisien.

L'industrie des pêches maritimes offre donc au point de vue purement fiscal une importance qui mérite l'attention des pouvoirs publics.

Elle est en définitive triplement intéressante, par le champ qu'elle ouvre à la colonisation française, par les revenus qu'elle procure aux particuliers et par les ressources qu'elle apporte au budget de l'État tunisien.

FIN

LES TRAVAUX PUBLICS DU PROTECTORAT FRANÇAIS EN TUNISIE

TOME TROISIÈME

Mines. — Service Topographique. — Navigation et Pêches maritimes

TABLE DES MATIÈRES

CHAPITRE III

SERVICE DES MINES

CHAPITRE IV

SERVICE TOPOGRAPHIQUE

CHAPITRE V

SERVICE DE LA NAVIGATION ET DES PÊCHES MARITIMES

Navigation

Pêches maritimes

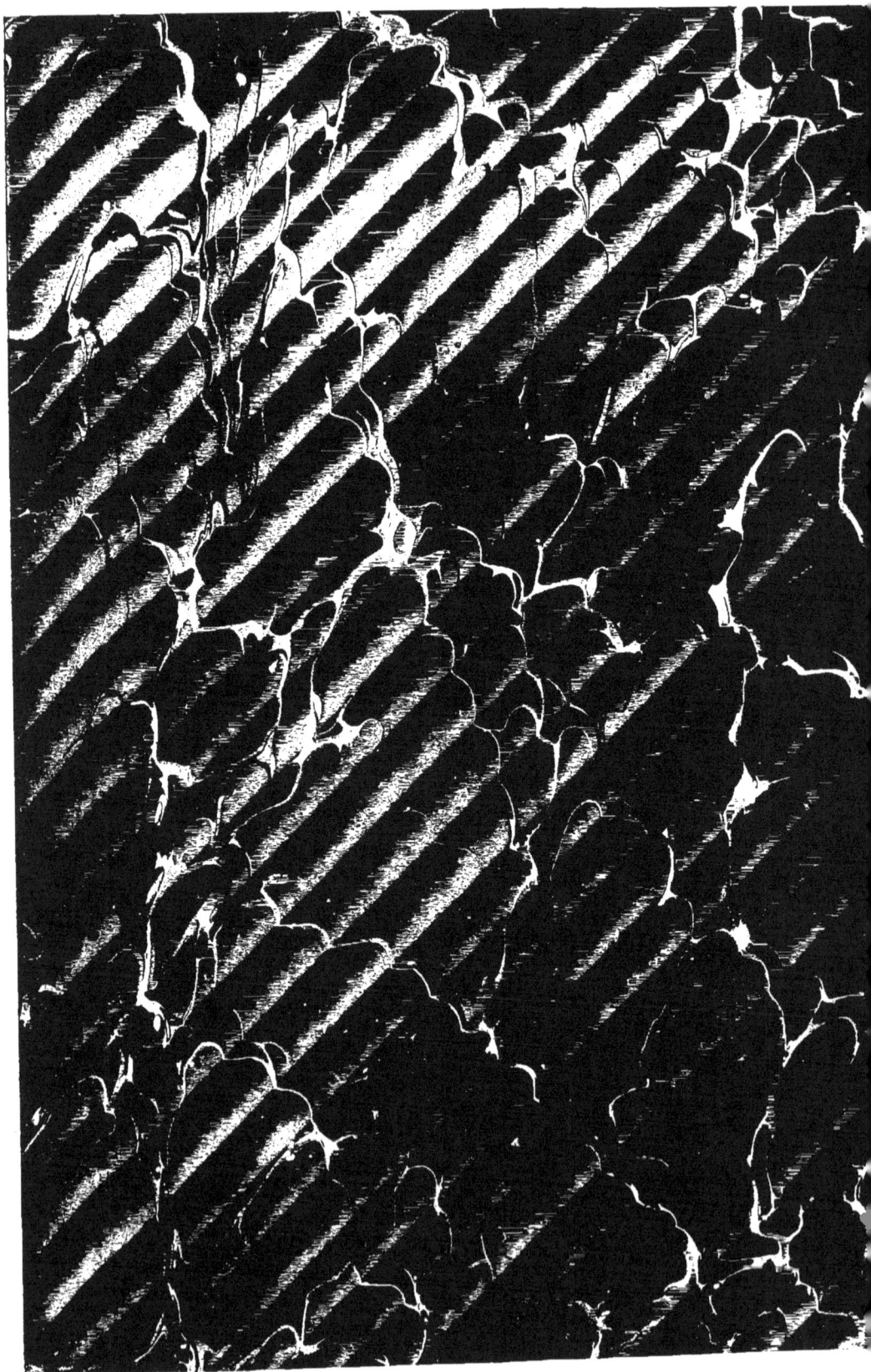